조직신학과 목회 현장

한국교회에서 문제가 된 신학적 논쟁들

현요한

이 저서는 2016년 장로회신학대학교
김상현 목사 가족 석좌기금의 지원으로 수행된 연구임

조직신학과 목회 현장
— 한국교회에서 문제가 된 신학적 논쟁들

지은이   현요한
펴낸이   정덕주
발행일   2017년 7월 20일
펴낸곳   한들출판사
           서울시 종로구 대학로 19(기독교회관 1012호)
           등록 제2-1470호. 1992년
홈페이지 www.handl.co.kr
이메일   handl2006@hanmail.net
           전화 02-741-4070
           전송 02-741-4066

ISBN   978-89-8349-714-7   93230
* 잘못된 책은 바꾸어 드립니다.

이 책의 국립도서관 출판예정도서목록(CIP)은 서지정보유통지원시스템 홈페이지 (http://seoji.nl.go.kr)와 국가자료공동목록시스템(http://www.nl.go.kr/kolisnet)에서 이용하실 수 있습니다.(CIP제어번호: CIP2016028786)

조직신학과
목회현장

현요한

"한국교회에서 문제가 된 신학적 논쟁들"

하늘춤파사

서 문

2017년은 유럽에서 종교개혁이 일어난 지 500주년이 되는 해이다. 전 세계적으로 이것을 기념하는 행사들과 연구들이 진행되고 있다. 우리나라에서도 종교개혁 500주년을 기념하는 여러 가지 활동들이 이루어지고 있다. 그런데 과거에 일어났던 개혁운동을 기념하면서, 이 운동을 더 깊이, 올바르게 이해하고 계승하는 것도 중요하지만, 동시에 이 개혁을 본받아 오늘날의 교회를 새롭게 개혁하는 일도 매우 중요하다. 16세기 종교개혁은 교회의 도덕적 타락을 개혁하는 일이기도 하였지만, 근본적으로 잘못된 신학을 개혁하는 일이기도 하였다. 그래서 이 개혁을 단순히 '교회개혁'이라고 하지 않고 '종교개혁'이라고 부른다. 서양 사람들은 이 개혁을 의미하는 용어로 다른 수식어 없이 그냥 대문자 R을 써서 'the Reformation'이라고 한다. 그만큼 이 개혁은 당시의 교회뿐만 아니라, 국가와 사회와 문화를 온통 새롭게 뒤바꾸는 엄청난 개혁이었던 것이다.

오늘날 우리 한국교회도 개혁을 해야 한다는 목소리들이 높다. 오늘날 문제가 되고 있는 교회와 지도자들의 도덕적 타락과 왜곡된 관행과 조직을 개혁하자는 요구가 크다. 당연히 그러한 개혁은 깊은 회개와 기도 가운데 이루어져야 한다. 그런데 현재 한국교회에 신학적으로 잘못된 점들, 그래서 개혁을 필요로 하는 점들은 없는가? 이 책은 그러한 관심 속에서 필자가 그동안 여러 기회에 강연이나 세미나 발표를 했던 글들을 기초로 수정 보완하거나 다시 쓴 글들이다.

이 책을 구성한 또 다른 관심은 현재 한국교회의 목회 현장에 대한 필자의 관심이다. 필자는 그동안 신학대학교에서 가르치면서 동시에 끊임 없이 사역 현장에서 이루어지는 일들에 대하여 관심을 가지고 성찰해 왔고, 그 쟁점들에 대하여 연구해 왔다. 이 책은 그러한 탐구의 작은 결과물이다. 그러한 쟁점들은 매우 중요한 신학적 주제들인데, 신학대학교에서 공부하는 전통적 조직신학 교과서들에서는 잘 취급되지 않는 주제들이기도 하다. 그러한 주제들은 앞서 언급한 한국교회의 신학적 개혁과도 불가분리적으로 연관되어 있다. 물론 여기에 실린 글들이 현장에서 필요로 하는 신학적 성찰의 모든 주제들을 모두 다루고 있다고 할 수는 없다. 필자의 역량과 시간이 부족하여 미처 다루지 못한 주제들도 있고, 다른 사정으로 여기에 실리지 못한 글들도 있다.

제I부는 한국교회 목회 현장에서 제기되고 있는 몇 가지 주제들을 다룬다. 제1장은 "예배당은 성전인가?" 하는 문제를 논한다. 많은 교역자들과 신자들이 예배당을 성전이라고 생각하면서 성전을 크고 화려하게 건축하는 일에 지나치게 힘을 기울이고 있지는 않은가? 사실 예수 그리스도와 성령의 강림 이후, 참된 성전은 예수 그리스도 자신이요, 그리스도의 몸인 교회 공동체이다. 사람이 성전이다. 사람 살리는 일이 예배당 건물 짓는 일보다 중요하다. 물론 교회가 하는 여러 일들을 위해 어느 정도 건물은 필요하지만, 건물 자체가 신성시 되거나 절대시되거나 최우선적인 것이 되어서는 안 된다. 그러나 많은 사람들이 예배당 건물을 신성시 하고, 거기에 지나친 재정과 에너지를 투입하면서 정말 해야 할 다른 일들을 하지 못하거나 부패의 길로 빠지기도 한다. 여기에는 잘못된 성전 개념이 관련되어 있고, 성직주의와 기복주의적 신앙이 얽혀 있음을 밝힐 것이다.

　제2장은 담임목사직 세습 문제를 다룬다. 많은 교회들에서 1세대 담임목사들이 은퇴하면서 담임목사직을 자식이나 자식의 배우자에게 넘겨주는 일들이 빈번해지면서 교계에 큰 논란이 되었다. 이 일에 관하여는 비판의 목소리도 있지만, 오히려 세습을 정당화하는 목소리들도 있었다. 논란 끝에 결국 세습을 금지하는 것을 규칙으로 제정한 교단들도 있고, 그렇지 않은 교단들도 있다. 이 장에서는 아직 끝나지 않은 이 논쟁을 교회론, 그리스도론, 소명론 등의 관점에서 다룬다.

　제3장은 조상제사 문제를 다룬다. 이것은 한국교회에서 매우 오래된 논쟁이다. 한국교회는 초기부터 조상제사를 금지해 왔다. 그런데 이로 인한 여러 문제들이 불거지면서 조상제사를 허락하자는 주장들이 등장하기도 하였다. 조상제사를 기독교 신앙 안에서도 수용할 수 있다는 논리적 근거는 조상제사가 단지 조상에 대한 효성의 표시이며 종교성이 없다는 주장이다. 그런데 과연 종교성 없는 제사는 가능할까? 필자는 이 문제를 조상제사의 문화적 종교적 근거가 되었던 유교 사상에서 검증해 보려고 한다. 또한 성경에도 조상제사가 있다는 주장에 대해서도 응답하려고 한다.

　제4장은 죽은 자를 위한 기도 문제를 다룬다. 이 문제는 어느 유명 목회자가 비신자의 장례식을 집례하면서 겪은 고민으로부터, 고인이 된 비신자를 위해 기도할 수 있다는 것을 주장하고 가르침으로써 쟁점으로 등장한 문제이다. 사실 이 문제는 이미 오래 전에 종교개혁자들이 중세 로마 천주교회의 연옥 교리와, 연옥에 있는 죽은 조상을 위한 미사와 기도와 면죄부 구입이 그들의 영혼을 천당으로 보낼 수 있다는 교리를 반박함으로써 이미

다루었던 문제이기도 하다. 이 장에서는 죽은 자를 위한 기도의 근거로 제시된 사도신경의 한 구절과 성경의 세 구절들에 대한 주석들을 검토해 보고, 천주교회와 종교개혁자들의 견해를 비교해 볼 것이다.

제1장부터 제4장까지가 주로 제기된 문제에 대한 비판이었다면, 제5장부터 제7장은 어려움에 처한 교회가 나아가야할 긍정적인 방향에 대한 논의라고 할 수 있다. 제5장은 초기 교회가 가난한 이들과 병든 이들을 어떻게 돌보았는지를 살펴본다. 여기에는 예루살렘 교회의 경우와 바울 사도가 세운 교회들의 경우, 그리고 그 후 로마제국 치하에서 그리스도인들이 가난한 이들과 병자들을 목숨을 걸고 도운 일들에 대하여 살펴본다. 이것은 초기 교회가 박해 속에서도 급속히 성장할 수 있었던 감추어진 힘이기도 하였으며, 오늘날 우리가 다시 본받아야할 모범이기도 하다.

제6장은 평신도의 역할과 리더십에 관하여 논한다. 요즈음 교회 개혁을 외치는 이들이 흔히 종교개혁자들의 '만인 제사장설'을 근거로 평신도의 역할과 중요성을 주장한다. 여기서는 '만인 제사장설'에 대한 루터와 칼뱅의 주장이 어떤 것이었는지 확인하고, 평신도의 중요성과 평신도의 사회에서의 역할과 리더십, 그리고 교회 안에서의 역할과 교회 직제 등에 대하여 논할 것이다. 또한 리더십이라고는 했지만, 사실은 섬김과 나눔의 리더십이 중요함을 강조할 것이다.

제7장은 근년에 우리 사회는 여러 가지 끔찍한 재난과 사고들을 겪었는데, 그와 더불어 많은 논란들이 제기되었다. 특히 이런 사고가 인재임이 밝혀지고, 천재지변이라 할지라도 사람을 구조하고 복구하는 일이 제대로 이루어지지 않은 인재들이 겹쳐 있음이 확인되면서 우리의 생명경시 풍조와 안전불감증이 문제가 되었다. 이 장에서는 생명 존중의 신학적 기초를

창조론과 구속론 그리고 특히 십자가 신학의 맥락에서 살펴보기로 한다.

필자는 신학공부를 시작하던 당시부터 성령론에 대한 관심을 가지고 연구해왔다. 제Ⅱ부는 목회 현장에서 흔히 접하게 되는 성령론과 관련된 문제들을 다룬다. 제8장은 빈야드 운동에 관하여 다룰 것이다. 빈야드 운동은 한국 교회에 많은 영향을 미치기도 했지만 또한 많은 논란을 일으키기도 했다. 지금은 시간이 지나면서 그 영향력이 크게 감소했지만, 아직도 그 영향력이 남아 있고, 그와 유사한 일들은 계속되고 있어서 그에 대한 신학적 검토는 여전히 필요하다. 제9장은 빈야드운동에 뒤이어 일어난 **신사도운동**에 대하여 다룬다. 이 운동 역시 한국교회에 큰 영향을 미쳤는데, 이 운동에 대하여 신랄하게 비판하는 사람들이 있는가 하면 이 운동을 지지하고 적극적으로 참여하는 사람들도 있어서 혼란을 주고 있다. 이 문제에 관하여도 성경에 근거하여 균형 있는 신학적 검토가 필요하다.

제8장과 제9장이 부정적인 현상들을 다루었다면, 제10장과 제11장은 우리가 따라야 할 성령의 역사의 긍정적인 모습들을 다룬다. 제10장은 **성령의 열매**에 대해 논한다. 대체로 소위 성령의 역사에 관심을 가지고 부흥운동을 하는 사람들은 주로 성령의 은사에 관심을 가지고 그쪽에 치우쳐 있는 것 같다. 성령의 은사들은 물론 필요하고 복음 사역에 필요한 능력이다. 문제는 이 은사들을 잘못 사용하는 것이고, 더욱 문제는 성령의 은사들보다 중요한 성령의 열매에 대하여는 잘 알지 못하거나 강조하지 않는다는 것이다. 이 장에서는 칭의와 중생으로부터 시작된 구원이 성화를 목적으로 하고 있음을 강조하면서, 성화의 삶이 결국은 성령의 열매를 맺는 삶임을 밝힐 것이다. 그리고 성령의 열매란 무엇이며, 어떻게 성령의 열매가 맺어지는지에 대하여 알아보고, 성령의 아홉 열매에 대하여 알아볼 것이다.

제11장은 평양 대부흥운동에 나타난 성령의 사역에 대하여 논한다.

1907년에 일어난 평양 대부흥운동은 그 이전까지만 해도 서양 선교사들의 종교에 불과했던 기독교를 우리의 종교가 되게 해 주었고, 나라를 잃은 일제 강점기에도 기독교가 힘 있게 성장하면서 사회를 변혁시킬 수 있는 힘을 가지게 해 준 부흥운동이었다. 이 운동의 본질은 단순히 교인들의 숫자를 늘리는 운동이 아니라, 사람들의 마음과 삶을 실제로 변화시킨 성령의 역사였다. 평양 대부흥운동은 사람들이 죄를 공개적으로 고백하고 회개하면서 삶이 실제로 변하게 만든 운동이었다. 여기에 나타난 성령은 말씀의 영이요, 기도의 영이요, 전도의 영인 동시에, 사람들을 개인적으로 뿐만 아니라 사회적으로 성화시킨 성화의 영이었음을 논할 것이다.

이 책에 실린 글들은 필자가 여러 기회에 강연, 세미나 등에서 발표했던 글들을 일부 수정 보완한 글들도 있고, 이러한 글을 기초로 하였지만 자료를 보완해서 다시 쓴 글도 있으며, 이번에 책을 내면서 새로 쓴 글들도 있다. 이전에 논문 형태로 다른 곳에 실렸던 수정 보완 이전의 글들은 각 장의 처음 각주에 그 사실들을 밝혀 두었다.

이 책이 나오기까지는 그동안 여러 차례의 강연이나 세미나 등에서 필자의 강연을 들어주고 질문하거나 제안해 준 여러 학생들과 동료들의 도움이 있었다. 그 모든 분들에게 이 지면을 빌려 감사를 표한다. 이 책에 실린 연구 내용은 장로회신학대학교 김상현 목사 가족기념 석좌기금 지원을 받아 가능하게 되어 빛을 보게 되었다. 故 김상현 목사님의 가족 여러분께 깊은 감사드리며, 장로회신학대학교 연구지원처에도 감사드린다. 또한 이 책을 출판하기 위해서 수고해 주신 한들출판사 정덕주 목사님과 편집과 교열의 수고를 맡아 주신 한들출판사 직원들께 감사드린다.

이 작은 책이 한국교회를 새롭게 하는데 조금이라도 도움이 된다면, 필자로서는 더 바랄 것이 없을 것이다. 모든 영광을 하나님께 돌리며…!

2017년 7월
광나루에서   현요한

차 례

제 I 부

제1장 예배당은 성전인가? - 성전 개념, 성직주의, 기복신앙 ············ 17
   1. 성전이라는 건물   18
   2. 성전, 예수 그리스도의 몸   25
   3. 예배당 건물   28
   4. 성전적 사고방식의 문제   31
   5. 열린 교회, 움직이는 성전   33
   6. 성전 개념과 성직주의   35
   7. 세상과 성전의 이중적 생활, 성과 속의 이원론 37
   8. 성전 개념과 기복주의 신앙   49
   맺는 말   43

제2장 담임목사직 세습의 문제 ··· 45
   1. 교회의 주권자, 하나님   48
   2. 교회의 표지들과 세습 문제   50
   3. 그리스도론적 관점   59
   4. 교직자 소명론, 청빙론의 관점   62
   5. 제사장직 세습과 담임목사직 세습   66
   맺는 말   69

제3장 종교성 없는 조상제사는 가능한가? ·· 71
   1. 유교와 조상 제사의 종교성 문제   74
   2. 조상 제사에서 제사를 받는 이가 누구인가?   81
   3. 성경에 조상 숭배가 있는가?   88
   맺는 말   90

제4장 죽은 자를 위해 기도할 수 있는가? ·· 99
   1. 사도신경 중 "음부에 내려가시고"에 대한 해석 문제 100
   2. 베드로전서 3:19-20에 대한 해석 문제   108
   3. 베드로전서 4:6의 해석 문제   116
   4. 고린도전서 15:29의 해석 문제   118
   5. 로마 천주교회와 개혁자들의 견해   121
   맺는 말   126

제5장 초기 교회에서 가난한 이들과 병자들에 대한 교회의 봉사 ······· 129
   1. 예루살렘 교회의 구제와 봉사   130
   2. 바울 교회의 구제와 봉사   135
   3. 고아와 과부들을 돌보는 일에 대한 구약 성경적 근거   139
   4. 로마 제국 시대에 과부와 가난한 이들에 대한 교회의 봉사   141
   5. 로마 제국 시대에 전염병 환자들에 대한 교회의 대처   143
   6. 고대 기독교인들의 봉사의 신앙적 근거   148
   맺는 말   150

제6장 평신도의 역할과 리더십 ················· 153
  1. 평신도 신학　　　　　　　　　154
  2. 평신도 지도자의 사회적 역할　　159
  3. 평신도 지도자와 교회 직제　　　165
  4. 평신도의 영적 리더십　　　　　169
  맺는 말　　　　　　　　　　　　172

제7장 생명 존중의 신학적 근거 –
      신정론적 질문에서 인정론적 질문으로 ················· 175
  1. 생명 존중의 창조론적 기초　　　177
  2. 생명 존중의 구속론적 기초　　　188
  3. 십자가 신학　　　　　　　　　193
  맺는 말　　　　　　　　　　　　196

제II부

제8장 빈야드 운동에 관하여 ················· 203
  1. 성령에 대한 치우친 이해　　　　205
  2. 비성경적인 현상들　　　　　　209
  3. 감추고 절제할 것을 드러내는 문제　214
  4. 대중조작의 위험　　　　　　　215
  5. 예배의 질서와 문화　　　　　　216
  6. 그리스도인의 고난에 대한 인식　218
  7. 교리적인 문제　　　　　　　　219
  8. 빈야드 운동에 대한 몇 가지 의혹　225
  맺는 말　　　　　　　　　　　　230

제9장 신사도 운동에 대하여 ········· 231
1. 신사도 교회란 무엇인가? 234
2. 사도의 개념과 현대의 사도직 문제 239
3. 카리스마적 지도자를 강조하는 문제 244
4. 새 가죽부대론 문제 249
5. 성장제일주의 문제 255
6. 번영신학 문제 257
맺는 말 260

제10장 성화, 성령의 열매 맺기 ········· 265
1. 칼뱅의 칭의와 성화 교리 268
2. 존 오웬의 중생과 성화(거룩한 습성 형성) 교리 271
3. 성화, 거룩한 습성(habitus) 혹은 인격(character)의 형성 276
4. 성령의 열매 282
5. 성령의 아홉 가지 열매 287
맺는 말 292

제11장 평양 대부흥 운동에 나타난 성령의 사역 ········· 295
1. 놀라운 성령의 역사 298
2. 말씀의 영 303
3. 기도의 영 305
4. 전도의 영 307
5. 성화의 영(개인적, 사회적 성화) 308
6. 평양 대부흥운동의 성령론 314
맺는 말 319

제 I 부

제1장 예배당은 성전인가? — 성전 개념, 성직주의, 기복신앙

제2장 담임목사직 세습의 문제

제3장 종교성 없는 조상제사는 가능한가?

제4장 죽은 자를 위해 기도할 수 있는가?

제5장 초기 교회에서 가난한 이들과 병자들에 대한 교회의 봉사

제6장 평신도의 역할과 리더십

제7장 생명 존중의 신학적 근거
 — 신정론적 질문에서 인정론적 질문으로

제1장 예배당은 성전인가?[1)]
성전 개념과 성직주의, 기복신앙

    16세기 유럽의 종교개혁은 단순히 교회의 비효율적인 구조와 제도를 약간 바꾼다든지, 당시 교회 지도자들이나 교인들의 도덕적 부패를 청산하는 개혁이 아니었다. 그것이 단순히 교회 개혁이 아니라 종교개혁이라고 불리우는 것은 그 개혁의 핵심이 신학적인 근본적 문제였기 때문이요 그것이 온 유럽의 신학과 교회와 삶 전체에 엄청난 변화를 가져왔기 때문이다. 오늘날 많은 사람들이 한국교회는 개혁되어야 한다고 말한다. 우리 교회들 안에 문제가 많이 있다는 것이다. 그 문제들 중에는 도덕적, 제도적인 것들도 있지만, 신학적인 것들도 있을 것이다. 그런데, 우리에게 개혁되어야할 신학적인 문제가 있다면 그것은 무엇인가?
    이 글에서는 우리 교회를 잘못된 길로 이끌어 가고 있는 중요한 신학적 문제들 중 일부를 다루려고 한다. 그것은 우리의 종교적 상황에 깊이 뿌리

---

1) 이 글은 《교회와 신학》, 97년 가을호에 실렸던 짧은 에세이, "교회는 성전인가?"를 대폭 수정 보완한 글임.

내리고 있으면서도 의외로 깊은 신학적 성찰에서 소외되어 있던 주제이다. 그것은 바로 성전과 제사장의 개념 이해에 대한 것이며, 또한 기복신앙과 관련된 문제이기도 하다. 이러한 문제는 종교개혁적 신학 전통을 이어가는 우리에게 매우 중요한 쟁점이요, 또한 오늘날의 신학적 개혁의 내용이 무엇이 되어야 하느냐 하는 문제의 일부이기도 하다.

교회 예배당 건물은 성전인가? 우리는 사람들이 교회가 모여서 예배하는 건물을 성전이라고 부르는 것을 종종 들을 수 있다. 어떤 교회들은 예배하는 장소의 이름을 '대성전' '베들레헴 성전' '사랑 성전' 등으로 부르기도 한다. 또한 목사는 제사장인가? 많은 사람들이 목사는 제사장이요 일반 신자들은 평신도라고 이해하고 있기도 하다. 또한 성전인 예배당을 화려하고 웅장하게 짓는 것, 제사장을 잘 대접하는 것은 세상에서 물질적인 복을 받는데 있어서 매우 중요하다는 생각이 많이 퍼져 있다. 많은 목회자들과 신자들은 거기에 별로 이의가 없는 듯 하다. 별 나쁜 의도가 없이 순진하게 그런 생각을 하는 사람들도 많이 있으나, 그런 식의 개념에는 사실상 대단히 비성서적이고, 비복음적인 내용이 들어 있다. 호칭이 뭐 그리 중요하냐고 할 수도 있겠으나, 문제는 그러한 호칭 이면에 숨어 있는 잘못된 의식구조와 왜곡된 신학적 이해이며, 또한 그에 따르는 실천이다. 이런 사고방식과 호칭은 복음의 독특성, 그리고 생명과 변혁을 일으키는 역동적 성격을 대단히 훼손하고 있다.

1. 성전이라는 건물

역사적으로 고찰해 볼 때, 지상에 존재하는 건물인 성전은 일시적인 것이요 잠정적인 것이었다. 믿음의 조상이라고 일컬어지는 아브라함을 비롯한 족장들의 시대에는 성전이 없었다. 그 후 출애굽 시대에 와서 비로소 이스라엘은 광야에서 이동식 성소, 즉 성막을 지어서 메고 다녔다. 그것은 모세를 통해 맺어진 시내산 언약의 일부였다. 그것은 유랑하는 유목민들에게 어울리는 성소였다. 그러한 이동식 성막은 이스라엘의 가나안 정착 후 고정된 건물로 대치되었다. 광야의 유랑을 끝내고 가나안 땅에 정착하여 농경생활을 시작하면서, 이스라엘의 주거 양식은 이동식 천막에서 영구적 건물로 바뀌었으며, 성소도 영구 건물로 바뀌었던 것이다. 물론 이러한 교체가 가나안 정착 직후 이루어진 것 같지는 않다. 우리는 이스라엘이 가나안에 정착하여 주변의 원주민들의 세력을 누르고 독자적인 왕국을 세운 이후, 즉 다윗 왕이 강력한 왕국을 수립한 후에야 비로소 성전을 짓고자 했음을 알고 있다. 그러나 성전은 결국 다윗의 아들 솔로몬 시대에 비로소 세워졌다. 그러나 솔로몬 자신도 이 성전이 그리고 이 성전 만이 하나님을 그 안에 온전히 모실 수 있는 공간이라고는 생각하지 않았다고 알려진다.

> "하나님이 참으로 땅에 거하시리이까 하늘과 하늘들의 하늘이라도 주를 용납지 못하겠거든 하물며 내가 건축한 이 전이오리이까 … 주께서 전에 말씀하시기를 내 이름이 거기 있으리라 하신 곳 이곳을 향하여 주의 눈이 주야로 보옵시며 종이 이 곳을 향하여 비는 기도를 들으시옵소서. 종과 주의 백성 이스라엘이 이 곳을 향하여 기도할 때에 주는 그 간구함을 들으시되 **주의 계신 곳 하늘에서 들으시고 들으시사 사하여 주옵소서**" (왕상 8:27-30).[2]

---

2) 고딕체는 필자의 강조. 여기서 '전' 이라는 말의 히브리어는 바이트(בית)이다. 이 단어는 집, 가족, 뜰 등 다양한 의미로 쓰인 단어이다. 구약에서 '성전' 혹은 '전'을 의미하는 것으로 많이 쓰인 단어는 헤칼(היכל)이다. 이 말은 궁전이나 성전 같은 큰 공공건물을 의미하였다. 솔로몬의 성전 이전에 성막은 주로 미쉬칸(משכן)이라는 말을 사용하였다. 이것은 보통 거주지, 또는 거처를 의미하는 말이었다. 헤칼은 70인역에서 οἶκος 혹은 ναός라는 헬라어로 번역되었다. 구약 70인역에서는 신약에서 예루살렘 성전을 가리키는 말로 사용한 히에론(ἱερόν)이라는 말을 사용하지 않았다.

여기에 이미 지상의 어떤 건물이나 공간에 하나님의 현존을 가두어 둘 수 없음에 대한 인식이 나타난다. 그러나 또한 동시에 성전은 지상의 다른 공간과는 다른 특별한 의미를 가진다. 그것은 하나님의 이스라엘을 향한 특별한 언약과 은혜와 임재를 표시하는 것이었다. 그것을 여기서는 "내 이름이 거기 있다"는 식으로 표현하였다. 성전은 하나님의 특별한 임재와 하나님과 이스라엘의 언약을 증거하는 시설이요 공간이었지, 하나님께서 그 안의 공간에만 계신 것은 아니었다. 하나님은 무소부재하시고 보편적이며, 어느 특정 공간에 제한되시지 않는다.

하나님의 이름, 하나님의 특별한 임재의 장소가 된 성전일지라도 그 자체로서 기계적으로 그 불멸성과 하나님의 임재가 보장되지는 않는다. 이스라엘 역사 속에서 구약의 백성들은 부패하고 타락하였으며, 그들의 성전 예배도 부패해졌다. 유다 왕 여호람은 이미 타락한 우상숭배의 길로 가 버린 북왕국 이스라엘 아합 왕의 딸과 결혼하였고, 결국 그 영향으로 바알 숭배를 받아들였다. 이후 제사장 여호야다와 요아스 왕의 개혁이 이어졌으나 산당들을 제거하지는 못하였고, 완전한 개혁에는 미치지 못하였다. 아하스 왕은 다시 이방 신 숭배를 도입하였고, 심지어 자기 아들을 불 가운데로 지나가게 하는 몰렉 신을 숭배하기까지 하였다(왕하 16:1-4). 이후 히스기야 왕이 개혁을 하여 우상들과 산당들을 제거하였으나, 그 아들 므낫세 왕은 바알과 아세라와 하늘의 일월성신을 숭배하는 길로 가고 말았다. 그는 심지어 성전 안에 바알과 아세라 등 이방 신들을 위한 제단들을 쌓았고, 자기 아들을 불 가운데로 지나가게 하였으며, 점과 사술과 신접한 자와 박수를 불러 들이기도 하였다(왕하 21:2-7). 이후 요시야 왕이 다시 개혁에 성공하였으나(왕하 23장), 이후 여호아하스를 비롯한 유다 왕들은 다시 악한 길로 돌아가고 말았다. 비록 요시야가 대개혁을 단행하기는 하였지만, 열왕기하 23장 26절은 이미 단언하고 있다.

그러나 여호와께서 유다를 향하여 내리신 그 크게 타오르는 진노를 돌이키지 아니하셨으니 이는 므낫세가 여호와를 격노하게 한 그 모든 격노 때문이라. 여호와께서 이르시되 내가 이스라엘을 물리친 것 같이 유다도 내 앞에서 물리치며 내가 택한 이 성 예루살렘과 내 이름을 거기에 두리라 한 이 성전을 버리리라 하셨더라(왕하 23:26-27).

유다 왕국의 죄는 단지 우상숭배와 종교적인 것 뿐만이 아니었다. 그들 가운데 죄악, 즉 음행과 살인과 거짓과 뇌물과 불의한 재판과 가난하고 힘없는 이들을 압제하고 착취하는 일들이 만연하였다(사 1:21-23). 선지자 이사야는 성전 제사가 아무리 거창하고 화려해도 그들의 행실과 삶이 올바르지 않으면 하나님이 그들의 기도를 듣지 않으실 것이요 결국은 칼에 삼켜지리라고 경고하였다(사 1:10-20). 선지자 예레미야도 역시 유다의 멸망을 예언하였다. 요시야 왕의 개혁은 성전 중심의 개혁이었고 매우 성공적이었으며 칭찬받을 만 하였다. 그런데 그러다보니 지도자들도 백성들도 성전에서 제사만 잘 드리면, 그리고 외적이 침공해 와도 성전 안에만 있으면, 하나님께서 이곳을 지켜주실 것이라는 잘못된 생각을 가지게 되었다. 예레미야는 이런 생각을 거부하고 책망하였다. 아무리 성전에서 제사를 잘 드리고, 성전 안에 모인다고 해도 삶이 올바르지 않으면 멸망을 막지 못한다는 것이다. 예레미야는 백성들에게 그 행위를 바르게 하라고 촉구하면서 외쳤다.

"너희는 이것이 여호와의 성전이라, 여호와의 성전이라, 여호와의 성전이라 하는 거짓말을 믿지 말라"(렘 7:4).

누누이 주어진 회개의 기회를 놓친 유다 백성들에게 예레미야는 예루살렘의 멸망과 성전 파괴를 예언하였다(렘 26:1-6). 그런데 성전에 속한 거짓 선지자들은 평화와 안전을 예언하였다. 그러나 그것은 거짓된 평화였다(렘 9:8). 결국 하나님은 유다 왕국이 범죄하고 심히 부패하게 되었을 때, 이방인들에 의해 예루살렘과 그 성전이 파괴되도록 허락하셨다. 기원전 586년, 바벨론의 제3차 침공 때 성전과 예루살렘 성은 결국 철저히 파괴되었다.

그러나 성전이 파괴되었다고 해서 하나님이 없어졌다거나, 하나님이 계실 곳이 없어진 것이 아니었다. 나라가 망하고 바벨론에 포로로 잡혀 갔던 유다인들의 상당수는 예루살렘에 돌아와 성전을 재건하고 (BC 515), 성벽도 재건하기에 이른다. 이 성전이 '제2 성전' 혹은 '스룹바벨 성전'이다(스 3장-6장 참조). 성전 재건은 유대인들로서는 엄청난 기적과도 같은 사건이요, 놀라운 감격이었음에 틀림없다. 그러나 성전이 재건되기는 하였지만, 그들의 나라는 아직도 페르시아의 지배 하에 있었고, 성전 예배도 문제가 많았다. 느헤미야가 예루살렘 성벽 재건을 위해서 예루살렘으로 돌아가서 발견한 것은 사람들이 신앙생활과 성전 제사를 제대로 시행하지 못하고 있는 것이었다. 그는 성전의 부패를 척결하였고 제사가 제대로 시행될 수 있도록 필요한 조치들을 취하였다(느헤미야 13장 참조).[3] 그러나 이미 바

---

3) 느헤미야는 백성들과 함께 죄악을 회개하고 언약을 갱신하였다(느 9:1-10:27). 또한 그는 성전 예배를 재정비하는 한편, 십일조와 성전세 등 성전 제사가 제대로 시행될 수 있는 온갖 행정적, 재정적 조치를 취하였다(느 10:28-39). 그러나 그가 잠시 예루살렘을 비우고 아닥사스다 왕에게 다녀온 후에 발견한 것은 대제사장 엘리아십이 이스라엘의 적이요, 암몬 사람인 도비야와 연결되어 있었으며, 심지어 도비야가 제사장들에게 바쳐진 십일조를 관리하는 창고 안에 자기를 위한 큰 방까지 가지고 있었다는 사실이었다(느 13:4). 이것은 기가막히는 타락이요 배역이었다. 느헤미야는 도비야의 물건들을 내버리고 그 방을 정결케 하였다(느 13:4-9). 또한 느헤미야는 레위 사람들이 생활비를 제대로 주지 않아서 성전 직무를 버리고 생계를 위하여 다 각기 밭으로 도망하였다는 것을 알게 되었다. 느헤미야는 그들을 제대로 챙기지 않은 민장들을 꾸짖고 레위 사람들을 다시 불러 본래의 처소에 다시 세웠고, 그들에게 생활비가 공급되도록 신실한 사람들을 세웠다(느 13:10-14).

벨론 포로기부터 디아스포라 유대교는 성전과 제사 없이 율법을 중심으로 생존하고 발전해가는 법을 터득하고 있었다. 그리하여 신구약 중간기 유대인 사회를 떠받친 세 가지 기둥이 있다고 알려진다. 그것은 율법(토라)과 선지자들의 글을 중심으로 한 경전이요, 그들의 거주지에서 모여 예배하고 교육 활동을 할 수 있는 회당이요, 회당을 중심으로 경전을 해석하고 가르치는 랍비들이었다.[4]

그 후에도 제2 성전은 팔레스타인 지역의 지배자들의 영향에 따라 영욕의 역사를 겪어야 했다. 예루살렘과 유대 지역이 시리아의 셀류쿠스(Seleucids) 왕조의 통치 하에 있을 때, 세계를 지배했던 헬라 문화의 영향으로 유대교도 상당히 헬라화되었다. 특히 안티오쿠스 4세(Antiochus Epiphanes, 175-164 BC) 치하에서는 대제사장 직을 두고 치열한 암투가 벌어지고, 지배자에게 돈을 바쳐서 그것을 얻으려 하는 성직매매까지도 나타났다. 안티오쿠스 4세는 심지어 율법 마저도 폐지하였고, 성전을 제우스의 신전으로 변모시키기까지 하였다.[5] 이것은 마카비 전쟁이 일어나는 계기가 되기도 하였다. 유대인들은 오랜 세월 마카비 일가를 중심으로 싸워서 자신들의 땅과 종교를 지키기도 하였다.

그 후에 유대가 로마 제국 치하에 있을 때, 이 지역을 맡은 헤롯 왕은[6] 유대인들의 환심을 사기 위해 성전을 웅장하게 다시 건축하였다. 그는 성전 예배가 중단되지 않도록 구조물을 조금씩 건축하였다. 따라서 시간이 매우 오래 걸렸다. 이것이 '헤롯 성전'이다. 그 건축 역사는 예수님 당시

---

4) Werner Förster, *From the Exile To Christ*, 문희석 역, 《신구약 중간사》(서울: 컨콜디아사, 1975), 26-27, 50 이하.
5) 위의 책, 60-62.
6) 헤롯은 그 조상때부터 대대로 유대인이 아니다. 그의 조상은 나바테안(Nabatean)과 에돔인(Edomite)의 뿌리에서 왔다고 하는데, 마카비 시대에 이두매 지역이 유대교화 되면서 조상이 유대교로 개종하였다고 하고, 이것을 확고히 하기 위해 유대적 족보를 만들기도 하였다. 헤롯 자신은 BC 74년에 이두매에서 출생했다고 한다.

이미 46년이나 소요되었고 64년까지도 아직 완성되지 못했다고 한다.[7] 예수님 당시에 사두개파는 제사장 계층으로서 로마와 타협하여 성전 예배를 장악하였고, 토라와 성전 제사를 중심으로 하는 신앙을 주도하였다. 그러나 바리새파는 제사장들은 아니었지만, 일상생활에서 토라 뿐만 아니라 옛 장로들의 구전 전승까지도 철저하게 지키려고 하는 신앙 운동이었다. 그들은 함께 제도권 유대종교를 주도하였다. 그러나 그러한 제도권 종교의 부패와 타락을 비판하면서 성전과 무관하게 은둔생활을 하는 엣세네파와 같은 부류도 있었다. 그들의 신학은 매우 반성전적이었다. 세례자 요한은 흔히 이러한 흐름과 연관이 있는 것으로 여겨진다.

예수님은 당시의 성전 예배 자체를 거부하시지는 않았지만, 성전 예배와 그 안에서 이루어지는 일들이 이미 심히 부패하고 타락하였음을 개탄하신다. 공관복음서들과 요한복음서도 모두 예수님이 예루살렘 성전에서 상인들과 환전상들을 쫓아내시고 정결케 하신 사건을 보도하고 있다(막 11:18; 마 21:12-17; 눅 19:45-48; 요 2:13-22). 그리고 말씀하셨다.

"기록된바 내 집은 만인이 기도하는 집이라 칭함을 받으리라고 하지 아니하였느냐 너희는 강도의 소굴을 만들었도다"(막 11:17).

이 사건은 대제사장들과 서기관들의 분노를 사거나(마 21:15), 예수를 잡아 죽이려고 하는 생각을 더욱 확고히 하게 만드는 계기가 되게 만들었다(막 11:18; 눅 19:45). 당시 유대인 사회에서 가장 신분이 높고 존중 받는 제사장들을 강도 취급을 한 셈이니 화가 날 만도 하다.

그러던 예수님은 결국 그 성전의 멸망과 파괴를 예언하신다. 마태복음

---

7) 신약에서 복음서와 사도행전에서 예루살렘 성전을 가리키는 말로는 히에론($\iota\epsilon\rho\acute{o}\nu$)을 주로 사용하였다. 이 말은 거룩한 곳, 하나님께 바쳐진 곳임을 뜻한다. 이 단어야말로 건물로서의 '하나님의 성전'을 가리키는 전문적인 용어라고 할 수 있다.

24장 1절에 의하면, 제자들이 예수님과 성전에서 나와서 가실 때, 그 성전의 장대한 규모와 아름다움에 감탄하여 예수님에게 그것을 가리켜 보이려고 예수께 나아왔다고 한다. 본문이 명시적으로 말하지는 않지만, 제자들은 아마도 그냥 나아온 것이 아니라 와서 예수님께 성전 건물을 칭찬하는 말들을 했을 것이다. 그런데 예수님의 반응은 싸늘하다 못해 무서운 것이었다. "너희가 이 모든 것을 보지 못하느냐 내가 진실로 너희에게 이르노니 돌 하나도 돌 위에 남지 않고 다 무너뜨러지리라"(마 24:2). 충격을 받은 제자들은 그 당시에는 아무 말도 하지 못하다가, 성전산 건너편에 있는 감람산으로 건너가서 거기서 성전을 바라보며 앉았을 때에 비로소 조용히 질문한다. "우리에게 이르소서 어느 때에 이런 일이 있겠아오며 또 주의 임하심과 세상 끝에는 무슨 징조가 있사오리까?"(마 24:3) 이에 예수님은 성전 파괴 사건이 일어날 때와 종말의 때에 있을 여러 가지 징조들에 대하여 말씀하여 주셨다.

2. 성전, 예수 그리스도의 몸

예수님의 예언대로 과연 70년 유대 전쟁 시에 로마군의 침공으로 예루살렘이 함락되고, 성전이 완전히 파괴되었다. 성전 건물은 결국 그 오랜 공사가 마무리될 즈음, 결국 로마군의 침공에 의하여 철저히 파괴되고 지상에서 완전히 사라지고 말았다. 그로 말미암아 성전 제사장들을 중심으로 하는 사두개파는 급격히 몰락하였고, 바리새파가 득세하였다. 이제 보이는 성전보다 보이지 않는 하나님의 임재가 더 중요해졌다. 성전 예배를 비판하시던 예수님을 따르던 기독교인들도 자연히 보이지 않는 성전을 중요시하는 흐름으로 가게 되었다. 마태는 예수님이 성전보다 크신 분이라고 하신 말씀을 회상한다. 마태복음 12장에 예수님과 바리새인들 사이에 안식일 논쟁이 나온다. 논쟁의 말미에 예수님은 놀라운 말씀을 하신다. "내가 너희에게 이르노니 성전보다 더 큰 이가 여기 있느니라"(마 12:6). 예수님은 호세아서 6장 6절을 인용하시면서 말씀하셨다.

> "나는 자비를 원하고 제사를 원하지 아니하노라 하신 뜻을 너희가 알았더라면 무죄한 자를 정죄하지 아니하였으리라"(마 12:7).

후대에 쓰여진 것으로 알려진 요한복음은 이제 예수님 자신을 성전이라고 이해하며, 그렇게 증언한다.

> "예수께서 대답하여 가라사대 너희가 이 성전을 헐라 내가 사흘 동안에 일으키리라. 유대인들이 가로되 이 성전은 사십륙 년 동안에 지었거늘 네가 삼일 동안에 일으키겠느뇨 하더라. 그러나 예수는 성전된 자기 육체를 가리켜 말씀하신 것이라. 죽은 자 가운데서 살아나신 후에야 제자들이 이 말씀하신 것을 기억하고 성경과 및 예수의 하신 말씀을 믿었더라"(요 2:19-22).[8]

여기서 예수님은 이미 자신의 몸에 성전이라는 의미를 부여하셨다. 그리고 그는 그의 예언에 따라 그의 몸인 성전이 십자가에서 허물어진 사흘 후 다시 부활하셔서 그 성전을 재건하셨던 것이다.

초기 그리스도인들은 예루살렘의 성전이 아직 존재할 동안, 성전 예배나 성전 그 자체를 경멸하거나 무시하지는 않았지만, 이제 예루살렘의 그 건물이 아니라, 그리스도를 따르는 성도들이 성전이라고 하는 새로운 깨달

---

8) 여기서 성전이라는 단어는 나오스(ναός)를 사용하였다. 신약성경에서 이 단어는 건물로서의 성전을 의미하는데 쓰이며, 그리스도인들의 공동체인 성전을 가리키는 말로도 사용하였다.

음에 도달한다. 바울의 생애 중에 성전은 아직 건재하고 있었고, 그는 성전 예배를 존중하였지만, 지상에 성전 건물이 존재하고 있었을 그 당시부터 벌써 성전을 다른 방식으로 이해하기 시작하였다. 그는 그리스도인들의 공동체인 교회가 그리스도의 몸이며 성전이라고 가르쳤다.

> "너희가 하나님의 성전인 것과 하나님의 성령이 너희 안에 거하시는 것을 알지 못하느뇨 누구든지 하나님의 성전을 더럽히면 하나님이 그 사람을 멸하시리라 하나님의 성전은 거룩하니 너희도 그러하니라"(고전 3:16-17).

> "너희 몸은 너희가 하나님께로부터 받은 바 너희 가운데 계신 성령의 전인 줄 알지 못하느냐 너희는 너희의 것이 아니라"(고전 6:19).

> "그의 안에서 건물마다 서로 연결하여 주 안에서 성전이 되어 가고 너희도 성령 안에서 하나님의 거하실 처소가 되기 위하여 예수 안에서 함께 지어져 가느니라"(엡 2:21-22).

여기서 성전은 그리스도인, 특히 그들의 공동체인 교회를 가리키고 있다. 이러한 생각은 어떤 특정한 장소나 건물을 성전으로 취급하고 있던 고대의 종교적 사고에 비추어 볼 때, 혁명적인 것이라고 하지 않을 수 없다.

더욱 놀라운 것은 요한계시록은 영원한 새 하늘과 새 땅 그리고 새 예루살렘에 대한 종말론적 환상을 보여주고 있는데, 거기서 요한은 새 예루살렘 성에는 성전이 없다고 하였다.

> "성 안에 성전을 내가 보지 못하였으니 이는 주 하나님 곧 전능하신 이와 및 어린 양이 그 성전이심이라"(계 21:22).

이렇게 보건대 하나님은 어떤 건물에 매여 계신 분이 아니다. 더구나 예수 그리스도의 강림 이후 진정한 의미에서 성전은 더 이상 건물을 의미하지 않는다. 않는다. 성전은 오히려 살아 있는 그리스도 자신이나, 살아 있는 그의 백성들의 공동체를 가리킨다. 이제 하나님의 임재는 살아 있는 사람들 안에, 그들의 마음에, 그들의 인격에, 그들의 몸에, 그들의 일상생활에 있다. 우리가 이것을 망각하고 계속 사람들과 사람들의 삶, 사람 살리는 일은 등한히 하고, 건물을 짓고 짓고, 또 지어 늘리고, 치장하는 일에만 힘을 쓴다면 우리는 헛된 일을 하고 있는 것이다. 초기 교회는 200-300년 간 예배당 건물 없이도 부흥하였고, 그 정신적 힘은 박해 속에서도 온 로마 제국을 그 밑바닥에서부터 뒤흔들 만큼 컸던 것이다. 성전은 이제 고정된 건물이 아니라, 살아 움직이며 돌아다니는 사람들이다. 하나님의 특별하신 임재와 그 표적은 이제 세상 도처에서 살아 움직이며 일하고 있다.

3. 예배당 건물

성전은 교회의 회중이며, 더 이상 예배당 건물이 성전이 아니라는 말은 교회가 활동을 하기 위한 건물 자체가 필요 없다는 말은 아니다. 예배와 교육과 선교와 봉사를 위해서 우리는 어떤 건물과 시설을 마련하고 쓸 수 있고, 그렇게 하는 것은 필요한 일이다. 문제는 건물 자체를 신성시 하고, 필요 이상으로 거기에 치장하거나, 건물 자체의 규모 확장에 집착하면서, 진정한 성전을 세우는 일, 즉 사람을 살리는 선교와 봉사와 교육을 위해서는 실질적으로 투자하지 않는 것이다. 건물을 마련하는 것은 그 건물을 충분히 활용할 계획 하에서 이루어져야 한다. 예를 들어 교육관에 대해 생각해 보자. 여기 상당한 규모의 어떤 교회가 있다고 하자. 교육 공간의 부족을 느끼던 이 교회는 거액을 들여서 교육관을 건립하였다. 그런데 거기서 하는 주된 일이란 결국 주일날 교회학교 각 부서가 1시간 30분 정도의 모임 시간을 가지는 것이다(나머지는 식당 및 행정 사무실과 주차시설이다). 그것도 주중에는 거의 비어 있다. 교육관이 없던 시절과 교육에 있어서 달라진 것이 무엇인가? 교육관이 없던 시절에는 교회학교가 공간이 부족하여 오후에 모이는 부서가 있었는데 이제는 모두 오전에 모일 수 있게 되었다. 그리고 각 부서를 좀더 세분하여 나눌 수 있게 되었다. 그리고 그 뿐이다. 달라진 요점은 교회학교가 시간적, 공간적으로 좀 편리해졌다는 것이다. 선교와 봉사를 위한 지도자 양성, 교인 교육과 훈련, 새로운 교재 개발, 시청각 교육 시설, 도서 및 교육 자료 구비, 새로운 선교와 봉사 프로젝트 등에는 거의 투자가 되지 않고 있다. 교육관 건립 후 교회학교가 더 발전하는 징조도 보이지 않는다. 즉 예배당 건물에는 투자를 많이 했는데, 살아 있는 성전인 사람들을 살리고 기르는 일에는 실제적으로 투자를 하지 않은 것이다.

복음적 관점에서는 사람, 특히 사람들의 공동체인 교회 곧 그리스도의 몸이 성전이다. 그러므로 참으로 성전을 위하는 일은 건물을 위하는 것보다 사람 살리고, 사람 사랑하고, 사람을 길러내는 일이다. 아무리 화려하고 웅장한 건물을 짓는다고 해도 사람이 없으면 무슨 소용이 있겠는가? 오늘날 우리는 웅장하고 화려한 건물을 가진 유럽 교회들에, 때로는 수백년 걸려 건립한 대단한 건물을 가진 교회들에 사람이 사라져 가는 현상을 보고 있지 않은가? (만일 요즈음처럼 한국교회가 침체되고 교인 수가 줄어 간다면, 머지 않아 한국교회에도 비슷한 현상이 일어날 것이다.) 전통적인 개혁 교회들은 대개 예배당을 웅장하고 화려하게 장식하지 않았다. 돈이 없어서가 아니라, 그럴 필요를 느끼지 않았기 때문이다. 필자가 공부했던 미국 프린스턴 시내의 전통 있는 낫소장로교회 건물도 그저 수수한 백색의 건물이고, 화려한 스테인드글라스도 없고, 강단 앞에 장식된 십자가도 없다. 그러나 이 교회는 지금도 활력 있게 움직이고 있다. 프린스턴신학교의 예배당도 그저 수수한 미색의 건물이다. 어떤 부자가 기부한 돈으로 세워진 프린스턴 대학 예배당은 웅장하고 화려하다. 그러나 거기엔 사람이 별로 없다.

교회가 성장하는 것 자체가 잘못 되었다고 비판할 일은 아니다. 그런데 이제 우리가 심각하게 생각해 보아야 할 것은 그동안 우리 한국의 교회들은 성장해서 건물을 짓고, 증축하고, 교육관 짓고, 수양관 짓고, 묘지 사고, 부수고 짓고 또 늘리는 이런 일에 너무 매달려 오지 않았는가 하는 점이다. 오늘날 우리 교회들은 제대로 활용하지도 않는 건물들을 짓느라고 정신적 재정적으로 지쳐 있지는 않은가?[9] 반면 어떤 교회들은 자기 교회 성장과 건물 짓기에만 매달리지 않고, 개척교회들을 지어주는 일들을 하고 있다. 또 서울의 '주님의 교회'는 교회가 자체 소유의 건물을 갖지 않기로 작정하고, 정신여고에 강당을 지어 기증한 후, 그것을 빌려 쓰는 방식으로 불편하게 살면서도 놀라운 성장을 이룬 바 있다. 또 미국의 "새들백교회"는 자기 건물을 짓지 않고도 15년만에 신자 1만 명이 넘는 교회로 성장하였다고 한다. 또한 경기도 부천의 박창하 목사는 자신이 교회를 개척해서 세우고 건물까지 짓고 나서 계속 교회가 성장하자, 교회를 분립시켜 내어보내고 자립하도록 지원하였으며, 나중에는 스스로 그 교회를 떠나 다른 곳에 다시 개척하였다고 한다. 그리하여 그의 은퇴시까지 그렇게 설립된 교회가 50여 처에 달하였다고 한다.[10] 또한 김동호 목사는 '높은뜻숭의교

---

9) 최근에는 어떤 교회가 막대한 빚을 내어 대형 건물을 건축하고, 그 빚을 갚을 길이 없어서 결국 이단에 건물을 매각하였다는 소식도 들린다.
10) 박창하 목사는 1976년 부천의 한 포도밭에 '복된교회'를 개척 설립하였다. 그후 교회가 성장하여 교인이 늘어나자 부교역자와 교인 200명을 분립시켜서 내보내어 '빛된 교회'를 세웠다. 이후 계속 그런 식으로 분립 개척을 네 차례 계속하였다. 그리고 그 무렵 이번에는 "네가 나가라"는 하나님의 음성을 듣고 자신이 100명의 교인들과 함께 나가서 '참된교회'를 개척 설립하였다고 한다. 그는 이런 식으로 평생 분립, 개척하는 목회를 하였다. 그는 부목사가 들어오면 1년에서 3년 정도 훈련시킨 후, 원하는 교인들과 함께 개척하게 하였으며 장로 1명도 함께 돕는 정책을

회'를 개척 설립한 후 교회가 급속히 성장하자 7년만에 교회를 네 교회로 분할 독립시킨 일도 있다.[11] 이런 예들은 우리가 교회가 건물 늘리는 일에 집착하지 않으면서도 얼마든지 훌륭하게 목회할 수 있으며, 교회가 성장할 수 있음을 보여준다.

4. 성전적 사고방식의 문제

예배당 건물은 거룩하다. 그러나 그것은 그 장소와 건물 자체가 거룩하기 때문이 아니고, 그것이 하나님께서 거기만 계시는 성전이기 때문도 아니다. 예배당 건물이 거룩한 이유는 그것이 하나님께 예배하고 하나님의 복음을 전파하는 거룩한 일에 사용되고 있기 때문이다. 문제는 성전적 사고방식이다. 그러나 우리는 아직도 예배당 건물을 성전으로 인식하고, 건물을 신성시하고, 그래서 건물에 많은 관심과 재정을 투여하는 일에 매달리고 있지는 않는가? 영국 교회의 롭 워너(Rob Warner)는 이러한 생각을 오래된 '성전식 사고'라고 부르며, 그 특징을 일곱 가지로 분석한다.

1. 많은 다른 문화들도 종교적 건물을 짓기 때문에 교회 건물을 하나님

시행했다고 하며, 분립 후 사정이 어려우면 자립할 때까지 재정 지원을 하였다. 그가 정년 은퇴할 때까지 분립 개척하였거나, 파송하여 설립한 교회가 50여 개에 이른다고 한다.
11) 김동호 목사는 자신이 목회하던 '동안교회'를 떠나, 2001년에 숭의여대 강당을 빌려, '높은뜻숭의교회'를 개척, 설립하였고, 6년만에 교인이 5000명에 이르렀다. 2008년 11월에는 용인에 '높은뜻하늘교회'를 분립, 개척하고, 2009년 1월에는 나머지 교인들을 '높은뜻광성교회'와 '높은뜻정의교회'와 '높은뜻푸른교회'로 각각 분립하였으며, 건물을 짓거나 늘리는 대신 재정을 '보이지 않는 성전 건축'이라는 이름으로 빈민 자활, 인재 양성, 통일준비 사역(탈북자 사역) 등에 투자하여 많은 성과들을 얻었다.

의 집이라 칭하는 것은 자연스러운 일이다.
2. '올바른' 예배는 올바르게 갖추어진 종교적 건물에서만 드릴 수 있다고 여긴다.
3. 유일하게 정해진 예배 장소이기 때문에 교회 건물은 거룩한 공간이어야 한다.
4. 그러므로 그리스도인들이 하나님을 만나거나 신적 계시를 받을 수 있는 유일한 장소는 교회 건물이어야 한다.
5. 교회 건물은 언덕 위에 있는 등대처럼 영구함과 안정성의 상징이다.
6. 그러한 등대처럼 교회 건물은 '기독교' 국가에 하나님이 함께하신다는 것을 나타낸다.
7. 만일 교회 건물이 하나님의 임재를 표현한다면 다른 종교의 건물보다는 더 웅장하고 인상적이어야 한다는 생각이 자연스럽게 따라온다.[12]

이러한 사고방식은 신약 성경의 신앙과는 매우 다른 것이지만, 의식적 무의식적으로 우리 안에 당연한 것처럼 받아들여지는 경우가 많다. 혹시 이것은 기독교가 로마제국 시대에 박해를 받으며 건물도 없이 가정집과 지하 무덤을 전전하다가 주후 313년에 이르러 로마제국의 공인을 받고 지상으로 올라오면서, 대성당들을 짓기 시작한 데서 연유한 것일까? 교회가 제국의 종교, 황제의 종교로서의 위엄과 화려함을 가져야 했기 때문일까? 그런 사고방식은 신약성경의 신앙을 버리고, 다시 구약으로 돌아가서 구약성경에 나오는 성전의 화려함에서 그 근거를 찾고 정당화하려고 했을지도 모른다. 그러나 그것은 예수 그리스도의 신약적 신앙에서 이미 넘어서고 지나가 버린 낡은 것이고 생명 없는 것이다.

---

12) Rob Warner, *21st Century Church* (London: Hodder & Stoughton, 1993), 127-130. 마이클 프로스트, 앨런 허쉬, 《새로운 교회가 온다》, 지성근 역(서울: IVP, 2009), 136-137에서 재인용.

어떤 사람들은 예배당 안에서도 특히 강대와 강대상 공간이 특히 더 거룩한 것으로 생각하기도 한다. 그러나 앞에서도 이미 성경을 통해 살펴보았듯이, 예배당은 더 이상 성전이 아니고, 더욱이 그 안에 성소와 지성소의 구분도 없다. 복음서들은 주님께서 십자가에 못 박히실 때에 이미, 성소와 지성소를 가르는 휘장이 찢어지고 말았다고 증거하지 않는가!(막 15: 37-38; 마 27:50-51; 눅 24:45-46) 그런데 왜 우리는 특정 공간 자체에 제한된 거룩성을 부여하고 공간을 나누려고 하는가? 예배당 안에서 이루어지는 일은 거룩하고 밖에서 이루어지는 일은 속된 것인가? 그러나 이런 생각은 대단히 비성경적이고 비복음적이다. 우리는 예배당 안에서 하는 일은 거룩하다고 굳게 믿으면서, 어느새 세속적 가치관과 욕심으로 그 안에서 싸우고 분열하고 부패해지고 있지는 않는가?

물론 예배당 건물과 그 안의 시설들은 주님을 섬기는 일을 위해 구별된 것이며, 그 목적을 위해 가장 효율적으로 사용되어야 한다. 이런 의미에서 그것은 거룩하며, 거기에 질서와 규율이 필요할 것이다. 이를테면 우리는 강대상에서 아이들이 장난하도록 방치해서는 안 될 것이다. 그러나 그 이유는 그곳이 지성소이기 때문이 아니라, 그곳이 예배를 위해 잘 보존되어야 하기 때문이다. 평신도나 여자이기 때문에 강대에 올라가서는 안 된다는 법은 없다. 그것은 결코 복음적이 아니다. 그들이 강대에 올라가고 못 가고는 전혀 그들이 주님으로부터 부름 받아 예배에서 담당할 일이 무엇인가에 달려 있을 뿐이다.

5. 열린 교회, 움직이는 성전

《흩어지는 교회》를 쓴 호켄다이크는 이제 급변하는 세계 속에서 교회는 그 건축물의 구조도 바꾸어야 한다고 일리 있는 주장을 한다. 그는 "성당의 건축(sacral architecture)"에서 "친교의 집(fellowship house)"으로 바꾸어야 한다는 것이다. 이러한 주장의 이면에는 교회가 더 이상 자신들만을 위한 집단이 아니고, 이웃과 사회를 위한 봉사의 공동체가 되어야 한다는 그의 확신이 들어 있다.[13] 우리는 그가 "두세 사람이 내 이름으로 모인 곳에"(마 18:20) 있는, 특히 말씀과 성례전에 있는 그리스도의 임재와, 우리가 세상에서 만나는 헐벗고 굶주린자, 눌리고 갇힌 자, 곧 "지극히 작은 자 하나"(마 25:31 이하) 안에 있는 그리스도의 임재의 성격의 차이를 무시하는 것에는 동의할 수 없지만, 교회가 흩어진 교회가 되어 이웃과 사회를 위한 봉사의 도구가 되어야 한다는 호켄다이크의 주장은 옳은 것이다. 그런 의미에서 예배당의 건축양식도 달라져야 한다는 말도 귀담아 들을만 하다.

> 교회 건축에 있어서 대성당(cathedral)에서부터 예배실(chapel)에로의 전환이 있어야 한다. 대성당은 안정된 사회의 상징이요, 왕이신 그리스도께서 그의 손을 펴 모든 생활에 축복하시는 영원한 안식처의 상징이요, 마지막 날의 한 전조였다. 예배실은 유동적인 집인데 옛날 전쟁터에 가지고 다녔던 장막 같은 것이다. 그것은 쉽게 접어 옮길 수 있어서 사람들이 있는 곳이면 어디에나 칠 수 있다. 이것은 기동적인 시대의 상징이기도 하다. 우리가 서기 2000년의 교회 건물을 한번 생각해 본다면, 우리는 온 도시에 흩어진 사람들을 위한 충전소로서 "공중전화소 같은" 수 없이 많은 조그만 예배실을 볼 수 있을 것이다.[14]

2000년대에 관한 그의 예언은 빗나갔지만, 예배처의 건물이 더 이상 그리스도의 임재를 배타적으로 담아내는 공간이 아니라는 점을 지적한 것

---

13) J. C. Hoekendijk,《흩어지는 교회》, 이계준 역(서울: 기독교서회, 1975). 91.
14) 같은 책, 92.

은 옳은 말이다. 교회의 건물은 교회 구성원들만을 위한 성전이 아니라, 이웃과 사회 속에서 하나님의 복음을 전파하고 하나님 나라를 이루어 가는 일을 위한 기동성 있는 열린 공간이 되어야 한다. 요즈음에는 선교적교회(missional church) 운동이 일어나서 교회가 교인들만을 대상으로 목회하는 방식에서 탈피하여 교회가 속한 지역사회 전체를 대상으로 목회하고 선교하는 운동이 일어나고 있는데, 이는 세상에서 복음을 전파하고 하나님 나라를 이루어 가는 일을 섬기는 바람직한 운동이라고 볼 수 있다.

6. 성전 개념과 성직주의

예배당을 성전이라고 부르는 데에는 목사를 제사장으로 평신도를 일반 하나님 백성으로 구분 짓는 소위 '성직주의' 사고방식이 결합하여 상승 작용을 일으킨 면이 있다. "예배당은 성전이요, 목사는 거기서 제사를 주관하는 제사장이다"라는 이 말은 사람들에게 쉽게 받아들여지고 있다. 아마도 예배당을 성전으로 보는 개념과 목회자의 권위, 위신을 세우는 생각이 묘하게 결부된 것이다. 과연 우리는 종종 교회에서 예배당을 성전으로 목사를 제사장으로 비유하는 말을 듣는다. 그러나 본래 신약 성경에 의하면 우리의 영원하신 대 제사장은 오직 그리스도이시며(히 8, 9장), 모든 신자들은 그리스도 안에서 제사장과 같다고 한다(벧전 2:9). 목사는 결코 배타적 의미에서 제사장이 아니다. 그는 말씀과 성례전 집행을 위해 부름 받은 전문 사역자이며, 회중의 영적 지도자이다. 그러면 목사만을 제사장으로 여기는 성직주의는 어디서 왔는가?

평신도를 의미하는 영어 laity는 희랍어 laikos(λαϊκός)에서 온 것으로서 라틴어에서는 laicus라 하였다. 그런데 이것은 본래 성경에서 laos (λαός), 즉 일반 백성(하나님의 백성)에게 속하였다는 것을 의미할 때 사용한 말이었다. 즉 하나님의 모든 백성이 라이코스이었고 신약에서는 온 교회의 모든 신자가 다 라이코스였다.[15] 거기에는 성직자와 평신도의 본질적 계급 구분이 없었다. 그러나 교회가 고대 희랍-로마의 국가 체제 안에서 정착되어 가면서 신자들 사이에 본질적인 계급 구분이 생겼다. 고대 유럽 국가 체제에서는 kleros는 장관으로서 권력자이고, laos는 일반 시민이었다. 그런데 kleros라는 말에서 clergy, 즉 성직자라는 말이 유래한 것이다. 이리하여 교회 안에는 성직자들과 일반 신자들 사이에 계급 구분이 생기게 되었다.[16] 물론 신약성경 안에도 두 단어가 모두 나오지만, 이 두 말 모두 하나님의 백성을 가리키는 말이다.[17] 그런 의미에서 모든 신자들은 다 평신도요 모두 제사장이라고 할 수 있다. 베드로전서 2장 9절에서 "왕 같은 제사장"이라는 말은 교회 내 특정 계급에 해당하는 말이 아니라 모든 신자들에게 해당하는 말이었다.

그러나 후대 교회에서는 이것이 엄격히 구분되기에 이르렀다. 특히 로마 교회에서는 이것이 철저히 제도화되었다. 이러한 흐름에 제동을 가하고 변혁을 이룩한 이들이 바로 16세기 기독교 개혁자들이었다. 루터와 칼뱅 모두 모든 신자들이 다 제사장적인 지위에 있음을 주장하였다. 이것은 우리에게 '전신자 제사장설'이라는 말로 잘 알려져 있다. 그러나 그들은 계급적 제사장이 아니라, 교회 안에서 말씀과 성례전을 담당하며 회중의 영적 지도자가 될 전문적인 사역자들의 필요성을 알고 있었으며, 그들의 교회 안에 그것을 담당하는 목사들의 직위를 제도화하였다. 그러나 목사들은 평신도 위에 군림하는 계급적 제사장이 아니라, 말씀과 성례전을 담당하는

---

15) Hendrik Kraemer, 《평신도신학》, 유동식 역(서울: 기독교서회, 1963), 52.
16) 같은 책, 54.
17) W. Robinson, *The Doctrine of the Priesthood of All Believers,* 1955, 17, cited in Kraemer, 《평신도신학》, 55. 예를 들어 벧전 5:3에서 $\kappa\lambda\eta\rho o s$는 평신도 양무리를 가리키고 있다.

사역자들이었다. 그들의 직책은 계급이 아니라, 하나님의 부르심과 은사에 따른 직무였던 것이다.

그렇지만 사람들은 종종 종교개혁 교회 안에 있는 목사와 교직 제도 역시 하나의 계급 구조처럼 인식하였고, 이러한 인식은 오늘날도 계속되고 있다. 그리하여 교회는 평교인 - 집사 - 장로 - 목사라는 계급 구조로 인식되고 사람들은 이 계급의 사다리를 올라가려는 경쟁적 의식이 팽배해 있다. 성직주의에 기초한 이러한 생각들은 권위주의적 사고와 맞물려 교회를 사랑과 섬김의 공동체가 아니라, 대접 받고 출세하여 명예를 얻기 위한 경쟁의 터로 만들고 있지는 않는가? 교역자들은 노회 임원, 노회장, 총회 임원, 총회장이 되기에 힘쓰고, 또 이것을 위해 막대한 헌금을 낭비하고 있다. 교인들은 안수 집사, 장로가 되기에 힘쓰고 있다. 목사 혹은 장로의 지위는 하나의 권력으로 인식되고, 이제 목사의 지위와 장로의 지위는 권력 다툼 양상으로 번지고 있다. 섬김을 위한 직책이 어찌하여 권력을 위한 직책이 되었는가? 교회 안의 지도자들이 그런 일에 골몰하면서, 성직자와 분리된 평신도들의 집단이 계속 존재하게 되었고, 그 집단은 제 몫을 다하지 못하여, 결국 교회는 활력을 상실하게 되었다. 근래에 평신도의 중요성이 새로이 인식되어 평신도를 일깨우고 훈련하고 그들의 일상 생활 속에서 하나님 나라의 일꾼으로 사역하게 하려는 움직임이 일어나고 있음은 다행한 일이다.

7. 세상과 성전의 이중적 생활, 성과 속의 이원론

이렇게 성전과 속된 건물, 거룩한 성직자와 속된 신자들을 구분하는 사고방식 속에는 聖과 俗을 이원론적으로 날카롭게 분리하는 생각이 들어 있다. 그러나 그것이야말로 주님께서 바리새인들을 책망하시면서 그렇게도 힘써 타파하시고자 했던 사고와 행실이 아니던가? 예루살렘이든 갈릴리이든 주님과 함께 있는 곳에서 사람들은 하나님을 만날 수 있었다. 주님 자신이 성전이었기 때문이다. 주님 앞에서는 바리새인도 세리도 창녀도 모두 죄인일 뿐이었고, 또 모두들 거룩해져야할 사람들이었다. 주님께서는 안식일만 거룩하여 그날만 거룩하게 지내고 나머지는 속되게 사는 것이 아니라, 모든 날들이 거룩한 날들이었고, 따라서 매일 하나님 뜻대로 사는 날이었던 것이다. 주님께서는 그 자체가 본래 속된 공간, 시간, 사람이 없었다. 하나님 나라에서는 모든 공간, 모든 시간, 모든 사람이 다 거룩한 것이다. 어떤 시간, 어떤 공간, 어떤 사람도 하나님께 순종하여 하나님 뜻을 따라 쓰여지면 거룩한 것이다. 일찍이 스가랴는 이 비전을 다음과 같이 노래하였다.

"그 날에는 말방울에까지 여호와께 성결이라 기록될 것이라. 여호와의 전에 모든 솥이 제단 앞 주발과 다름이 없을 것이니 예루살렘과 유다의 모든 솥이 만군의 여호와의 성물이 될 것인즉 제사 드리는 자가 와서 이 솥을 취하여 그 가운데 고기를 삶으리라. 그 날에는 만군의 여호와의 전에 가나안 사람이 다시 있지 아니하리라"(슥 14:20-21).

그러나 오늘날 우리의 삶은 어떠한가? 주일날 만큼은 예배를 드리고 경건하게 지내지만 다른 날들은 속되게 지내지 않는가? 예배당 안에서는 경건한데, 그 문만 나서면 속되게 돌변하지 않는가? 교회에서 하는 봉사는 정성으로 하지만, 직장에서의 업무와 사업은 불성실과 부정직과 불의와 속임으로 가득하지는 않은가?

8. 성전 개념과 기복주의 신앙

서구 교인들은 예배를 위한 건물을 보통 성전(temple)이라고 부르지 않는다. 대개 예배당(chapel) 혹은 성당(sanctuary)이라고 부른다. 주교가 위치하는 곳은 catheral(주교좌 성당)이라고 부르기도 한다. 예배처를 성전이라고 부르는 것은 그런 의미에서 상당히 한국적인 것 같다.[18] 왜 이렇게 되었을까? 필자는 여기에 한국 전래의 어떤 기복 신앙적 요소가 끼어들어 오지 않았는가 상상해 본다. 예배처가 성전이고 목사가 제사장이라면, 성전에 치장하는 일에 돈을 많이 쓰고, 목사를 잘 대접하면 복을 많이 받을 것이라는 것이다. 실제로 이런 생각이 우리 교회에 널리 퍼져 있다. 그러나 이것이 과연 성경적이고 복음적인가? 이것이 과연 그리스도께서 원하시는 것인가? 모세가 광야에서 성막을 지을 때, 이스라엘 사람들에게 재료로 쓸 것을 바치라 하였더니 너무 많이 가져와서 곤란할 정도였다고 하였다(출 36:3-7). 그러나 성경은 그렇게 바친 자들이 그 보상으로 어떻게 복을 받았는지에 대해 전혀 관심이 없다.

우리가 헌금을 하는 것은 하나님께 우리의 삶을 바치는 헌신을 의미하는 것이다. 즉 우리는 돈과 재물에 있어서도 하나님 뜻을 우선으로 하는 삶을 살겠다는 것이다. 그것은 하나님의 은혜에 대한 감사의 응답이다. 이것이 없는 자는 배은망덕한 자이다. 그러나 그것은 결코 하나님의 복을 따 내려는 장삿속이 아니다. 우리가 과연 얼마나 많이 바치면 하나님을 감동시켜 그냥은 주시고 싶지 않은 복을 우리에게 주시게 할 것인가? 만일 우리가 그렇게 한다면 하나님을 복을 파는 장사치로 전락시키는 모독을 행하는 것이다. 당신이 만일 마음속으로 어떤 사람에게 큰 사랑을 베풀려고 하는

---

18) 사실 초기 한국교회에서는 예배당을 성전이라고 부르지 않았다. 또한, 지금은 다 헐어 버려서 없어졌지만, 옛날 예배당 건물들 간판에는 "○○ 교회"라고 쓰지 않고 "○○ 교회 예배당"이라고 했었다.

데, 그가 알량한 돈 몇 푼으로 당신의 호의를 사려고 한다면, 과연 그 사람에게 진정한 사랑과 봉사를 하고 싶겠는가? 오히려 불쾌감과 모욕감을 느끼지 않겠는가? 그러나 얼마나 많은 교인들이 오늘날 그렇게 행동하고 있는가! 우리네 기복신앙을 잘 보여주고 있는《심청전》에서는 심봉사가 안 보이는 눈을 뜨기 위해 공양미 삼백 석을 바쳐야 한다고 했다. 그러나 성경에 나오는 바디매오는 아무 대가 없이 눈을 고침 받았다. 이것이 은혜이고 이것이 복음이다. 감사와 헌신과 헌금은 거기에서부터 우러나오는 것이다. 물론 어떤 어려운 문제에 대한 하나님의 은혜를 믿고 미리 감사할 수도 있지만, 거기에 결코 사고 파는 대가에 대한 인식이 있어서는 안 된다. 만약 그런 생각을 가진다면 결과는 두 가지로 나타날 것이다. 하나는 내가 지불한 대가만큼 받아 내어야 하겠다는 오만이요 다른 하나는 상당한 보상을 받지 못했다고 느낄 때 신앙에 회의가 들거나 실망하게 되는 어리석음이다. 그래서 종종 교회에서는 헌금 많이 낸 사람이 목소리가 크고, 세력이 있다.

어떤 사람들은 성경이 바로 그런 복 빌음에 대하여 가르쳐 주고 있다고 강변할 것이다. 아니다. 결코 아니다.[19] 성경은 사람이 스스로 자기를 위해 필요한 것을 넘어서서, 재물의 풍부함을 비는 것을 전혀 가르치고 있지 않다. 성경은 하나님께서 은혜로 복을 주심에 대하여 말하고 있으며, 물질적인 복 보다 더욱 중요한 것은 영적 정신적인 복이다. 시편 1편은 악인의 꾀를 좇지 않고, 죄인의 길에 서지 않으며, 오만한 자의 자리에 앉지 않는 것 자체가 복되다고 노래한다. 그 시는 악인의 꾀를 좇지 않고, 죄인의 길에 서지 않으며, 오만한 자의 자리에 앉지 않으면, 부귀영화의 복을 누리리라고 말하지 않는다. 에베소서 1장 3-6절은 그리스도 예수를 통하여 하나님의 택하심을 받아 하나님의 자녀들이 된 놀라운 신령한 복을 주신 하나님

---

19) 복에 대한 올바른 신학적 이해에 관하여는 다음을 참조하기 바란다. 현요한, "복의 신학,"〈장신논단〉제18집, 2002년 12월.

을 찬양하고 있다. 복 중에 복은 그리스도의 복음을 믿어 하나님의 자녀가 되는 것이다.

그러면 소위 "축복장"이라고 알려진 신명기 28장의 물질적 복은 도대체 무엇인가? 거기 기록된 복은 돈 내고 복을 빌 때 주어지는 것이 아니라, 하나님의 율법에 순종할 때 주어지는 것으로 되어 있다("그 모든 명령을 지켜 행하면…" 신 28:1; "네가 하나님 여호와의 말씀을 순종하면 이 모든 복이…" 신 28:2). 그리고 불순종할 때에는 저주가 약속되어 있다! 그 율법에는 종교적인 계율 뿐만이 아니라, 사회적인 법과 윤리가 중요한 부분으로 포함되어 있다. 빚을 지고 자신의 몸을 팔아 종이 된 사람들을 해방시켜 주는 것, 그들을 해방시킬 때 빈손으로 보내지 않고 쓸 것을 주어 보내라는 명령, 가난한 사람들과 고아들을 위해 십일조를 내라는 명령, 추수할 때 가난한 자들과 나그네를 위하여 일부러 일부를 남겨 두라는 명령 등이 그것이다. 이것은 물질적인 복이 공동체 안에서 공유되어야 할 것임을 보여주고 있다.

물질적인 복을 공동체적으로 향유함에 관하여는 신명기 28장을 주의 깊게 살펴 볼 필요가 있다. 신명기 28장에서 본문을 눈여겨 본다면, 복을 받는 대상인 '너'는 단순히 개인이 아니라, 이스라엘 민족 공동체임을 알 수 있다. "… 여호와께서 너를 세계 모든 민족 위에 뛰어 나게 하실 것이라"(신 28:1). "너를 세워 자기 성민이 되게 하시리니…"(신 28:9). 이것은 무엇을 뜻하는가? 하나님은 하나님의 법을 지켜 하나님만 섬기며, 이웃과의 사이에서 정의를 행하고 가난하고 곤란을 당하는 사람들을 사랑하고 잘 도우면, 그 공동체 전체가 물질적으로도 잘 살게 된다는 것을 약속해 주셨던 것이다. 상식적으로 생각해 보아도 그렇지 않은가? 그렇게 서로 돕고 사랑하는 공동체가 복되지 않다면 도대체 어떤 공동체가 복되다는 말인가? 그런 의미에서 성경이 가르치는 신앙은 자기 개인만을 위한 기복주의적 신앙이 결코 아니라, 하나님께서 은혜로 복 주심을 믿고, 서로 남이 잘 되도록 축복하며, 섬기며, 사랑하는 신앙인 것이다.

    복의 개념을 해석함에 있어서, 혹은 복에 관한 성경 본문을 해석함에 있어서는 해석의 정황에 대한 이해가 매우 중요하다. 가령 고대 이스라엘 사회와 같이 농경이나 목축을 주된 생업으로 하던 사회, 그리고 대부분의 백성이 자기 소유의 땅에서 생업을 영위할 수 있는 자유로운 환경에서는, 물질적으로 잘됨은 그대로 하나님의 복이라고 이해해도 큰 문제가 없었을 것이다. 늘 성실하게 일하는 농부가 올해에 기울인 노력과 지난 해에 기울인 노력은 별 차이가 없다. 그런데 올해의 수확이 작년보다 획기적으로 풍성하다면, 그것은 날씨와 자연조건이 좋았다는 것이요, 그것은 그대로 하나님의 돌보심이요, 하나님의 복으로 이해해도 무리가 없었다. 그러나 도시 산업사회, 정보화사회 (혹은 농경사회라고 할지라도 소작농이거나 농노가 대부분인 사회)에서는 이야기가 다르다. 열심히 일하였다든지, 머리를 써서 새로운 기술을 적용했다는지 하는 긍정적인 것 말고도, 돈 벌이가 잘 되게 하는 다른 요소들이 많이 있다. 이를테면 독점과 폭리, 무자료 거래, 가짜 영수증, 탈세, 이중 장부, 분식회계, 부동산 투기, 주가 조작 등등 온갖 불의한 일을 통해서 부를 축적할 수 있다. 그렇게 축적된 부를 과연 우리는 하나님의 복이라고 부를 수 있는가? 그러므로 누가에 의하면, 주님은 불의와 압제의 상황에서 신음하던 당시 백성들에게 이렇게 말씀하셨다.

> 너희 가난한 자는 복이 있나니 하나님의 나라가 너희 것임이요 지금 주린 자는 복이 있나니 너희가 배부름을 얻을 것임이요 지금 우는 자는 복이 있나니 너희가 웃을 것임이요 인자로 말미암아 사람들이 너희를 미워하며 멀리하고 욕하고 너희 이름을 악하다 하여 버릴 때에는 너희에게 복이 있도다. 그 날에 기뻐하고 뛰놀라 하늘에서 너희 상이 큼이라 그들의 조상들이 선지자들에게 이와 같이 하였느니라 (눅 6:20-23).

지금 예수님 앞에 찾아 나온 구체적인 "너희 가난한 자들," "지금 주린 자들," "지금 우는 자들," 예수님 대문에 사람들로부터 미움과 버림을 받는 자들이 복이 있다는 것이다. 지금은 사회적 상황 때문에 그렇게 고난당하고 가난하지만 장차 올 하나님 나라에서는, 그들이 모든 일이 정의롭고 평화롭게 변한 세상에서 살 것이기 때문이다. 반면에 주님은 놀랍게도 동시에 화를 선포하셨다.

> 그러나 화 있을진저 너희 부요한 자여 너희는 너희의 위로를 이미 받았도다. 화 있을진저 너희 지금 배부른 자여 너희는 주리리로다 화 있을진저 너희 지금 웃는 자여 너희가 애통하며 울리로다. 모든 사람이 너희를 칭찬하면 화가 있도다 그들의 조상들이 거짓 선지자들에게 이와 같이 하였느니라(눅 6:20-26).

"너희 부요한 자들," "지금 배부른 자들," "지금 웃는 자들," "모든 사람들로부터 칭송을 받는 자들"은 오히려 화가 있다고 하신다. 부요한 것, 배부른 것, 웃는 것이 무슨 죄인가? 그것 자체가 죄가 아니라, 그런 형편에서 그렇게 하는 것은 죄일 수 밖에 없었기 때문이다. 그런데 한 때 우리 한국교회에서는 교인들마저도, 땅을 샀는데 그 땅 값이 폭등하였을 경우, 그것을 하나님의 복으로 이해하고 부러워한 일들이 많았음을 우리는 부끄럽게 회상하지 않을 수 없다.

맺는 말

교회는 성전이지만, 예배당은 성전이 아니다. 성전은 이제 살아 움직이는 하나님의 백성이다. 그러므로 우리가 진정 성전을 세우기 원한다면,

우리는 건물보다도 복음으로 사람을 살리고, 기르는 일에 더욱 힘써야 할 것이다. 목사는 말씀의 사역자로서 영적 지도자이지만, 그만이 제사장은 아니다. 모든 신자들은 하나님의 제사장 백성으로서 각자 자신의 삶터에서, 그곳이 예배당이든, 공장이든, 상점이든, 공사장이든, 사무실이든, 길거리이든, 성령의 능력으로 하나님 나라를 이루어 가야할 것이다. 복은 개인적인 부귀영화를 위해 열심히 기도함으로써 쟁취하는 것이 아니라, 하나님의 은혜로 주어지는 것이며, 물질적인 복이라고 할지라도 공동체 안에서 정의와 사랑으로 나누어져야 할 것이다. 복은 성전 건물과 제사장 목사를 잘 섬기면 그 댓가로 주어지는 것이 아니라, 생명의 복음을 믿고, 생명의 복음을 전하며, 정의와 사랑으로 사람들을 섬김으로 누리게 되는 것 그 자체이다. 이것은 복음적 신앙을 교회 제도와 건물과 재정의 영역에서 참되게 구현하는 길이며, 이러한 복음적 신앙으로 살아가는 것이 참된 복이다.

예배당을 거룩하게 사용하면서도 건물 자체에 매달리지 않고, 목사를 존경 받을 영적 지도자로 여기면서도, 목사 자신은 군림하지 않으며, 물질적인 복을 이기적으로 간구하고 쟁취하려 하지 않으나, 물질적인 것을 함께 누리는 복이 풍성한 그런 교회, 그런 교회가 오늘날 요구되는 개혁된 교회가 아닐까? 그런 복된 교회를 소망해 본다.

제2장 담임목사직 세습의 문제[1]

전 세계적으로 한국은 대형교회가 많은 나라로 유명하다. 그런데 이 대형교회들 중 상당수가 담임목사직 세습을 하고 있어서 문제가 되고 있다. CBS TV 뉴스는 대형 교회들의 담임목사직 세습의 사례들을 열거하며 보도한 바 있다.[2] 이런 사례들 외에도 교차 세습, 격세 세습, 분리 세습, 사

---

[1] 이 글은 필자가 2013년 2월 19일에 교회세습반대운동연대 학술 심포지엄에서 발표한 "교회 세습에 대한 조직신학적 고찰"이라는 글을 수정 보완한 것이다.

이 글에서 필자는 몇몇 교회와 목회자들의 이름을 실명으로 언급하였다. 이와 관련된 내용은 이미 언론에 공개된 내용이다. 여기에서 다시 언급한 것은 이들의 명예를 훼손하거나, 인격을 비난하려는 것이 아니라, 신학적으로 무엇이 옳은지를 밝히려는 공익적인 의도로 한 것임을 밝힌다.

[2] CBS TV 뉴스에 의하면 1997년 충현교회가 한국 대형교회 최초로 원로목사의 아들에게 담임목사직을 세습하는 일을 시작하였다. 2001년에는 광림교회가 세습을 시행하였고, 세계 최대 감리교회라고 하는 금란교회도 담임목사직 세습을 단행하였다. 인천 숭의교회는 할아버지로부터 아들로 그리고 다시 손자로 담임목사직이 세습되었다. 또한 인천부평교회, 주안감리교회 등 상당한 규모의 대형교회들이 담임목사직을 아들에게 물려주는 세습을 하였다. 신정동 대한교회는 아들이 아니라 사

위 세습, 친인척 세습 등 여러 변칙적인 세습의 사례들이 있다고 한다.[3] 필자도 보도와 풍문을 통해 두세 교회의 세습에 대해서는 알고 있었지만, 이렇게 많은 교회들이 세습했다는 사실은 조사를 하면서 알게 되었다. 그런데 이제 들리는 소식은 교회 세습이 대형 교회들 뿐만 아니라, 중소형 교회들에게까지 번져가고 있다고 한다. 이는 마치 담임목사직 세습이 일종의 기독교계의 트렌드요 관행이 되고 있는 모습이다. 그저 어쩌다 한두 교회가 세습을 한 상태이고, 이 교회들이 굳이 담임목사직 세습 자체를 이론적으로 정당화하려는 입장이 아니었다면, 필자는 이런 글을 쓰려고 하지 않았을 것이다. 그러나 현실은 그렇지 않다. 대형교회를 비롯해서 많은 교회들이 너도 나도 담임목사직 세습을 감행하고, 이것을 정당화하며, 심지어 이것을 정당화하기 위해 주요 일간지에 광고까지 내었으며, 아직 세습을 감행하지는 않았지만, 세습을 하기 위해 물밑 작업을 하고 있는 교회들이 더 있다는 소식은 같은 기독교인이요 기독교 지도자로서 부끄러움과 더불어 자괴감을 금할 길이 없게 한다.

담임목사직 세습에 관하여 논하면서, 사정이 어려워서 아무도 가려고 하지 않는 농어촌의 작은 교회들과 도시 미자립 교회에서 대를 이어 헌신하는 이들까지 매도해서는 안 된다는 소리도 들린다.[4] 이런 주장에 공감되

 위에게 교회를 물려주기도 하였다. http://www.youtube.com/watch?v= R357t5vptPU, [2012. 6. 13 게시]

3) 비슷한 규모의 교회의 목회자들끼리 서로 자신의 아들을 상대방 교회의 후임 목사로 보내는 교차 세습, 할아버지가 하던 목회직을 손자에게 물려주는 격세 세습, 아버지 목사가 개척해서 세운 여러 곳의 목회지 중 한 곳을 떼어 맡기는 분리 세습, 아들이 없는 경우에 사위에게 물려주는 사위 세습, 혹은 광범위한 친인척 관계의 특혜를 이용한 친인척 세습 등 변칙적인 세습도 다양하게 시도되고 있다고 한다. 김회권, "교회 세습이 부당한 신학적 근거," 〈목회와 신학〉, 282호, 2012년 12월, 156.

4) 김회권은 영광과 특권의 세습과 고난과 사명의 세습을 구분하면서, 문제가 되는 것은 영광과 특권의 세습임을 지적하였다. 그는 여수 공생원, 가나안 농군학교, 빌리

는 바도 있음이 사실이다. 그리고 과거에 그렇게 순수하게 대를 이어 헌신한 경우들도 있었을 것이다. 그러나 오늘날 한국 교회의 현실은 그렇게 단순하지 않다. 목사와 목사 후보생들이 임지보다 많은 현실에서, 그리고 미자립 교회들이 노회나 연회로부터 생활비를 지원 받는 제도가 실행되고 있는 현실에서는, 이러한 작은 미자립 교회마저 경쟁 대상이 되고 있다. 그렇다면 공정성의 문제에서 작은 교회들이나 미자립 교회들의 경우에는 어떻게 해야 할지 연구가 필요하다.

필자에게 주어진 임무는 담임목사직 세습이 옳지 않다는 조직신학적 근거를 제시하는 일이다. 그런데 세상에서 이미 상식처럼 된 일에 관하여, 세속 정치나 주식이 공개된 기업에서도 최고 경영자 세습을 좋게 보지 않는 것이 상식이 된 사회에서, 새삼스럽게 담임목사직 세습을 반대하는 신학적 근거를 이야기한다는 것 자체가 곤혹스러운 일이다. 동료 교수가 말하기를, 오늘날 교회의 문제는 무슨 대단한 초자연적 능력을 행하지 못하는 것이 아니라, 매우 상식적인 것을 하지 못하는 데 있다고 지적하였는데, 매우 정곡을 찌른 이야기라고 하지 않을 수 없다. 우리가 하나님의 은혜를 이야기하면서, 교회 일을 "은혜스럽게 하자", "교회의 방식으로 하자"고 하는데, "은혜스럽게 하자," 혹은 "교회의 방식으로 하자"는 말은 상식과 세속적 표준을 초월해서 그것보다 뛰어난 일을 하자는 것이지, 상식이나 세속적 표준보다 못한 일을 하자는 것이 아니다. 그런데 오늘 한국 교회는 상식과 세속적 표준보다 못한 일을 은혜와 교회의 이름으로 하려는 것은 아닌가?

그래함 선교센터, 라브리 공동체 등은 영광과 특권의 세습이 아닌 경우로 간주한다. 김회권, "교회 세습이 부당한 신학적 근거," 160 이하. 빌리 그래함 선교 센터 등 세습을 통하여 오히려 잘 된 외국의 사례들이 간혹 언급되기도 한다. 그러나 이런 사례들이 우리의 표준이 될 수는 없다. 우리의 표준은 예수 그리스도와 하나님의 말씀이다. 김회권도 같은 견해를 표명한다. 같은 글, 159.

1. 교회의 주권자, 하나님

신약성경에서 교회는 에클레시아(ἐκκλησία)라는 단어를 사용하는데, 그 문자적 의미는 "부르심을 받은 무리"라고 이해할 수 있다. 교회는 예수 그리스도의 복음으로 세상에서 부름을 받아 성령 안에서 믿음과 사랑과 소망으로 응답하여 하나님께 예배하며, 복음을 전파하기 위하여 모여진 신자들의 공동체이다. 이 공동체는 예수 그리스도 안에서 죄를 용서받고 하나님과 화목하게 될 뿐만 아니라, 서로 서로 화목케 되어 올바른 사랑의 관계를 회복한 사람들의 공동체요 새로운 존재 방식이다(엡 2:11-22). 신약성경에서 교회는 '성도들,' '시민,' 하나님의 권속, 하나님의 성전(엡 2:19) 혹은 '하나님의 동역자,' '하나님의 밭,' '하나님의 집' (고전 3:9) 등으로 불려진다. 교회는 예수 그리스도의 새 언약에 의해 모여진 하나님의 백성이다(벧전 2:9). 구약의 이스라엘 백성도 하나님의 백성이었지만, 이제 교회는 유대인과 같은 특정 민족에 국한되지 않고, 그리스도 안에서 인종과 성별과 빈부와 귀천을 뛰어 넘는 만민을 포함하는 하나님의 백성이 되었다.

또한 신약성경이 자주 사용하는 은유는 교회가 '그리스도의 몸'이라는 것이다(고전 12:27; 엡 1:23). 그리스도는 이 몸의 머리요(엡 1:22), 신자들은 이 몸의 지체들이다(고전 12:27). 그리스도의 몸으로 표현한 이 은유는 교회를 하나의 유기적 공동체로 묘사하면서, 교회와 그리스도의 신비한 연합, 머리이신 그리스도와 신자들의 교제와 사랑, 그리스도 안에서 신자들 사이의 사랑의 교제와 연합 등을 함께 보여준다. 교회가 하나님의 권속이요, 하나님의 백성이요, 그리스도의 몸이라면, 당연히 교회의 주(主)는 그리스도이시다. 우리는 그리스도에 의하여 '값으로 산 것' (고전 6:20)이 된 존재들이다.

교회를 이렇게 이해할 때, 오늘날 문제가 되고 있는 담임목사직 세습은 교회의 머리이신 그리스도의 주되심을 부정하거나 심각하게 훼손하는 일이 된다. 왜냐하면, 교회를 세습하는 것은 특정 목회자와 그 가문이 교회의 주권을 차지하려는 시도라고 볼 수 있기 때문이다. 물론 세습을 하지 않았더라도 교회가 주님의 뜻과 주권에 의해 다스려지는 것이 아니라, 특정인이나 특정 그룹에 의하여, 그들의 권익과 명예를 위해 다스려지는 형편이라면, 그 교회의 주인은 그리스도가 아니라 그 특정인이라고 할 수 있다. 그런데 교회를 세습하는 것은 그렇게 교회의 주권을 훼손하는 것이 더욱 명백히 드러내는 사례라고 할 수 있다. 교회 세습은 아버지가 당대에 교회의 지배자로 군림했던 것을 자식에게로 이어가려는 것이기 때문이다.[5]

이러한 교회 세습은 많은 경우에 카리스마적인 목회자가 이끌어 온 대형 교회들에서 일어난다. 이러한 교회들의 모습은 하나의 유기적 공동체이기보다는 하나의 거대한 자발적 결사(自發的 結社, voluntary association)[6] 혹은 심지어 하나의 거대한 사설 기업체처럼 보인다. 여기에 모이는 사람들은 자신들의 종교적 관심사에 따라서 자발적으로 모인 사람들이며, 그들은 대개 카리스마적인 목회자가 제공하는 설교를 비롯한 여러 가지 종교 프로그램의 유익을 누리며, 자발적으로 헌금을 드린다.[7] 사실 이러한

---

5) 김명용도 교회 세습이 교회 안에 예수 그리스도 외에 다른 주인이 있는 것을 뜻하는 것이라고 비판한다. 김명용, "목회자의 세습에 대한 7가지 신학적 비판," 〈복음과 상황〉, 2000년 11월호, 54.
6) Tönnies의 용어를 적용한다면, 그러한 교회는 Gemeinschaft이기보다는 Gesellschaft에 가깝다고 할 수 있다. 참조. Ferdinand Tönnies, 《공동사회와 이익사회》, 홍성모 역, 《세계사상전집》 제30권(서울: 삼성, 1982). 교회가 유럽식의 국가 교회가 아니라 자유 교회인 경우에 교회가 이 양면성을 가지는 것은 당연한 일일 것이다. 문제는 그것이 특정 지도자의 권익을 위해 봉사하게 되는 왜곡이고 타락이다.
7) 밀리오리는 현대 북미 교회의 개인주의적 성향에 대하여 비판하면서, 그것이 자수성가한 '자발적 단체(voluntary society)'의 모습임을 지적한다. 자수성가한 유형의 사람들이 속하려는 단체는 '자발적 사회', 곧 그것이 자신의 필요와 목표에 유용할 경우에만 소속되어 머물러 있으려는 모임이다. Daniel L. Migliore, 《기독교 조

교회의 발전과 성장 있어서 카리스마적인 목회자 역할이 지대하였음을 부정할 수는 없다. (그러나 또한 쉽게 망각되는 것이지만, 그와 동시에 급속한 도시화 과정에서 농촌과 도시의 무수한 작은 교회들의 희생과, 열성적인 신자들의 헌신에 의하여 성장되었음도 함께 인정되어야 할 것이다.) 아마도 그래서 카리스마적인 목회자는 교회의 성장이 자신이 자수성가하여 이룩한 자신의 공적이요, 소유물인 것처럼 느끼고 이를 다른 사람에게 물려주는 것에 아깝고 불안하게 느낄지도 모른다.

그러나 이것이 단순히 기독교 협회가 아니라 그리스도의 교회임을 표방하고, 그리스도의 복음을 선포하여 이루어진 교회라면, 그들의 외형적 형태는 자발적 결사라 할지라도 내용적으로는 그리스도의 은혜의 부르심으로 이루어진 공동체요, 거기에 그리스도의 주되심이 목회자와 교인들의 겸손한 나눔과 섬김의 모습으로 나타나야 할 것이다. 목회자는 진정 주님의 종처럼 "나는 무익한 종이라, 내가 하여야 할 일을 한 것 뿐이라"(눅 17:10)고 고백해야 할 것이고, 임기를 마쳤으면 겸손하게 그 자리에서 물러나야 할 것이다. 그러나 세습이 이루어지는 대부분의 교회들에서 목회자는 자신들의 카리스마적인 리더십에 주어지는 신자들의 무한한 신뢰를 바탕으로 강력한 권력을 행사한다. 그리고 결국은 그 권력을 당대에 누릴 뿐만 아니라, 자식에게 물려주기 위해 세습을 감행하게 되는 모양이다.

2. 교회의 표지들과 세습 문제

예로부터 교회는 교회의 본질적 특징들을 교회의 '표징'(marks)이라는 용어로 신앙고백에 담아 표현해 왔다. 로마교회를 중심으로 하는 서방교회에서 형성되어 전 세계로 퍼져나간 '사도신조'는 교회에 관하여 "거

직신학개론》, 장경철 역(서울: 한국장로교출판사, 1994), 269.

룩한 공교회"(the holy catholic church)를 믿는다고 고백한다. 또한 주후 381년 콘스탄티노플 공의회에서 확정되어 발표된 '니케아 - 콘스탄티노플 신조'는[8] 교회에 관하여 네 가지 표징을 고백한다.

> "우리는 또한 하나의(one), 거룩하고(holy), 보편적이며(catholic), 사도적인(apostolic) 교회를 믿습니다."

교회는 근본적으로 하나이고, 거룩하며, 보편적이며, 사도적인 본성을 가진다.[9] 이것은 서술적인(indicative) 선언이며 고백인 동시에, 명령적인(imperative) 함의를 가진다. 예를 들어, 교회는 그리스도에 의하여 이미 거룩하다(고전 1:2). 그러나 교회는 동시에 하나님으로부터 "내가 거룩하니 너희도 거룩할지어다"라고 명령 받는다(벧전 1:16). 다시 말해서 이 네 가지 표징들은 하나님에 의하여, 그리스도의 사역을 근거로 교회에 부여된 서술적인 특징이다.

그러나 지상의 역사적인 교회는 완전하지 않다. 이것은 신적 근거를 가지는 동시에 여전히 유한하고 죄인인 인간들의 공동체이기 때문이다. 따라서 교회는 그 네 가지 표징들을 자신의 행위와 삶을 통해서 드러내고 실현해야 할 책임이 있다. 그러나 만일 교회가 이 표징들을 무시하고, 올바로

---

8) 이것은 통상 명칭으로는 〈니케아 신조〉라고 알려져 있다. 그러나 이것은 주후 325년 니케아 공의회에서 결정된 신조의 본문과 많은 부분에서 일치는 하지만, 성령론과 교회론 등 일부 새롭게 첨가된 부분이 있는 것도 사실이다. 아마도 후대 교회는 그것이 '니케아 신조'를 재확인하려는 의도를 가진 것이었으므로 통상 '니케아 신조'라고 불렀다. 그러나 325년에 선포된 역사적 '니케아 신조'와는 다르기에 학자들은 이것을 '니케아 - 콘스탄티노플 신조'라고 부른다.
9) 김명용도 담임목사직 세습에 대한 신학적 반대를 '사도신조와' 와 '니케아 - 콘스탄티노플 신조'의 교회 표지에 대한 고백을 근거로 논하였다. 김명용, "목회자의 세습에 대한 7가지 신학적 비판," 50, 52.

실현하려는 노력을 경주하지 않는다면, 교회는 하나님께서 교회에 부여하신 특징들을 심각하게 왜곡하고 훼손하는 결과를 가져온다. 담임목사직 세습은 바로 교회의 이 표징들을 심각하게 왜곡하고 훼손하는 행위이다.

1) 담임목사직 세습은 교회의 일치성을 훼손한다

교회는 하나이다(엡 4:4-6). 교회의 하나됨은 그리스도 안에서 성령으로 인해 형성된 새로운 공동체인 교회의 특징이다. "평안의 매는 줄로 성령이 하나 되게 하신 것을 힘써 지키라"(엡 4:3). 교회의 하나됨은 새로운 교제의 특징이다. 교회는 교회 안에 여러 지체들이 존재하고 여러 지교회들과 여러 교파들이 존재함에도 불구하고 하나이다. 교회의 일치성은 획일적인 일치가 아니라 다양성 속에서의 일치이다. 교회의 일치성은 여러 다른 인종, 성별, 신분, 언어, 문화를 가진 사람들이 그리스도 안에서 서로 사랑하며 이루는 일치성이다. 이것은 위계질서적이고 수직적으로 강요된 일치성이 아니라, 서로 사랑하며 존중하는 가운데, 평등한 지체들이 이루는 일치성이다. 교회의 하나됨은 성령 안에서 성부와 성자가 이루는 공동체의 일치를 반영한다(요 17:21). 교회의 일치성은 무형 교회에만 해당되는 것이 아니라, 유형 교회에도 해당된다. 사도 바울이 고린도전서 12장 12-31절에서 그리스도의 몸의 일치성에 대하여 말했을 때, 그는 분명히 유형 교회인 고린도교회를 염두에 두고 있었음이 분명하다.[10] 교회는 이 일치성을 구체적으로 실현하며 지켜가야 할 책임이 있다(엡 4:3).

그런데 교회의 세습은 사회가 무어라 하든, 다른 교회야 어찌 되든 자신들의 교회만 좋으면 그만이라는 개교회주의적 발상을 드러내고 있으며, 이는 아래에서 논할 교회의 거룩성과 보편성을 포함하는 교회 전체의 일치

---

10) Louis Berkhof, 《조직신학》 하, 권수경 이상원 역(서울: 크리스챤다이제스트, 1992), 830.

성을 훼손하는 일이다. 또한 교회 세습은 교회 안에 분쟁과 분열을 야기한다. 세습을 찬성하고 지지하는 사람들과 반대하는 사람들 사이에 분열과 분쟁이 발생한다. 겉으로는 평화스럽고 정당하게 세습이 이루어진 것 같은 경우에도, 부당한 설득 작업이 이루어지는 경우가 많고, 세습에 반대하는 많은 사람들이 교회를 떠나기도 한다. 간혹 일치하여 세습을 결정하는 과정은 다양성 속에서 일치를 이루는 모습이 아니라, 카리스마적 지도자에 의해 획일적으로 요구되는 일치성을 보여 준다. 어떤 사람들은 담임목사직의 세습이 원로목사 은퇴 후에 교회의 분쟁과 분란을 해소하는 방책으로서 최선이라고 생각하는 경향이 있다. 그러나 이것은 항상 그런 것은 아님이 드러났다. 한국 대형교회 담임목사직 세습의 효시라고 할 수 있는 충현교회의 경우에는 아들에게 교회를 물려주고 나서도 분란이 계속되었으며, 급기야 원로목사는 교회를 세습한 것이 잘못이었다고 공개적으로 고백하였다.

사실 은퇴한 원로목사와 후임 목사 사이에, 그리고 그 양쪽 지지자들 사이에 분쟁의 사례가 많은 것도 사실이다. 그러나 이 문제는 교회가 열심히 기도하는 중에 정당한 절차에 의하여 신중하게 후임자를 선정하고, 원로목사는 은퇴 후에 계속 영향력을 행사하려고 하지 말고, 깨끗이 모든 교회 일에서 물러서며, 후임 목사도 원로목사를 존경하고 업적을 존중하며 화합의 목회를 지향한다면 대부분 해결될 수 있는 일이다. 아름답게 세대를 이어가는 교회들도 많이 있다.

2) 담임목사직 세습은 교회의 거룩성을 훼손한다

교회는 거룩하다. 교회의 거룩함의 근거는 교회 구성원들의 도덕적 우월성에 있는 것이 아니라, 교회가 거룩하신 하나님의 부르심을 받아 거룩한 하나님의 언약의 백성이 된 사실에 근거한다. 교회의 거룩함은 우리가 그리스도 예수에 의하여 죄 사함을 받고 거룩하게 구별되었기 때문이다. 사도 바울은 고린도교회에 대하여 "고린도에 있는 하나님의 교회 곧 그리스도 예수 안에서 거룩하여지고 성도라 부르심을 받은 자들과 또 각처에서 우리의 주 곧 그들과 우리의 주 되신 예수 그리스도의 이름을 부르는 모든 자들"(고전 1:2)이라고 불렀다.

'거룩함'이란 본래 하나님 자신의 속성이요, 이것이 피조물에게 적용될 때는 하나님을 위하여 구별된 성격을 의미한다. 교회는 하나님의 거룩한 사랑에 참여함으로 거룩하다. 하나님의 사랑이 거룩함은 이것이 죄인들과 낯선 자들로부터 멀리 떨어져 있기 때문이 아니라 그 사랑이 주저함 없이 그런 사람들을 받아주기 때문이다. 죄인들을 의롭다고 받아 주시며 사랑하시는 것이 곧 예수 그리스도 안에 계시된 하나님의 거룩이다.[11] 교회의 거룩성은 무형 교회에만 해당되는 것이 아니라, 유형 교회에도 해당된다. 유형 교회가 거룩하다는 것은 이 교회가 세상과 구별되어 하나님께 드려졌다는 의미에서, 그리고 원리상 그리스도 안에서 거룩한 사귐을 목표로 삼고 이루어 간다는 윤리적 의미에서 그러하다.[12] 교회는 이 거룩함을 지켜, 거룩하게 살아야 할 책임이 있다(벧전 1:16).

교회의 세습은 이러한 교회의 거룩성을 훼손한다. 세습은 교회의 목회직을 세속적인 권력인 것처럼 보이게 한다. 목회직은 거룩한 하나님의 교회를 섬기는 섬김의 직무이지 이권과 권력을 위한 것이 아니다. 그러나 세습은 목회직이 마치 세상의 전제 군주가 왕권을 세습하거나, 대기업 총수가 법망을 교묘히 피하여 경영권을 세습해주는 모습을 방불케 한다. 현대 민주사회에서 이러한 왕권 세습이나, 불법적인 경영권 세습은 정당하다고 인정되지 않으며, 실제로 이런 일을 감행하는 사람들은 지탄의 대상이 된다. 교회의 세습은 교회의 거룩성의 근거가 되는 예수 그리스도 안에서 계

---

11) Daniel L. Migliore, 《기독교 조직신학개론》, 288.
12) Louis Berkhof, 《조직신학》 하, 832.

시된 하나님의 거룩한 사랑, 원수 같은 죄인들을 위해 자신의 목숨을 내어주며 사랑하시는 하나님의 거룩하신 사랑을 심각하게 왜곡하고 훼손한다. 교회를 세습함으로써 교회의 거룩함은 속됨으로 왜곡되고, 거룩한 섬김의 직무는 지배하고 군림하는 권력으로 왜곡된다.

3) 담임목사직 세습은 교회의 보편성을 훼손한다

교회는 보편적이다. 보편적이라는 말은 본래 catholic인데, 이는 로마 가톨릭 교회를 가리키는 것이 아니라, 헬라어 kata와 holos의 합성에서 온 말로서, 전 세계에 있는 전체로서의 교회를 가리키며, 이는 교회의 전체성, 우주성 혹은 보편성으로 이해된다. 에베소서 1장 23절에 "교회는 그의 몸이니 만물 안에서 만물을 충만하게 하시는 이의 충만함이니라"고 하였다. 교회 안에는 모든 시대, 모든 지역, 모든 인종, 모든 국가, 모든 언어, 모든 성별, 모든 신분, 모든 연령, 모든 경제적 형편에 있는 사람들이 포함되어 있으며, 이러한 모든 사람들을 포함하는 전체성을 가지고 있다. 그 전체로서 교회는 그들 모두에게 보편적인 교회이며, 모두에게 공공성을 가지는 공교회(公敎會)이다. 그러므로 신약성경에서 교회는 전체로서의 교회를 의미하는 말로 사용되며(예를 들어 엡 3:21), 지역에 있는 교회를 가리키는 말로도 사용된다(예를 들어, 계 2:1, 8, 12, 18 등). 그러므로 교회는 한 지역에 존재하더라도 그 성격은 국지적인 것이 아니라, 보편적이고 우주적이며 공공적 교회이다. 그러므로 교회는 특정인들의 의견을 대변하거나 특정인들의 이익과 권력에 봉사하는 단체가 아니다.[13] 교회의 보편성은 교회가 하는 말이나 일의 공공성(publicness)과 연결된다. 빈센트(Vincent of Lerins)는 보편성에 대해 고전적 정의를 내린 바 있는데 이것은 "언제나 모

---

13) 벌코프는 교회의 보편성은 일차적으로는 무형교회에 적용되지만, 부차적으로는 유형교회에도 적용할 수 있다고 한다. 위의 책, 833.

든 곳에서 모든 사람들에 의하여 믿어지는 것"이라는 의미이다.[14]

그러므로 담임목사직 세습은 이러한 교회의 보편성과 공공성을 심각하게 훼손하는 행위이다. 담임목사직을 세습하는 것은 교회의 보편성과 공공성을 해치고 교회를 사유화(私有化) 혹은 사사화(私事化, privatization)하는 것이다.[15] 사유화란 교회라는 공적 단체를 사적인 소유물로 만드는 것이다. 세습은 이러한 사유화의 모습이라고 볼 수 있다. 물론 세습을 정당화하려는 사람들은 자식에게 교회를 물려주더라도 교회의 모든 재산은 교회가 가입한 유지 재단 혹은 교회가 설립한 법인으로 되어 있으며, 재산권을 비롯한 교회의 모든 권리의 행사와 의사의 결정은 민주적 절차에 의하여 이루어진다고 주장할 것이다.

그러나 실제로 이러한 교회들에서 의사 결정 과정이나 재산권의 실제적 행사는 카리스마적인 담임목사에 의해 좌우되고 있음을 모르는 사람은 없을 것이다. 민주적 절차들과 장치들이 있다고 하여도, 실제 운영은 거의 요식 행위에 불과한 방식으로 운영되는 경우들이 많다. 결국 교회의 모든 일들은 담임목사의 뜻에 의해 좌우되고 만다. 교회 재산의 명의가 누구의 것으로 되어 있든지 중요한 것은 교회가 진정으로 하나님의 교회가 되어야 한다는 것이다. 곰탕집을 하던 부모가 그 업을 자식에게 물려주어도 아무

---

14) Daniel L. Migliore, 《기독교 조직신학개론》, 289에서 재인용.
15) 담임목사직 세습에 대한 신학적 비판의 주류는 바로 이 교회의 공교회성을 훼손하고 사유화하는 문제에 집중되어 있다. 김근상은 담임목사직 세습이 하나님의 것을 사유화하는 것이며, 에덴동산 가운데 있어서 하나님의 것으로 구별된 선악과를 따 먹는 것과 같은 것으로서 교회의 공공성에 대한 부정이라고 주장한다. 김근상, "왜 오늘날 교회의 공공성이 문제가 되는가?"〈기독교사상〉, 2013년 1월호, 10-14. 김경재는 니케아-콘스탄티노플 신조의 네 가지 표징들에 대하여 설명하면서 한국교회가 이 표징들을 잘못 이해하고 있다고 질타한다. 그 가운데 그 역시 개교회주의와 담임목사직 세습을 교회의 공공성을 부정하는 사유화라고 비판한다. 김경재, "개신교회의 공교회적 가치와 공공성의 의미,"〈기독교사상〉, 2013년 1월호, 16-25.

도 문제 삼지 않는다. 그런데 왜 교회는 안 되는가? 이것은 바로 교회가 그런 사설 자영업이 아니라, 보편성과 공공성을 가지는 하나님의 교회이기 때문이다.

교회의 사사화의 모습은 교회를 공적인 영역의 일이 아니라 사적인 영역의 일로 만드는 것이다. 이것은 개인주의적 사상이 팽배한 현대 교회에서 흔히 발견되는 모습이다. 이러한 생각은 신앙을 가지고 교회에 참여하는 일은 전적으로 개인의 사적인 영역의 일이며 누군가가 외부에서 간섭할 일이 아닌 것으로 만든다. 신앙은 우리만의 일이니 우리가 어떻게 믿고 무엇을 하든 상관하지 말라는 것이다. 이것은 교회의 공공성 혹은 공교회성을 훼손한다. 교회를 세습하는 사람들은 대개 이것은 자신들만의 영역의 일이므로 외부인이 간섭할 일이 아니라는 입장을 취한다. 외부에서는 담임목사직 세습이 교회의 사회적 신뢰를 더욱 추락시키며 선교를 어렵게 만든다고 비판하지만, 그들은 자신들의 교회는 더욱 잘 성장하고 있다고 강변한다.

그러나 그렇게 함으로써 그들은 결국 공적 영역에서 교회의 존재 가치와 신뢰를 더욱 상실하게 만들고, 복음의 보편성과 공공성을 스스로 부정하게 만드는 결과를 가져온다. 결국 그 교회는 보편성과 공공성을 상실한 '그들만의 교회'가 되고 말며, 다른 교회들, 즉 전체로서의 교회는 신뢰성을 더욱 상실하고 오히려 선교에 장애를 겪게 된다. '그들만의 교회'에서는 모든 권력이 담임목사에게 집중됨으로써 결국 교회가 단순히 교인 각자의 정신적 사사화의 모습에서 더 나아가, 특정인이나 특정 가문을 위한 사사화의 길로 빠지게 만든다. 이것은 교회의 보편성을 상실한 개교회주의의 전형적인 모습이다.

4) 담임목사직의 세습은 교회의 사도성을 훼손한다

교회는 사도적이다. 에베소서 2장 20절은 "너희는 사도들과 선지자들의 터 위에 세우심을 입은 자라 그리스도 예수께서 친히 모퉁이 돌이 되셨느니라"고 하였다. 교회가 사도적이라는 말은 교회가 사도들이 전해준 복음에 기초하여 있으며, 이 복음을 계속해서 전파하도록 보내심을 받았음을 의미한다. 동방 정교회나 로마 천주교회에서 사도성은 사도들로부터 안수를 통하여 내려온 성직자의 권위를 의미하는 것으로 받아들여지기도 했다.

그러나 개신교회는 이것을 새롭게 해석하였다.[16] 교회의 사도적 계승은 그러한 외적 행위나 구조에 있는 것이 아니라, 사도들이 전하여 준 복음과의 내용적 연속성, 초기 사도적 교회와의 내적 사귐과의 연속성과 통일성에 있다고 보는 것이다. 사실 초기 교회에서도 사도들이나 선임 주교의 안수 없이 교직자들이 세워진 일들이 있었다.[17] 또한 로마 천주교회가 주장하는 것처럼 베드로가 초대 교황이라는 주장이나 로마 교회의 수위권은 보편적으로 인정받지 못하는 주장이다. 그리고 사도성은 단지 안수 받은 주교나 사제들에 의해서만 계승되는 것이 아니라, 하나님의 나라를 함께 선포하고 세워가는 전체 공동체에 의해 계승된다.[18] 사도성은 사제나 목사들만이 아니라, 모든 신자들을 통해 계승된다. 모든 신자들은 세상을 향해 파

---

16) 칼 바르트는 사도성을 사도들에게 귀 기울이며 그들의 메시지를 받아들임으로써 사도들의 지도와 가르침과 표준적 권위를 따르고 그들과 조화되게 되는 제자도를 의미하는 것으로 이해하였다. Karl Barth, *Church Dogmatics*, vol. IV/1 (Edinburgh: T & T Clark, 1956), 714.
17) 김균진,《기독교조직신학》, IV(서울: 연세대학교 출판부, 1993), 176-177. 김균진은 선임 주교의 안수는 사도들과의 사귐과 연속성, 사도적 정통성, 교회의 내적 통일에 대한 상징은 될 수 있지만, 그것이 사도적 요소들에 대한 보증일 수는 없다고 지적한다. 위의 책, 176.
18) 위의 책, 178.

송된 복음의 증인들이다. 신약성서적 신앙, 그리고 종교개혁적 신앙에서는 특정한 성직자 계급만이 제사장이 아니라 모든 신자가 제사장이다(벧전 2:9). 주지하는 바대로, 개혁자 루터는 "전신자 제사장론"(priesthood of all believers)을 주장한 바 있다.

담임목사직 세습은 이러한 교회의 사도성을 훼손한다. 담임목사직을 세습하는 것은 마치 특정 목회자의 가문만이 그 교회에서 복음을 설교할 수 있는 권한이 있는 것처럼 만든다. 그리하여 교회의 사도성은 특정인의 가계 연속성 안으로 해소되고 만다. 교회는 특정 가문의 것이 아니다. 교회는 그리스도의 교회이며, 그리스도로부터 처음 복음을 받아서 전파한 사도들과의 내적 연속성 안에 있다. 그러나 담임목사직 세습은 결과적으로 특정 가문의 목회자만이 그 교회에서 복음을 설교할 수 있는 것처럼 만듦으로써, 교회를 사도적인 공동체가 아니라 특정 가문의 단체로 변질시킨다.

우리는 하나의, 거룩하며, 보편적이며, 사도적인 교회를 믿는다. 그런데 교회를 세습하는 것은 이러한 교회의 근본적인 표징들을 훼손한다. 예컨대 교회의 주인은 하나님이시며, 그 머리이신 그리스도이심이 재확인되어야 한다. 교회의 주인은 카리스마적인 담임목사가 아니요, 스스로 기업체 대주주들로 구성된 이사회처럼 생각하는 장로들도 아니다. 또한 교인들의 총회(공동의회)도 교회의 주인은 아니다. 우리는 하나님의 말씀을 붙들고 기도하는 가운데 모두 겸손하게 그야말로 교회의 주인이신 그분 앞에 무릎을 꿇어야 한다.

3. 그리스도론적 관점

우리는 그리스도와 그리스도의 핵심 메시지인 하나님 나라를 전파한다. 우리의 신학은 그리스도와 그리스도의 하나님 나라 선포를 중심으로 형성된다. 그런데 우리의 신학은 우리의 말에만 나타나는 것이 아니라, 우리의 기도와 행동과 삶으로 나타난다. 어떤 의미에서 우리가 하는 말보다는 우리가 기도하는 내용과 우리가 하는 행동이 보다 더 우리의 신앙과 신학이 무엇인지를 적나라하게 보여준다고 할 수 있다. 만일 우리가 교리적으로는 하나님 나라와 그 의(義)에 대하여 이야기하면서, 실제로 기도하는 것이 자신의 입신양명과 부귀 강녕만을 위한 것이라면, 우리의 진정한 신학은 무엇이라고 할 수 있을까? 더 나아가 우리가 하나님 나라와 의에 대하여 말하거나 기도하면서도, 실제로 행동할 때는 자신의 이익과 권리만을 위해서 행동한다면, 우리의 신학은 어디에 있다고 할 수 있을까? 우리의 신학은 우리 기도와 행동으로 나타난다. 우리의 삶, 교회의 삶은 우리가 믿는 하나님을 반영한다.

교회는 그리스도의 몸이다. 교회가 그리스도의 몸이라는 것은 살아 계신 그리스도께서 지금 교회를 통해서 일하신다는 것을 의미하며 동시에 교회가 그리스도를 대신하여 이 세상에서 그리스도의 말씀을 전파하며, 그리스도의 사랑을 실천하는 것을 의미한다. 교회는 그리스도의 몸으로서 그렇게 그리스도의 모습을 반영해야 한다. 본회퍼는 교회를 "현존하는 그리스도요, 공동체로서 존재하는 그리스도"라고까지 말한 바 있다.[19] 우리의 신앙과 신학은 과연 무엇인가? 우리가 말로만이 아니라, 행동으로 증거하고 있는 그리스도는 어떤 그리스도이고, 우리가 행동으로 증거하고 있는 하나님 나라는 어떤 나라인가?

우리의 주 그리스도는 "만주의 주시요, 만왕의 왕"이시다(계 17:14).

---

19) Dietrich Bonhoeffer, *Act and Being: Transcendental Philosophy and Ontology in Systematic Theology*, tr. by H. Martin Rumscheidt (Minneapolis: Fortress Press, 1996), 111. 바르트는 교회를 가리켜 "그 공동체는 예수 그리스도 자신의 지상적이고 역사적인 존재 형태이다"라고 말했다. Karl Barth, *Church Dogmatics*, vol. IV/1, 661.

그러나 그리스도께서 보여주신 왕의 모습은 어떠한가? 그분은 하늘 보좌를 버리고 자기를 낮추어 사람이 되시고, 종의 모습으로 오셨으며(빌 2:5-8), 가난하고 병들고 소외된 자들에게 친구가 되어 주셨고, 제자들의 발을 씻기시며 섬김의 본을 보여 주셨으며, 우리의 죄를 짊어지시고 고난당하시고 십자가에 죽으신 주님이시다. 주님은 "인자가 온 것은 섬김을 받으려 함이 아니라 도리어 섬기려 하고 자기 목숨을 많은 사람의 대속물로 주려' 함이니라"(막 10:45)고 말씀하셨다. 주님은 폭력적 힘으로 군림하는 지도자가 아니라, 자기를 낮추고 섬기는 지도자이며 섬기는 왕이셨다.

우리는 참된 예수님의 제자인가? 날마다 자기를 부인하고 자기 십자가를 지고 주님을 따르는 그런 제자인가? (눅 9:23) 우리가 대표하고 증거하는 하나님은 어떤 하나님이신가? 전제 군주적으로 군림하는 신인가 아니면 예수 안에서 자기를 낮추고 오셔서 섬기는 바로 그분인가? 우리가 대표하고 증거하는 하나님은 공의와 정의를 무시하며 자기의 뜻을 관철하는 폭군인가 아니면 예수 그리스도를 통해 나타나신 하나님, 사랑과 의를 동시에 이루어 가시는 겸손한 하나님이신가? 오늘날 담임목사직을 세습하는 교회들은 이러한 예수 그리스도의 모습을 올바르게 반영하고 있는가? 오히려 정반대의 모습을 보이고 있지는 않은가? 주님은 "아버지나 어머니를 나보다 더 사랑하는 자는 내게 합당하지 아니하고 아들이나 딸을 나보다 더 사랑하는 자도 내게 합당하지 아니하다"(마 10:37)라고 말씀하셨는데, 왜 사람들은 교회를 자녀에게 물려주기 위해서 그렇게 애를 쓰는가?[20]

---

20) 물론 이 말씀은 주님을 따르기 위하여 가족까지도 증오해야 한다는 뜻은 아니다. 이 말씀은 그리스도의 제자가 인간적인 사랑, 혹은 이기적인 사랑 때문에 그리스도를 올바르게 따르는 데 방해를 받아서는 안 된다는 것을 보여준다. 칼뱅은 이 구절에 대한 해석에서 그리스도가 인간적인 정을 표현하지 말라고 하시거나, 사람이 자기 가족에게 친절을 베풀지 말라고 말씀하시는 것이 아니라고 말했다. 인간적인 사랑이 그리스도에게 돌려야 마땅한 집중을 방해하지 않는 한, 남편은 아내를, 아버지는 자녀를, 자녀는 아버지를 사랑해야 한다. 누가복음의 표현은 더 심각하다.

교회는 그 자체가 하나님 나라는 아니지만, 하나님 나라를 증거하고 섬기며, 그것을 실현해 가는 공동체이며, 그리스도 자신의 지상적이고 역사적인 실존 형태로서 그리스도로 말미암아 의롭게 된 모든 사람들의 나라의 잠정적인 실현이라고 할 수 있다.[21] 그러므로 교회는 그 삶을 통해서 하나님 나라의 삶을 반영해야 한다. 하나님의 나라는 하나님의 정의와 평화와 사랑의 나라이다. 담임목사직의 세습은 하나님 나라의 정의를 올바르게 반영하고 있는가? 그것은 오히려 세속적인 권력을 아들에게 물려주며 사람들 위에 군림하는 모습으로 하나님 나라와 그 왕의 모습을 왜곡하고 있지 않은가?[22]

　이렇게 본다면 교회 세습의 문제는 단지 윤리 도덕의 문제만이 아니라, 신학의 문제가 된다. 물론 이 세상의 그 누구도, 그 어떤 교회도 완전하게 그리스도를 반영하고 하나님 나라를 완벽하게 반영할 수는 없다. 인간은 완전하지 않기에 누구에게나 약점과 잘못이 있다. 그런데 문제는 그 약점과 잘못에 해당하는 담임목사직 세습을 억지로 정당화하려는 것이다.

4. 교직자 소명론, 청빙론의 관점

　담임목사직 세습에 대한 비판론이 맹렬하게 일어나자, 이것을 목회자

"누구든지 자기 부모를 미워하지 아니하면…" 그러나 그 의미는 동일하다고 한다. 즉 "만일 우리 친족에 대한 사랑이 우리로 하여금 그리스도를 따르는 것을 방해한다면, 그것은 용감하게 거부되어야 한다." Calvin, *Commentaries on Matthew, Mark and Luke*, vol. 1, 312 (on Matt. 10:37).

21) 바르트는 교회를 가리켜 "그리스도 안에서 칭의된 모든 인류 세계의 잠정적인 표현"이라고 말하였다. Karl Barth, *Church Dogmatics*, vol. IV/1, 643.
22) 김명용도 담임목사직 세습이 하나님 나라의 거울로서의 교회 모습을 치명적으로 파괴한다고 비판한다. 김명용, "목회자의 세습에 대한 7가지 신학적 비판," 57 이하.

청빙(부르심)이라는 관점에서 보아야 하며, 세습이라는 관점에서 보아서는 안 된다는 논리를 펴기도 한다. 세습이라는 용어와 관점 자체가 세속적인 것이며, 교회는 담임목사직을 세습하는 것이 아니라, 정당한 절차에 의해 적합한 사람을 다음 목회자로 청빙하는 것이고, 그 과정에서 전직 담임목사의 자식도 배제될 이유가 없다는 것이다. 이 주장에 대하여 살펴보자.

칼뱅은 교역자(주로 목사)가 정식으로 세움을 받는데 있어서 두 가지 요소를 말한다. 즉, 각 사람이 하나님 존전에서 의식하고 있는 하나님의 비밀스러운 소명, 즉 내적 소명(inner calling)과 신자들(교회)이 어떤 신자의 자질과 자격을 보아서 선택하는 외적 소명(outer calling)이 그것이다.[23] 그러나 칼뱅은 전자에 대하여 "우리가 직책을 받은 것은 야망이나 이기심에서가 아니라, 하나님을 두려워하는 마음과 교회를 세우려는 욕망에서라는 마음으로부터의 증거가 있어야 한다"고 말할 뿐, 주로 후자에 대하여 취급한다.[24] 그런데 악한 자도 그의 악함이 드러나지 않으면 교회에서 정당하게 부름 받을 수도 있으므로, 확실히 하기 위해서 경건과 학문, 그리고 선한 목자의 다른 여러 가지 은사들을 살펴보아야 할 것이라고 하였다.[25] 그 은사들은 말씀에 대하여 잘 알고 가르쳐야 하며, 윤리적인 삶에 있어서 흠이 없어야 한다는 것이다.[26] 이러한 것을 하나님의 선택의 증거로 보면서 가장 적격인 사람을 교역자로 선출하는데, 칼뱅은 그 과정을 투표를 통해서 한다고 한다. 투표에 대한 성경적 근거는 사도행전 14장 23절의 "각 교회에서 장로들을 택하여 금식기도 하며, 그들이 믿는 주께 그들을 위탁하고"인데, 이 때 '택한다' 는 말, χειροτονεω의 뜻 중에는 "손을 들어 선출한다"는 뜻이 있다는 것이다.[27]

---

23) Calvin, *Institutes*, IV.3.2.
24) 위의 책.
25) 위의 책.
26) Calvin, *Institutes*, IV.3.12.

내적 소명에 대하여 살펴보자. 목사의 자녀가 다시 목사로 부름 받는 일은 얼마든지 있을 수 있다. 여기서 문제 삼는 것은 그런 부르심이 아니다. 세습하는 교회들의 담임목사 자녀들이 과연 아버지가 일하던 그 교회로 부르심을 받는 것에 관한 진정한 내적 소명이 있는가 하는 점이다. 내적 소명은 내적인 문제인 만큼 다른 사람이 확인하기는 어렵다. 그러나 우리는 과연 오늘날 한국의 여러 교회 세습에서 일어나는 모든 일들이 모두 하나님의 내적 소명에 근거한 것이라고 믿어야 할까? 초기 교회의 사도들이나 감독들이나 교역자들 중 아무도 그렇게 하지 않았던 일들이 유독 현대 한국 교회에서만 빈번하게 일어나는 것을 우리는 어떻게 이해해야 할까? 칼뱅이 내적 소명에 관하여 말했던 "야망이나 이기심"은 없고, "하나님을 두려워하는 마음과 교회를 세우려는 욕망"이 있다고 과연 세습을 감행한 목사들은 아무 거리낌 없이 고백할 수 있을까? 우리 모두가 다 알 듯이, 그리고 본인들이 시인하듯이,[28] 아들에게 교회를 물려주는 것이 다른 사람에게 물려주는 것보다 낫다는 극히 사적인 동기가 지배적임을 부인하기 어렵지 않을까?

외적인 소명은 어떻게 보아야 할까? 세습을 감행하는 교회들은 그 결정 과정이 절차상 법적으로 문제가 없다고 주장한다. 말하자면 외적 소명

---

27) Calvin, *Institutes*, IV.3.15.
28) 김홍도 목사는 세습을 정당화하는 〈조선일보〉 광고에서 사람들이 자신을 비판하는 이유를 시기심 때문이라고 하면서 다음과 같이 말하였다. "아들 아니면 사위라도 후임자가 되면 아들이 설교할 때 교인들이 은혜 받으면 아버지 마음이 흐뭇하고, 아버지가 존경받고 사랑받으면 아들도 싫지 않습니다. 뒷받침해주니까 힘이 되고 안전합니다. 아버지는 '나는 지는 해이요, 아들은 뜨는 해니까 아들이 존경받아야지' 또는 '저는 흥해야 하고 나는 쇠해야 하겠노라' 하는 심정으로 시기를 극복해야 할 것입니다. 전혀 관계없는 사람이 후임자가 되면, 서로 시기하기 때문에 교회가 편할 수 없습니다." 이 글에서 아버지와 아들 사이의 사적인 감정을 숨김없이 드러내고 있다. 김홍도, "시기가 왜 무서운 죄인가?" 〈조선일보〉, 2012년 9월 1일, 22면.

의 정당한 절차를 밟았다는 것이다. 후임 목사 자신의 능력과 인격과 자질이 교인들로부터 정당한 인정을 받았다는 것이다. 그런데 많은 사람들은 이것이 과연 정의로운 절차였는지 의심하고 있다. 이 절차가 동일하게 혹은 보다 탁월하게 유능하고 인격적으로 훌륭한 다른 목사들에게도 동등하게 평가 받고 청빙 받을 수 있는 기회조차 주지 않는다면, 이런 절차를 정당한 청빙이라고 할 수 있을까?

KBS 보도에 의하면, 지난 1997년, 충현교회의 부자 세습에는 여러 가지 편법이 동원되었다. 뒤늦게 신학을 공부한 김성관 목사가 목회경력 5년이라는 자격 조건을 채우지 못하자 그 조건을 삭제했고, 미국 시민권이 문제되자, 시민권을 포기하기로 하고 청빙안을 올렸으며, 비밀투표가 아닌 찬반 기립 방식으로 표결했다고 한다.[29] 또한 2012년 10월 왕성교회의 세습 결정 과정도 문제가 있었다고 알려졌다. 세습 결정을 위한 공동의회에서는 회의 순서도 배포하지 않았고, 아들 목사로의 승계 건은 그 자리에서 처음 공식화되었다고 한다. 약 30분 가량 아들에 대한 찬양과 승계를 정당화하는 발제가 이루어졌으며, 그에 대한 반대 토론과 이의 제기는 모두 거부되었으며, 비밀투표를 위한 기표소도 없이 앉은 자리에서 투표를 하였다. 그래서 교회 측은 어디서 반대 몰표가 나왔는지까지 파악하고 있었을 정도였다고 한다. 또한 사전에 찬성표를 유도하기 위한 물밑 작업이 치밀하게 이루어졌다고 한다. 담임목사가 장로들에게 전화를 하여 협조를 구하고, 부목사들이 신자들에게 전화하여 협조를 구하는가 하면, 공동의회가 있기 전날 청년들을 따로 모아서 찬성표를 찍도록 교육을 했다는 것이다.[30]

---

29) KBS, "멈추지 않는 교회 세습," http://news.kbs.co.kr/news/NewsView.do?SEARCH_NEWS_CODE=2555182&retRef=Y&source=http://www.google.co.kr/url?sa=t&rct=j&q=교회세습&source=web&cd=9&ved=0CG0QFjAI&url=http://news.kbs.co.kr/tvnews/4321/2012/10/2555182.html&ei=rmLqUOXIMYzRkQXRm4HYDg&usg=AFQjCNFzw4lyV1paDjSYa5SwULJQRoC-kg&bvm=bv.1355534169,d.dGY&cad=rjt&, 2012년 10월 21일 방송.

이런 형편을 과연 정당한 청빙 절차요, 정당한 외적 소명의 과정이었다고 할 수 있을까? 또 설사 형식적으로 복수 후보들에 대한 심사가 이루어진다고 해도, 아들 목사는 이제 원로목사가 되는 부친의 카리스마적인 영향력의 후원을 받고 있는데 공정한 심사가 가능한가? 또한 세습이 예상되는 자녀가 이미 그 교회 안에서 교역자로 일하면서 사람들에게 많은 영향을 미치고 지지를 받고 있는 상태에서, 설사 외부인 후보자가 있더라도 과연 동등한 심사가 가능한가? 이러한 사정은 마치 100m 달리기를 하면서 어떤 선수는 50m 쯤 앞에서 출발하는 것과 같은 모습이다.

5. 제사장직 세습과 담임목사직 세습

구약시대의 제사장직 세습이 담임목사직 세습의 근거가 될 수 있는가? 구약시대에 제사장직 그리고 제사장을 보좌하는 레위인들의 직무는 처음부터 세습직으로 주어졌다. 그러나 여기서 주목할 것은 제사장이나 레위인들은 세습할 수 있는 재산(토지)이 없었다는 사실이다. 가나안 정복 이후 토지를 분배할 때, 제사장과 레위인들에게는 경작할 수 있는 토지가 기업으로 분배되지 않았다. 그들은 이스라엘 전체 부족들의 십일조와 헌물에 의해서 살아가도록 규정되었다(레 4장 - 7장; 민 18:21 - 24). 제사장은 결코 편안한 직업이 아니었다. 그들은 제사를 드리기 위해서 늘 제물로 바칠 짐승들을 백정처럼 잡아야 하는 고된 일을 해야 했다. 제사장들이 그 댓가로 얻는 것은 백성들이 제물로 바친 짐승의 고기 일부와 곡식이었다. 하나님께서 그들에게 요구하신 것은 그야말로 최소한의 생활비를 받는 봉사직이었고, 그러기에 아무도 스스로 하고 싶지 않았을 일을 그들의 가문에 세

---

30) 같은 자료.

습적으로 맡기신 것이라고 볼 수 있다. 그러므로 이를 오늘날 풍요를 누리는 대형 교회의 세습에 비교하는 것은 적절하지 않다.

제사장이 아닌 레위인들의 경우는 사정이 더 나빴다. 그들은 다른 지파들이 바친 십일조에 의해 생활해야만 했다. 문제는 그 십일조가 제대로 바쳐졌는가 하는 문제이다. 이스라엘이 신앙적 열심이 있고 율법이 정한 제도가 제대로 운영되었을 때는 그랬을 것이다. 그러나 그런 좋은 시절은 얼마 가지 못했다. 십일조는 제대로 바쳐지지 않았고, 레위인들은 제각기 살 길을 찾아야 했다. 그래서 그들은 사설 제단의 제사장으로 고용되기도 했다(레 17:7-13). 그러므로 제사장이나 그 보좌직인 레위인들의 일은 세습직이었지만(아마도 중앙 성소에서 일을 맡은 일부 사람들을 제외하고) 일반적으로 그것은 결코 호의호식할 수 있는 재산과 권력이 보장된 직책이 아니었다는 점이다. 그러므로 구약의 제사장직의 세습을 대형 교회 담임목사직 세습의 근거로 제시하는 것은 그 맥락이 맞지 않는다.

더구나 신약시대에 와서는 이제 특정한 사람들만이 왕이나 제사장이 아니다. 모든 신자들은 다 왕 같은 제사장들로 부름 받았다(벧전 2:9). 그러므로 이제 목사직만이 제사장직이 아니다. 어떤 사람들은 목사직이 그리스도의 제사장직을 대신하는 제사장이요, 성경에서 제사장들은 대대로 세습되는 직책이었으므로, 담임목사직 세습은 성서적인 정당성이 있다고 주장할지 모른다. 그러나 신약성경은 우리의 죄를 속해 주는 희생제사로서의 제사는 자기 자신을 제물로 바친 대제사장 예수 그리스도를 통해 완성되었다고 본다. 그래서 더 이상 속죄의 희생 제사는 없다(히 9:23-28). 따라서 이제는 희생 제사를 드리는 제사장도 없다. 지금도 우리가 드려야할 제사가 있다면 그것은 기도와 감사와 찬양의 제사요, 서로 섬기고 나누는 사랑의 제사이다(히 13:15-16). 이러한 제사는 목사에게만 맡겨진 일인가? 그렇지 않다. 신약성경과 개신교 신학은 분명히 어떤 특정 직분이나 계급만이 제사장이 아니라, 모든 신자가 제사장이라고 한다(벧전 2:9). 루터는 로마 교회의 희생제사로서의 미사를 집전하는 계급적 제사장직에 대하여 반대하고, 전신자 제사장론을 주장하였다.[31] 그러므로 목사만이 제사장이어서 세습할 수 있다는 논리는 성립하지 않는다. 또한 제사장직의 세습을 주장하는 사람들이 알아야할 것은 제사장직이 세습되던 구약시대에도, 제사장 가문은 생업의 기반이 되는 토지를 기업으로 소유하지 못하였다는 사실이다. 즉, 그들이 대를 이어 간 것은 권력과 이익이 아니라 희생과 헌신이었던 것이다.

그런데 중세기에 교회가 특수한 성직 계급인 사제직을 보편화한 후에, 교회 안에 성직 매매나 주교좌 성당 세습 등의 부패 현상이 나타났다. 중세 교회가 사제들에게 독신을 요구한 것은 그에 대한 개혁과 관련이 있다고 한다. 교회가 성직자 혹은 주교에게 독신을 요구한 것은 오래된 전통이 있지만, 중세 교회는 그것을 잘 지키지 않았다. 그리하여 10세기는 성직자들의 결혼과 교회 재산에 대한 부패가 가장 극에 달한 시기였다고 한다. 이것을 개혁하려고 애쓴 이가 바로 힐데브란트(Hildebrand. c.1021-85)였는데, 나중에 교황 그레고리 7세(Gregory VII)가 되었다(1073). 그가 이 부패상을 시정하기 위해 도입한 것이 바로 성직자 독신제도 의무화, 성직 매매 금지, 세속적 권력자의 교직 임명 금지 등이었다. 성직자의 독신이 완전히 법제화된(canon law) 것은 제1차 라테란 공의회(Lateran I, 1123)였다. 그런데 이러한 개혁 조치에도 불구하고 여전히 교회는 부패하였고, 16세기 개혁 직전에는, 공식적으로 자녀에게 교회나 주교좌를 물려줄 수 없으니, 사생아를 낳아서 물려주는 행태까지 발생했다고 한다. 심지어 8세 아이를 추기경으로 삼는 일까지 일어났다. 이는 16세기 개혁운동이 태동되는 중요한 하나의 요인으로 작용하였다. 역사가 이렇게 흘러왔는데 왜 어떤 이들은 다시 이것을 되돌리려고 하는가?

---

31) 특히 《독일 크리스천 귀족들에게 고함》에 이 사상이 나타난다. Martin Luther, WA 6, 407, 22-23.

맺는 말

지금까지 교회 세습이 왜 신학적으로 문제가 되는지 살펴 보았다. 하나님의 주권이라는 관점에서 볼 때, 이것은 하나님의 백성이요 그리스도의 몸인 교회의 주권을 그리스도가 아니라 인간에게 돌리는 것이다. 교회론적 입장에서, 특히 '니케아 - 콘스탄티노플 신조'가 말하는 교회의 네 가지 표징의 관점에서 보면, 교회의 세습은 교회의 일치성을 훼손하며, 교회의 거룩성을 훼손하며, 교회의 보편성을 훼손하며, 교회의 사도성을 훼손하는 행위이다. 그리스도론적 관점에서 보면 교회의 세습은 그리스도의 몸인 교회가 그리스도를 올바로 반영하지 못하는 행위이고, 이것은 교회가 말과 행위로 전파하는 하나님 상, 그리스도 상, 그리고 하나님 나라를 왜곡하고 훼손하는 일이 된다. 또한 소명론적인 입장에서 볼 때에도, 담임목사직 세습이 정당한 소명의 모습이라고 볼 수 없다.

이렇게 볼 때, 담임목사직 세습은 신학적으로 정당화될 수 없다. 또한 이렇게 신학적으로 고찰하기 이전에 사회인들은 이것이 상식 이하의 일이라고 생각하고 있다. 그럼에도 불구하고 계속 세습을 감행한다면, 그것은 한국교회의 사회적 신뢰성을 더욱 실추시키는 일이요, 오늘날 한국사회에서 복음 전파를 더욱 어렵게 하고, 교회로 하여금 사회에서 소금이 되고 빛이 되는 변혁적 능력을 상실하게 하는 일이 될 것이다.

사도 바울은 당시 시장에서 팔던 우상의 제물로 바쳐졌던 고기를 먹는 문제에 관하여 말하기를 "모든 것이 가하나 모든 것이 유익한 것은 아니요 모든 것이 가하나 모든 것이 덕을 세우는 것은 아니니"(고전 10:23)라고 말했다. 그런 고기를 먹는 것은 바울로서는 거리낄 것이 없는 문제지만 다른 신자들의 믿음을 위해서는 먹지 않겠다고 하였다. 할 수 있는 일이라고 해서 모두 해도 좋은 것은 아니다. 세습을 할 수 있는 힘이 있다고 해서 세습을 해도 좋은 것이 아니다. 이제 또 세습을 하려는 이들이 있어서, 자기 스스로는 그것이 정당하다고 생각하더라도, 설령 정말로 그 아들 목사의 능력이나 자질이 정말로 탁월해서, 그 교회 교인 모두 그렇게 생각할지라도, 그것이 하나님의 영광을 훼손하고, 전체 한국교회에 덕이 되지 않는다면 기꺼이 포기할 수 있는 마음을 가져 주기를 바란다. 이것이 전체 한국교회를 살리는 일이다.

세습을 받는 그분이 정말 그렇게 훌륭한 분이라면, 그분은 독립적으로 자신의 길을 갈지라도, 다른 많은 교회들이 그를 청빙하기 원할 것이고, 훌륭하게 그 일을 감당해 낼 것이다. 혹은 스스로 나아가 개척을 할지라도 잘 해낼 수 있을 것이다. 그런 능력 있는 분들이 독자적으로 나아가 또 다른 아름다운 사역들을 일구어 낸다면 한국교회는 더 생기가 돌고, 더 희망차지 않을까?

제3장 종교성 없는 조상 제사는 가능한가?[1]

개신교가 우리나라에 들어온 지도 벌써 130년이 지났다. 그 동안 교회는 이 땅에서 괄목할만한 성장을 이루었으며 이제는 한국에 있는 종교들 중에서 무시할 수 없는 비중을 차지하는 종교로 자리잡고 있다. 그러나 이러한 성장이 아무런 어려움 없이 이루어진 것은 아니었다. 수 많은 역경과 고난과 순교의 피가 있었으며, 수많은 갈등과 분열의 아픔도 있었다. 이 글에서는 그 어려움들 중에서 조상 제사와 관련된 문제를 고찰해 보기로 하자. 기독교가 우리나라에 전래되었을 때, 그것은 진공 속에 들어온 것이 아니었다. 이 땅에는 이미 여러 가지 종교들이 있었고, 그 영향 속에서 문화가 형성되어 있었다. 기독교는 그러한 환경 속에서 전파되고 성장하면서,

---

1) 이 글은 1999년 4월 20일 '대한예수교장로회 총회 사회부'와 '기독교문화선교연구원'이 공동 주최한 포럼에서 "전통 문화와 기독교: 조상 제사 문제를 중심으로"라는 제목으로 발표한 글을 기초로 대폭 수정 보완한 것이다. 1999년 당시의 글은 각주 없는 형태로 〈월간목회〉 276호(1999년 8월)에 게재된 바 있음을 밝힌다.

갈등과 우여곡절을 많이 겪어 왔다. 그 중요한 문제들 중 하나가 바로 조상 제사에 관한 문제이다. 이로 인하여 초창기 천주교인들은 심한 박해를 받았고, 순교한 이들도 적지 않았다. 개신교의 경우도 많은 신자들이 이 문제로 어려움을 당하였으며 지금도 어려움을 겪고 있는 사람이 많다.

개신교 선교 초기 기독교는 대체로 조상 제사 중지를 입교의 필수 조건으로 삼았다.[2] 마펫 선교사는 원입교인에게 우상숭배와 조상제사 폐지, 성수주일, 부모 공경, 축첩 금지 등을 가르쳐 세례 교인이 되는 조건으로 삼았다.[3] 과거에는 이로 인하여 기독교 신자가 부모와 문중으로부터 쫓겨난다든지, 이로 인한 갈등 때문에 자살을 하는 일들이 발생하여[4] 사회적 논란이 되기도 하였다. 이렇듯이 조상제사 문제는 우리 나라 각 가정에서 수많은 갈등을 야기한 것이 사실이며, 이는 기독교인들의 실제 생활에 큰 어려움이 아닐 수 없었다. 문중으로부터의 파문이라든지 자살과 같은 사례에는 지나친 면도 있다. 그러한 어려움을 피해 보기 위해서, 일부 진보적 개신교 학자들이나 목회자들은 조상제사를 종교적 의례로 보지 않고 부모를 공경하는 도덕적 차원에서 받아들여 보자고 주장하는 사람들도 나타났다.[5] 그러나 보수적인 복음주의 계열의 학자들과 목회자들은 여전히 조상제사를 반대하고 있다.[6] 이들의 생각은 전통적인 기독교의 교리나 정서를 따른 것

---

2) 백락준,《한국개신교사》(서울: 연세대학교출판부, 1973), 231.
3) 류순하,《기독교 예배와 유교 제사》(서울: 숭실대학교 출판부, 1996), 98.
4) "애매무죄한 기독교의 희생자",〈동아일보〉, 1920. 9. 1, 3,
5) 이런 입장을 취한 사람들로 박봉배, 윤기석, 이장식, 전택부, 유경재 등을 들 수 있다. 류순하,《기독교 예배와 유교 제사》, 115-118. 류순하도 그의 책에서 이 문제에 대한 논쟁을 정리한 후, 기독교인들에 대한 설문조사 방법을 동원하여 다수 기독교인들의 의견을 들어 조상제사를 받아들이자는 주장을 하였다. 또한 1980년대에 여의도순복음교회 조용기 목사가 조상 제사에서 교인이 절을 할 수 있다는 취지의 말을 함으로써, 대한예수교장로회 통합측과 이단 시비가 걸리기도 하였다.
6) 류순하는 이런 입장의 지도자들로서 맹용길, 이종윤, 손봉호 등을 소개하고 있다. 위의 책, 119-120.

이다. 문제가 있다면 이러한 기독교적인 행위가 조상제사를 실행하고 있는 많은 한국 사람들에게 마치 "기독교인들은 조상의 은덕을 무시하고, 효도도 하지 않는 무례하고 못된 사람들이라"는 인상을 주기 쉽다는 점이다. 실제로 선교 초창기의 많은 기독교인들이 이런 문제로 많은 오해와 박해를 받았던 것은 우리가 익히 아는 바이다. 그러므로 우리는 기독교의 근본 교리와 정신을 지켜 나가면서, 전통적인 한국 문화를 이어가는 우리 이웃들에게 기독교인들 역시 부모를 공경하며 사랑하는 사람들임을 생전의 부모 공경을 통해 잘 보여줄 필요가 있다. 그러나 사실 유교적 전통이 말하는 죽은 이에 대한 효행이라는 것이 과연 효라고 할 수 있는 것인지는 다시 생각해 볼 여지가 있다.[7]

그런데 오늘날 이 문제의 쟁점은 기독교인이 조상 제사에 참여할 수 있는가 혹은 적어도 제사에서 절을 할 수 있는가를 넘어서 조상제사는 미풍양속이니 그 종교성을 제외하고 조상에 대한 의례만 행하면 좋지 않겠느냐는 것이 쟁점이 되고 있다. 일부 기독교 지도자들은 조상제사의 예식을 수용해야 한다고 주장하면서, 대개 조상제사가 하나의 종교가 아니라, 단지 효의 실천일 뿐이며, 조상에 대한 단순한 추념만으로는 충분치 않다고 주장한다. 그러나 과연 그렇게 단순하게 볼 수 있을까? 어떤 이들은 유교는 본래 종교적이기보다는 철학적, 윤리적인 사상이므로 조상제사를 해도 그것을 윤리적인 차원에서만 이해하고 받아들일 수 있다고 보기도 한다. 이는 특히 현대 유학자들에게서 흔히 볼 수 있는 견해라고 한다.[8] 그러나 과

---

7) 사실, 이는 유교인들도 의식하고 있는 것이 아니던가? 잘 알려진 조선 유학자 중에 정철의 시조 '어버이 살아실제'를 생각해 보자. "어버이 살아실제 섬기길 다하여라 / 지나간 후에는 애달프다 어찌하랴 / 평생에 고쳐 못할 일 이뿐인가 하노라."
8) 종교학자인 최준식은 흔히 학회 등에서 유학자들이 유학은 윤리나 철학이며 절대로 종교가 아니라는 견해를 피력하는 것을 보며 이상하게 여겼음을 보고하고 있다. 그는 종교학자로서 종교라는 말을 정의하기가 어렵기는 하지만, 적어도 유학이 '종교적인' 가르침임을 부인할 수 없다고 지적한다. 최준식, 《한국종교 이야기》, 제1권

연 제사라는 인간의 행위가 그 종교적 차원을 배제한 채, 도덕적 차원에서만 이해될 수 있을까? 유교 자체가 종교적 성격을 가지고 있다고 하여도, 그 종교적 요소를 제외한 채 조상 제사만을 수용할 수 있을까? 유교적 조상 제사에서 과연 종교적 요소만을 따로 떼어내고 볼 수 있을까? 우리는 유교도 하나의 종교로서 종교적 요소를 가지고 있으며, 기독교와는 다르지만 그 나름대로 신들과 그들에 대한 제사의 체계가 있음을 부인할 수 없다. 제사 자체는 단순히 윤리적이기만 할 수 없는 종교적 행위이며, 기독교 윤리가 신앙과 불가분리이듯이, 유교 윤리도 그 종교 체계와 불가분리이다. 유교의 종교적 성격과 조상제사 문제에 관하여 금장태 교수의 설명을 빌어 알아본다.[9]

1. 유교와 조상 제사의 종교성 문제

1) 예(禮)라는 말의 의미

유교의 종교적 측면을 고찰할 때, 종교의 보편적 현상으로 의례(儀禮)를 말할 수 있다. 의례는 곧 예(禮)의 문제로서 유교의 실천적 성격을 나타낸다. 의례는 다섯 가지로 나누는데, 길례(吉禮), 흉례(凶禮), 빈례(賓禮), 군례(軍禮), 가례(嘉禮)이다. 여기서 길례는 곧 제례(祭禮)를 뜻하며, 조상 제사는 많은 제례 가운데 하나이다.[10] 그런데 본래 예(禮)란 말의 뜻은 '실천하는 것', '신을 섬겨 복을 받는 것'을 뜻하였다고 한다. 禮라는 글자를

(서울: 한울, 1996), 186.
9) 아래 글 중 유학에 관한 내용은 금장태, 《유교사상과 종교문화》(서울: 서울대학교 출판부, 1997)에서 관련 내용을 발췌하였음을 밝힌다.
10) 금장태, 《유교사상과 종교문화》, 146.

풀어 보면 시(示)와 풍(豊)으로 되어 있다. 示는 二와 小로 이루어져 있는데, 二는 고문(古文)에서 上에 해당하며 小는 하늘에서 인간 세계에 비추는 빛, 즉 일(日), 월(月), 성(星)의 빛을 의미했다고 한다. 天은 日, 月, 星을 통하여 구상적인 모습을 인간에게 보여 주며 길흉을 나타내는 것이다. 따라서 천문의 관찰은 인간이 천의(天意)를 이해하는 방편이 되며, 따라서 示는 神의 일로서 신성한 일을 의미한다.[11] 豊은 禮를 행할 때 사용하는 도구이며 제사에 사용되는 것이었다고 한다.[12] 종합하면, 示자가 하늘이 인간에게 현시(顯示)하는 것이라면, 豊자는 인간이 하늘에 전제(奠祭)함을 의미한다.[13] 그러므로 禮의 문자적 의미를 볼 때 곧 제사(祭祀)를 의미한다고 할 수 있지만, 유교의 역사에서 禮가 의미하는 내용은 제사만 의미한다고 보기에는 보다 넓은 의미를 가지고 있다.[14] 禮의 내용 중에서 우리의 주제에 관련되는 것만 몇 가지 추려서 살펴보기로 하자.

2) 禮와 사회적 계급 질서

禮는 二分, 三禮, 五禮, 六禮, 八禮 등으로 분류될 수 있는데, 이중 삼례(三禮)는 상서(尙書)에서 천(天), 지(地), 인(人)의 삼례라 하였다. 天, 地, 人은 중국인의 사유 구조의 근본 개념으로 이를 삼재(三才)라 하였으며, 우주와 물질과 인간으로써 세계 전체를 규정하는 것이다.[15] 여기서 천신(天神), 지기(地祇)는 모두 제사의 대상이 되며, 인귀(人鬼)도 선조에 대한 제사가 있어, 三禮는 매우 중요한 분류법이라 한다.[16] 오례(五禮)는 서경(書

---

11) 許愼, 《設文解字》, 금장태, 위의 책, 150-151에서 재인용.
12) 周林根, 《中國古代禮敎史》, 1966, 8쪽, 금장태, 위의 책, 151쪽에서 재인용.
13) 금장태, 위의 책, 150-151.
14) 위의 책, 152.
15) 위의 책, 152.
16) 위의 책, 153.

經)에서 길(吉), 흉(凶), 빈(賓), 군(軍), 가(嘉)로 분류되었다.[17] 이 五禮에 대하여 정현(鄭玄)은 천자(天子), 제후(諸侯), 경대부(卿大父), 사(士), 서민(庶民)과 관련지었고, 왕숙(王肅)은 왕(王,) 공(公), 경(卿), 대부(大夫), 사(士)로 보았으며, 공안국(孔安國)은 공(公), 후(候), 백(伯), 자(子), 남(男)의 예로 해석하였는 바, 이는 禮를 행하는 주체 곧 인간의 사회적 계급적 신분에 관련지어 분류한 것이다. 따라서 계급과 신분에 따라 禮의 실천 방법도 세분화되었다고 한다.[18]

이렇듯 유교에서는 사회 계급적 질서를 떠난 禮는 예가 아니라고 보았으며, 공자도 신분을 벗어난 禮를 통렬히 비판하였다.[19] 제례(祭禮)에 있어서 사회 계급적 구조는 먼저 제사의 대상에서 찾아볼 수 있다. 《예기(禮記)》의 「곡례(曲禮)」편에 보면 천자는 천지(天地)와 사방(四方)과 산천(山川)과 오사(五祀)에 제사를 드릴 수 있고, 제후는 사방과 산천과 오사에 제사할 수 있다. 대부는 오사에만 제사할 수 있고, 사(士)는 조상에게만 제사할 수 있다.[20] 조상제사에 있어서도 조묘(祖廟)의 수를 계급에 따라 달리하였다. 《禮記》「왕(王)制」편에 의하면 천자는 칠묘(七廟), 제후는 오묘(五廟), 대부는 삼묘(三廟), 사(士)는 일묘(一廟)를 세워서 제사하며, 서인(庶人)은 묘(廟)가 없이 침(寢)에서 제사하도록 하였다.[21] 이와 같이 제사 형태에 나타나는 사회 계급적인 양상은 상제(上帝)나 신의 체계와 긴밀히 연결되어 있다. 따라서 부모에 대한 효(孝)와 군왕에 대한 충(忠)은 모두 신을 섬기는 것과 같은 근원에 있기에 유교에서 신앙과 사회 윤리는 항상 연결

---

17) 위 같은 곳.
18) 위의 책, 154.
19) 《論語》, 爲政편, "非其鬼而祭之, 諂也"; 八佾편, "季氏八佾舞於庭"; "三家者, 以雍徹" 공자는 이러한 행위를 분수를 넘어선 행위라 비판함. 금장태, 위의 책, 222 참조.
20) 금장태, 위의 책, 222.
21) 위 같은 곳.

되는 것으로 본다.[22]

3) 제사와 관련된 중국 유교의 제신(諸神)

이러한 禮와 사회적 신분은 또한 유교의 신 개념과 연관되어 있다. 유교의 신의 영역은 천(天), 일월성신(日月星辰), 세(歲)와 사시(四時), 풍우(風雨), 총토(冢土)와 사(社), 직(稷), 산천(山川), 방위(方位) 및 여러 군신(群神), 동물, 조묘(祖廟) 등 매우 다양하고 복잡하지만, 하늘과 조상숭배에 관련된 부분만을 살펴보기로 하자.

상제(上帝): 天은 중국인에게 자연적 개념이 아니라, 절대적 지배자인 무한자의 존재로 의식되었으며, 上帝라고 불려졌다. 상제는 인간의 생사화복을 주관한다. 하늘의 상제에 대한 제사는 天子만이 할 수 있었다.[23] 상제에게 드리는 제사로서 천제(天祭) 중, 체제(禘祭)가 있었는데, 그것은 단순히 하늘에 대한 제사 뿐 아니라, 천신(天神), 지지(地祇), 인귀(人鬼)의 모든 제사를 포함하는 의미가 있어, 전체를 포함하면서도 天에로 귀일(歸一)되는 제사라 한다.[24] 그런데 공자 이후 발달한 윤리 사상은 천명(天命)을 인간 안에 내면화된 덕(德)의 개념으로 파악하였으며, 상제의 관념이 후퇴하여 자연 질서로 혹은 도(道)의 개념으로 추상화되기도 하였다.[25] 그러나 신의 개념은 단지 天에만 귀속되는 것이 아니라, 자연현상 속에 불가사의한 일 어디에나 표현되는 실재의 개념으로 사용되었다고 한다.[26]

---

22) 《禮記》, 祭統편, "忠臣以事其君, 孝子以事其親, 其本一也, 上則順於鬼神 外則順於君長, 內則以孝於親." 금장태, 위의 책, 224 참조.
23) 금장태, 위의 책, 183.
24) 周林根,《中國古代禮教史》, 66, 금장태, 위의 책, 183에서 재인용.
25) 금장태, 위의 책, 184.
26) 《禮記》, 祭法, "山林川谷丘陵能出雲爲風雨, 見怪物皆曰神"; 금장태, 위의 책, 184

조묘(祖廟), 문묘(文廟): 효(孝)의 의식적(儀式的) 표현이 예(禮)이며 이 예는 죽은 자에 대한 제례로서 조상숭배로 나타난다. 삼례의 세 가지 범주인 天神, 地祇, 人鬼에서 인귀는 곧 조상신이다. 인간의 근원에는 천지와 선조와 군사(君師)가 있으므로 인간의 현존재가 가능하다고 한다. 조상숭배는 생명의 근원을 경건히 하여 자신의 생명을 성화하는 데 가장 큰 의의가 있다고 본다.[27] 근원에 대한 숭배는 天의 숭배에로 연결되며, 조상은 상제에로 가는 통로가 된다는 것이다.[28] 조상의 신위를 모신 곳이 조묘(祖廟)이며 왕가의 조묘가 곧 종묘(宗廟)이다. 조상은 하늘에 상제와 함께 있어 상제의 명을 받아 인간에게 복과 재앙을 내려 주기도 하며 후손의 뜻을 상제에게 전하기도 한다고 한다. 따라서 조상에게 제사함으로 간접적으로 상제에게 복을 청할 수 있기에 조상숭배는 상제의 중보자인 조상에게 제사한다는 의의를 가지게 된다.[29]

귀신(鬼神), 혼백(魂魄): 조상 숭배는 죽은 자의 영혼이 존재한다는 것을 믿음으로써만 가능할 것이다. 공자는 인귀의 존재를 직접적으로 긍정하지는 않았지만, 결코 부정적인 태도도 취하지 않았을 뿐더러, 제사를 행할 때 신의 존재는 필수적으로 요구된다고 하였다.[30] 인간의 죽음은 혼귀(魂鬼)가 육체로부터 떠나가는 것이다. 《禮記》에는 혼기(魂氣)가 하늘로 올라가고, 형백(形魄)이 땅으로 돌아간다고 하여, 혼(魂)과 백(魄)의 두 요소를 말한다.[31] 귀신이란 말은 혼백이란 용어보다 더 오래된 것이며 더 포괄적인

참조.
27) 《禮記》, 祭義, "敎民反古復始, 不忘其所由生也"; 금장태, 위의 책, 196 참조.
28) 《孝經》, "天地之性人爲貴, 人之行莫大於孝, 孝莫大於嚴父, 嚴父莫大於配天" 금장태, 위의 책, 196에서 재인용.
29) 금장태, 위의 책, 196-197.
30) 《論語》, 八佾 "祭如在 祭神如神在,"; 금장태, 위의 책, 199 참조.
31) 《禮記》郊特牲, "魂氣歸于天, 形魄歸于地, 故祭求諸陰陽之義也" 금장태, 위의 책, 199에서 재인용.

개념이다. 혼백에 대하여는 삼혼칠백(三魂七魄)의 복잡한 설이 있지만, 중요한 것은 유교 체계가 인간 사후에 영혼의 실재를 믿고 있다는 것이며 영혼에 대한 신앙을 근거로 하여 조상에 대한 제사가 행하여졌다는 것이다.[32]

4) 제사의 종교성과 '孝' 개념

중국 유교의 제사는 상고시대에 주술적이고 물활론적이었던 다신관이 천과 상제에 대한 신앙으로 바뀌었고, 이 상제의 신앙과 더불어 조상숭배는 중국 민족의 중요한 신앙으로 나타났다고 한다. 여기서 조상숭배는 영혼숭배와 맥을 같이 한다. 앞에서 살펴보았듯이 서민을 포함한 모든 사람이 제사할 수 있는 영역은 조상신들 뿐이다. 따라서 조상숭배를 통하여 생명의 근원과 영혼의 불멸에 대한 신앙을 갖게 된다. 조상의 신은 중국인의 신앙 속에서는 상제와 결합된다. 이에 대하여 금장태 교수는 천과 상제는 인격적 신으로서의 성격이 약하기 때문에 조상신과의 결합을 통해 종교성이 구현된다고 보았다.[33] 이러한 유교의 근본적 신관인 상제 혹은 하늘은 유교 사상의 다른 근본인 '德'과 관련된다. 공자가 "하늘이 나에게 덕을 낳아 주셨다"고 하였듯이 덕은 하늘로부터 온 것이다.[34]

유교 윤리에 있어서 '孝'의 개념은 매우 중요하여 "효는 덕의 근본이라"고 하였으며,[35] '禮'를 구현하는 가장 중요한 실천 덕목이다. 이 효를 실천하는 방법에는 禮의 의례적 절차가 중시된다. 이것은 부모의 생시뿐만 아니라 사후에도 제사의 예법대로 경건히 드리는 데서 효가 실현된다는 것이다.[36] 효의 지극함은 생시의 부모에 대한 순종에서보다 제사를 통하여 조

---

32) 금장태, 위의 책, 199-200.
33) 위의 책, 225-226.
34) 《論語》, 述而 "天生德於予"; 금장태, 위의 책, 226 참조.
35) 《孝經》, "夫孝, 德之本也", 금장태, 위의 책, 226-227.

상신에 대한 공경에서 나타난다고 보았다.[37] 이러한 이 효의 개념은 바로 인간의 내면적 도덕성을 넘어 초월적이며 종교적인 개념으로 지향하고 있는 것이다.[38] 공자는 鬼나 神에 대하여 말하기를 삼갔으나, 제사에 직접 참여하여 신의 흠향을 체험하였을 때 제사의 의미가 있는 것이라고 말하였다.[39] 유교에서는 이와 같이 효의 실현인 제사를 통해서만 조상신과 연결될 수 있다는 것이다. 유교사회를 지배한 윤리는 군왕에 대한 忠과 부모에 대한 孝가 중심을 이루고 있으며, 인성에 대한 근본 개념으로 인(仁)이 중심을 이루고 있다. 금장태 교수는 그러한 유교의 사상과 윤리는 유교적 신앙 형태인 제사를 떠나서는 존재할 수 없음을 분명히 밝히고 있다.[40]

유교가 종교냐 아니냐 하는 문제에 대하여, 금장태 교수는 중국 유교에 분명한 종교성이 나타나는데, 그것은 인간의 본성 속에 '天'의 내재화와 관련되며, 그것은 궁극적으로 천인합일(天人合一)로 해답될 수 있다고 본다. 이 천인합일의 이념은 인본주의의 합리적인 철학체계가 아니라, 유교의 가장 특징적인 신앙이라는 것이다. 유교의 종교적 특성은 제사에 있어서 천과 조상신을 하나의 근원 속에 통일시키고 있다. 그는 '天'이 인간 속에 내재화됨을 믿고 성실과 경건으로 인간의 완성, 즉 '天'의 체현(體現)을 이상하는 신앙은 유교의 본질적으로 종교적인 성격이라고 주장한다.[41]

이상에서 살펴 본대로, 우리는 유교 전통의 조상제사가 단순히 '孝'라는 윤리적 규범만의 문제가 아니라, 종교적인 성격을 띤 제사임을 확인하였다. 그러므로 교리적, 사상적으로 유일하신 창조주요 구속주이신 하나님

---

36) 《論語》, 爲政편, "生事之以禮, 死葬之以禮, 祭之以禮"; 금장태, 위의 책, 227 참조.
37) 《孝經》, "宗廟致敬, 鬼神著矣, 孝悌之至, 通於神明"; 금장태, 위의 책, 227.
38) 금장태, 위의 책, 227.
39) 《論語》八佾, 集註, "郊則天神格, 廟則人鬼享, 皆由己以致之也, 有其誠則有其神, 無其誠則無其神." 금장태, 위의 책, 227에서 재인용.
40) 금장태, 위의 책, 229.
41) 위의 책, 231.

을 믿고 예배하는 우리는 유교적인 다신 체계의 일부인 조상제사를 수용할 수 없는 것이다. 또한 유일하신 중보자인 예수 그리스도를 믿는 우리는 상제의 중보자로 여겨지는 조상신의 개념을 받아들일 수 없다. 앞서 이미 지적하였듯이, 어떤 이들은 조상제사로 인한 신자들의 어려움을 덜기 위해 조상신에 대한 개념 없이 조상제사를 하면 된다고 주장하고 있다. 그러나 한국 문화에서나 유교 전통에는 조상신에 대한 개념이 분명히 있으므로, 우리는 조상신의 개념이 단순히 무속적인 종교성이라고 보고, 그것만 제거하면 된다고 생각할 수는 없는 것이다. 또한 실제로 조상제사를 하는 대부분의 한국인들은 조상을 후손에게 화와 복을 줄 수 있는 신령적 존재로 의식하고 있음도 부인할 수 없는 사실이다. 그러므로 조상신에 대한 개념 없는 조상제사는 실천적으로도 불가능하다.

2. 조상제사에서 제사를 받는 이가 누구인가?

조상제사를 옹호하는 이들은 흔히 그것이 조상을 신으로 섬기는 것이 아니라, 조상에 대한 효행일 뿐이라는 논리를 편다. 이것은 다수의 현대 유학자들의 견해이며, 제사를 지지하는 일부 기독교 지도자들의 논리이기도 하다.[42] 그러나 유학자들이 "없는 조상을 있는 듯이 섬긴다"고 하는 말의 뜻은 도대체 무엇인가? 과연 조상에게 제사하고 절하는 자리에서 그 제사와 절을 받는 자는 누구인가?

기독교와 조상 제사에 관한 이러한 논의는 이미 천주교가 중국에 선교

---

42) 류순하 목사는 유교의 제사는 '예배'라는 개념으로 정의하기에는 부적합하다고 하면서, 유교의 제사는 하나의 추모 행사로 간주되어야 한다고 보고, 유교적 제사를 통하여 조상을 주신 하나님께 나아가는 방향을 모색한다. 류순하,《기독교 예배와 유교 제사》, 176-177.

하던 16세기부터 일어난 논쟁이기도 하다. 초기 로마 천주교의 동양 전래와 선교는 많은 박해를 야기하였는데, 그 중에 심각한 문제가 바로 조상제사 문제였다. 그런데 마테오 리치(Matteo Ricci, 1552-1610)가 속한 예수회가 중국에 선교하면서, 중국 문화와 조상제사를 무시하고는 선교를 할 수 없다고 판단하여 조상제사를 묵인하는 정책을 쓴 일이 있었다. 당시 마테오 리치를 비롯한 예수회 선교사들은 도미니코회와 프란시스코회 선교사들과 달리 상당히 토착문화에 적응하는 전략을 구사하였고, 조상제사를 긍정적으로 수용하려는 입장을 견지하기도 하였다. 그리하여 논쟁이 교황청으로 비화되기도 하였다.[43] 리치는 조상 제사에 관하여 "기도나 구은(求恩)의 요소가 없으며 미신적 형태가 없고 부모에 대한 효성을 교육하기 위한 수단이며 또 미신적 느낌을 삭제하기 위해서는 음식을 차리는 대신 조상의 영혼을 위해서 가난한 이에게 적선하는 방식으로 바꾸었으면 좋겠다"는 의견을 피력 하였다.[44]

그러나 흥미롭게도 조상의 사후 존재에 관하여 당시 유학자들은 매우 부정적인 견해를, 리치는 긍정적인 견해를 가지고 있었다. 당시의 유학자들은 "사람의 정신이나 혼은 죽은 뒤에 흩어져 없어진다"고 생각하였으며 "정신을 기로 여긴다"고 한다.[45] 그들은 단지 "죽은 이를 섬기는 것을 산

---

43) 예수회와 그에 반대하는 도미니코회나 프란시스코회 사이의 논쟁은 근 100 년간이나 계속되었는데, 결국 교황청의 금령 선포로 일단락되었다. 교황 클레멘트 11세는 1715년 3월 19일 조상 제사를 금지하는 교서를 공포하였으며, 베네딕트 14세는 1742년에 금령을 선포하였다. 우리나라에서도 이 문제로 인하여 천주학자들과 신자들이 많은 박해를 받은 것은 잘 알려진 사실이다(신해박해, 신유박해, 기해박해, 병오박해, 병인박해 등).
44) Pasquale M. D'elia S.J. ed. *Fonti Ricciane, Storia dell' Introduzione del Cristianesimo in Cina*, Parte I, (Roma, 1942) N. 177, cited in 김동찬,《利瑪竇 (Matteo Ricci)의 中國 宣敎와 補儒論: 天主實義를 중심으로》가톨릭대학 대학원, 석사학위 논문, 1973, 39.
45) "中士曰 謂人之神魂, 死後散泯者, 以神爲氣耳," 利瑪竇,《天主實義》上卷, 4-4. 여

것처럼 하고, 없는 이를 섬기는 것을 있는 것처럼 한다"고 생각하였다.[46] 그렇다면 유가에서는 앞에 있지도 않은 조상에게 절하고 제사한다는 말인가? 이에 대하여 오히려 리치는 "만약 그 육신과 정신이 모두 없어져서 우리가 고하는 애도의 말도 들을 수 없고, 우리가 머리를 조아리며 절하는 것도 볼 수 없고, …효성의 마음을 알지 못한다면 [조상제례는] 진실로 나라의 임금으로부터 서인(庶人)에 이르는 중대한 의례가 아니라, 바로 어린아이들의 공허한 놀이일 뿐입니다"라고 논박하였다.[47] 리치가 이렇게 말할 수 있었던 이유는 당시 천주교 사상으로서 영혼불멸을 믿었기 때문이다. 그래서 리치는 중국의 고서들에서 죽은 자의 사후 존재에 관한 언급들을 찾아내어 자신의 견해가 옳음을 중국인들에게 입증하려고 하였다.[48] 그러나 리치는 조상의 사후 영혼을 하나의 신적 존재로 여기지는 않았던 것으로 보인다. 아마도 그는 하나님께 드리는 최고의 예배인 '흠숭지례'(欽崇之禮)와 성인들에게 드리는 '공경지례'(恭敬之禮)를 구분하는 천주교의 교리의 예를 따라, 조상제사를 '공경지례'와 비슷한 입장에서 받아들였을 것으로 짐작된다. 그러나 당시의 전례 논쟁에서 이러한 예수회 입장은 비정통적인 것으로 간주되었고, 조상제사는 천주교인들에게 금지되었다.[49]

기서는 마테오 리치,《천주실의》, 송영배, 임금자, 장정란, 정인재, 조광, 최소자 역(서울: 서울대학교출판부, 1999), 169.

46) "事死如事生, 事亡如事存"《天主實義》上卷, 3-6; 이것은《中庸》제19장 5절의 인용.

47) "使其形神盡亡, 不能: 聽吾告哀, 視吾稽?,… 則固非自國君至於庶人大禮, 乃童子空戱耳"《天主實義》上卷, 3-6.

48)《天主實義》上卷, 4-3.

49) 그러나 오늘날의 천주교회는 조상제사를 부분적으로 수용하고 있다. 1939년 12월 8일 교황 피우스 12세의 교시는 "拜孔祭祖, 즉 공자를 숭상하고 조상께 제사함은 시대의 변천과 풍속 정신이 바뀌어진 현 세대에 와서는 한갓 선조에 효성을 표시함에 지나지 않는 민간 의식"이라 하여 이를 허락하였다. 그러나 천주교 측에서도 사진이나 위패의 설치, 분향, 제상 차림, 절하는 것 등 그 기본적 제사 형식은 수용

그러나 사실 유가에서 죽은 자의 사후 존재를 전혀 인정하지 않았다고 볼 수는 없을 것 같다. 죽은 자를 위한 제사라는 종교적 예식이 수천 년 존재해 왔다는 사실이 그렇고, 제사에서 시행되는 여러 가지 초혼과 관련된 예식의 존재가 그것을 보여준다. 나아가서 하나의 철학으로서 강화된 신유학의 사상에서도 그런 면을 볼 수 있다. 주희(朱熹)는 제사와 죽은 자의 혼백에 관하여 다음과 같이 말한다.

> 사람이 죽으면, 비록 혼(魂)과 백(魄)은 각각 저절로 날아가고 흩어지지만, 요컨대 백은 비교적 고정되어 있다. 반드시 혼을 불러 오고 그 백을 돌아오게 하여 서로 합쳐지게 해야 한다. 돌아오게 하는 것(復)은 단지 죽은 조상을 생기 있게 하려는 것이 아니라, 죽은 조상의 혼과 백을 모아서 흩어지지 않게 하려는 것이다. 성인이 사람들로 하여금 항상 제사지내도록 가르친 것도 조상(의 혼과 백)을 모으게 하려는 것이다.[50]

하였으나, 조상의 혼령이 와서 그 제사를 받으며, 음식을 먹는 것을 뜻하는 의식(飯哈, 皐復, 闔門 등)이나 이교적인 축문 등 미신적인 것은 금지하였다. 강연희, "조선 후기 사회에 있어서의 서학의 조상 제사 문제", 〈사목〉(1975, 1), 101. 참고로 천주교의 조상 제사 예식을 소개하면 다음과 같다. 먼저 '준비' 1) 집 안팎 청소, 2) 목욕 재계, 단정한 옷, 3) 고백성사로 마음 준비, 4) 차례상 준비(형식에 구애받지 말고), 5) 벽에는 십자가상을 걸고, 그 밑에 선조의 사진을 모심. 사진이 없으면, 이름을 써 붙임. 6) 차례상 앞에 깨끗한 자리를 폄, 7) 차례상에는 촛불 2개와 꽃을 준비, 분향도 무방. '순서' 가급적 온 가족이 교회에서 아침 미사를 참여한 후에 이 예식을 가지도록 함. 1) 성가, 2) 분향과 배례, 3) 시작 기도, 4) 성경 봉독, 5) 가장의 말씀, 6) 선조를 위한 기도, 7) 분향과 헌물 (술, 과일, 음식 등), 8) 축문 (선조의 위업 칭송, 불효에 대한 용서를 청원, 후손으로서의 결의), 9) 묵념, 10) 평화의 인사, 11) 영광송, 12) 작별 배례 등이다. 김종수, "한국 천주교의 전통적 제례 의식," 〈기독교사상〉(1994. 9), 41.

50) 《朱子語類》, 3-64. 여기서는 黎靖德 편,《朱子語類》이주행, 조원식, 정갑임, 김우형, 박현주 역(서울: 소나무, 2001), 171-172.

쑥과 희생의 기름을 태워 기(氣)에 알리고, 울창주(鬱鬯酒)를 부어서 혼을 부르는 것은 바로 그것들을 합하는 것이니, 이른바 "귀와 신을 합해야만 지극한 가르침이다"라는 것이다.[51]

그러니까 주자학에서는 사람들의 제사와 정성에 의하여 흩어진 조상의 기와 혼백을 다시 모을 수 있다는 것이다. 또한 죽은 사람의 혼기는 이미 흩어졌지만 얼마간 그 기를 모아 늘 그 조상을 접해 보고자 신주를 모신다고 한다: "옛날 사람들이 사람이 죽은 직후에 혼을 부르고 백을 돌아오게 하고자 시동(尸童)을 세우고 신주를 설치한 것은, 늘 죽은 사람의 정신과 약간이라고 접하려고 한 것이다."[52]

이렇게 볼 때에, 유가에서 아무리 조상 제사가 단순히 효행에 불과하다고 해도, 그것은 죽은 조상의 귀신(鬼神), 즉 조상의 기(氣)를 상정하지 않을 수 없는 것이다. 물론 이는 서양식의 신 개념과는 다르다고 할 수 있다. 유가에서 '기'(氣)는 '이'(理)와 더불어 만물을 구성하는 원리이며, 만물의 기는 서로 통한다고 본다.

> 귀신은 단지 氣(기)일 뿐이다. 움츠러들고 펴지고, 오고 가는 것은 기이다. 천지 사이에 기가 아닌 것이 없다. 사람의 기와 천지의 기는 항상 서로 연결되어 끊어지지 않지만, 사람들은 스스로 알지 못한다. 사람의 마음이 움직이는 순간 기에 반드시 전해지는데, 저 움츠러들고 펴지고 오고 가는 기와 서로 감응하여 통하기 때문이다. 점치는 것과 같은 일은 모두 마음에 그런 작용이 있기 때문이니 마음 안에 일을 말하는 것일 뿐이다.[53]

---

51) 위의 책, 3-63(171).
52) 위의 책, 3-67(173).
53) 위의 책, 3-7(130).

이렇게 사람이 죽어 그 기가 흩어지고 모인다는 면에서, 그들은 조상제례에서 "없는 조상을 있는 것처럼 섬긴다"고 말할 수 있는 것이다.[54] 이것은 상당히 범신론적으로 승화된 물활론적인 사상으로 보인다. 그런데 우리 기독교인들은 이런 사상과 신앙을 가지고 있지 않다. 그러므로 어떤 기독교인들의 주장처럼, 만일 기독교인들이 조상을 신으로 여기지 않지만, 효행의 예로서 조상의 위패나 영정 앞에 절을 한다면, 적어도 우리는 위와 같은 사상에 동조하지 않으면 안 될 것이다. 그렇지 않으면, 우리는 그야말로 아무것도 아닌 허공에 절하는 우스운 일을 하는 것이다. 그러나 우리가 이러한 사상을 받아들일 수 있는가? 만일 우리가 마테오 리치처럼 천주교식으로 받아들인다고 해도, 문제는 우리 개신교 신학은 '흠숭지례'와 '공경지례'의 구분에 동의하지 않으며, 죽은 성도들과의 교제(communion)도 인정하지 않는다는 점이다. 조상제사의 문제는 단순히 문화적 적응과 절을 하고 안 하고의 단순한 예법 문제가 아니라, 신학의 문제이다.

제사라는 행위의 문화적 의미가 무엇인가? 세계 어느 민족, 어느 문화에 있어서도 그 의미는 어떤 신적 존재에 대한 봉사라고 이해해야 함은 주지의 사실이 아닌가? 눈앞에 보이지 않는 어떤 대상, 혹은 그 대상을 표시하는 사물에 대한 절과 경배가 가지는 몸짓 언어(body-language)의 의미는 무엇인가? 이것은 그 대상을 보이지 않는 신적 존재로 인정하고 숭배하는 것이 아닌가? 이것은 만국 공통의 몸짓 언어라고 보아도 무리가 없을 것이다. 만일 조상제사에서 제사를 받는 이가 실존한다면 그 존재는 도대

---

[54] " … 사람의 鬼(귀)의 氣(기)는 흩어져 사라지면 남는 것이 없다. 그 흩어지고 사라짐에도 느리거나 빠른 차이가 있다. 자신의 죽음을 받아들이지 않는 사람은 죽어서도 그 기가 흩어지지 않기 때문에 요괴가 되는 경우가 있다. 예를 들어 흉하게 죽은 사람이나 승려와 도사들은 죽었는데도 대부분 흩어지지 않는다. 승려와 도사는 정(情)과 신(神)을 기르는 데 힘쓰기 때문에 뭉쳐서 흩어지지 않는 것이다. 성현의 경우에는 죽음을 편안하게 받아들이니, 어찌 흩어지지 않고 괴이한 귀신이 되겠는가?" 위의 책, 3-20(144).

체 무엇인가? 유가에서 말하는 대로 죽은 자의 기요, 귀신인가? 우리는 성서적 신앙을 거슬러 조상의 혼령이 거기에 와 있다고 믿어야 하는가? 만일 조상제사에서 종교성을 제거하고 기독교적으로 수용한다고 하여 절을 한다면, 절하는 이들은 도대체 누구에게 하는 것인가? 아무것도 없는 허공에 절하는 것인가? 영정이나 위패나 지방이 과연 조상을 대신할 수 있는가? 그것은 얼마나 공허한 일인가?[55] 왜 우리는 이런 허무한 일을 해야 하는가? 과연 우리는 우리 앞에 물리적으로 존재하지 않는, 신이 아닌 대상에게 절할 수 있는가? 그것의 문화적 의미는 무엇인가? 아무리 개인적으로 "나는 속으로 조상을 신이 아니라고 생각하며" 절을 한다고 하여도, 동양 문화에서 그런 문화적 기호의 의미는 분명한 것이 아닌가? 문화라는 것은 사적인 신념의 문제가 아니지 않는가? 설사 이런 사적인 신념을 허용한다 해도, 결국 한국의 문화적 흐름은 사람들로 하여금 기독교도 조상 제사를 허용한다는 것으로 받아들이게 할 것이다.

    이 모든 내용은 복음을 문화적으로 적응시키려는 맥락에서 논의된다. 그런데 우리가 한국의 전통 문화 계승이라는 '문화적 의미'에서 기독교적 조상제사를 실행한다고 하면서, 이러한 상징체계나 문화적 기호 등 문화적 맥락과 현실을 무시한다면 이율배반이 될 것이다. 문화를 고려하려면 문화의 일면이 아니라, 관계되는 여러 면을 모두 살펴야 할 것이다.

---

[55] 그런데 성경은 우상숭배를 바로 그렇게 허탄한 것이라고 책망하고 있다. 왜냐하면 우상 숭배자들이 섬기는 신은 실제로는 없는 것이요, 마귀의 속임이기 때문이다. 사 41:29, "나 여호와가 이같이 말하노라 너희 열조가 내게서 무슨 불의함을 보았관대 나를 멀리하고 허탄한 것을 따라 헛되이 행하였느냐"; 렘 2:5, "과연 그들의 모든 행사는 공허하며 허무하며 그들의 부어만든 우상은 바람이요 허탄한 것 뿐이니라."

3. 성경에 조상 숭배가 있는가?

기독교적 의미에서 조상제사를 수용하자는 사람들 중에는 성경에서 조상 숭배의 예를 찾을 수 있다고 주장하기도 한다. 정말 그러한가? 류순하는 추도식에 대한 역사적 고찰과 더불어 역대하 16장 14절이나, 역대하 21장 19절 등의 성서적 근거를 제시하고 있다.[56] 그러나 그가 말하듯이 이런 구절들이 과연 조상을 신으로 여겨 섬기는 조상제사이며, 이것은 성경에서 정당하게 여겨진 것이었는가?

역대하 16장 14절에는 아사 왕의 죽음에 대하여 "다윗 성에 자기를 위하여 파 두었던 묘실에 무리가 장사하되 그 시체를 법대로 만든 각양 향 재료를 가득히 채운 상에 두고 또 위하여 많이 분향하였더라"라는 말이 나온다. 역대하 21장 19절에는 여호람 왕에 대하여 "백성이 그 열조에게 분향하던 것같이 저에게 분향하지 아니하였다"고 한다. 여기서 '분향'이라는 말이 조상숭배를 의미하는가? 여기에 나오는 '분향하다'라는 말은 세례파(שרפה)로서 단지 '태우다'는 말인데, 반드시 향을 태운다는 의미는 아니다.[57] 그러나 커티스(Edward Lewis Curtis)는 화장이 히브리인들의 풍습에 배치되므로 이것이 시신을 태우는 화장을 의미하는 것은 아니라고 보고, 아마도 죽은 자를 위한 제사의 한 형태일 것으로 추측한다.[58] 이것이 종

---

56) 류순하, 《기독교 예배와 유교 제사》, 158-164.
57) 사 9:5; 민 19:6; 암 4:11 등에서 세례파는 여러 가지 물체를 태우는 것을 표현하고 있으며, 창 11:3에서는 벽돌을 굽는다는 것을 표현하였고, 신 29:23은 땅이 불탄다는 것을 표현하였으며, 사 64:11은 성전이 불탔음을 표현하였고, 렘 51:25은 산이 불탈 것임을 표현하였으며, 레 10:6은 하나님의 벌로 사람이 불타는 것을 말하였다.
58) Edward Lewis Curtis & Albert Alonzo Madsen, *Critical and Exegetical Commentary on The Books of Chronicles* (Edinburgh: T. & T. Clark, 1976), 390.

교적 의미를 가진다면 그것은 다분히 당시 고대 근동의 주변 종교 영향일 것으로 생각된다. 히브리 종교에서는 죽은 자를 일종의 신으로 생각하지 않았기 때문이다. 그러므로 커티스처럼 이를 제사라고 보기보다는 왕과 같은 높은 지위에 있는 이가 죽었을 경우 그 영예를 기리는 차원에서 행해진 의식이라고 보는 것이 타당하다.

딜라드(Raymond B. Dillard)는 이것이 화장이 아니라, 왕들의 죽음에서 흔히 행해졌던 영예로운 예식이었다고 한다.[59] 그러므로 이 경우도 조상신에 대한 제사라기보다는 신분 높은 사람의 영예를 기리는 하나의 예식으로 보아야 할 것이다. 역대하 21장 19절에 의하면, 유다왕 여호람이 하나님께 불순종하고 우상신들을 섬기다가 엘리야의 예언대로 그 창자에 심한 병이 들어 죽었을 때, 백성들은 그 열조에게 분향하던 것같이 그에게 분향하지 않았다고 한다. 이는 죽은 왕의 장례식에서 분향하는 것이 조상신에게 제사하는 예법이 아님을 암시한다. 만약 죽은 조상이 신으로 여겨졌다면, 그 왕이 좋든 싫든 분향을 했을 것이다. 그러나 명예롭지 못하게 죽은 여호람 왕에게는 분향하지 않았다는 것을 보면, 이는 왕들의 죽음을 애도하는 영예로운 예식에 불과하였음을 알 수 있다.

또한 율법에 3년마다 십일조를 떼어 레위인과 나그네, 고아와 과부 등에게 나누어주도록 하였는데, 그 때에 하나님 앞에서 고백하도록 하는 말 중에 이런 말이 있다.

> 내가 애곡하는 날에 이 성물을 먹지 아니하였고 부정한 몸으로 이를 떼어 두지 아니하였고 죽은 자를 위하여 이를 쓰지 아니하였고 내 하나님 여호와의 말씀을 청종하여 주께서 내게 명령하신 대로 다 행하였사오니…(신 26:14).

---

59) Raymond B. Dillard, Word Biblical Commentary vol. 15, 2 *Chronicles* (Waco, Texas: Word Books, 1987). 127.

여기서 십일조로 뗀 성물을 죽을 자를 위하여 쓰지 않았다고 맹세하는 말이 나온다. 음식물을 죽은 자들을 위해 쓴다는 것이 무엇인가? 이 부분의 히브리어의 뜻은 모호하다. 드라이버(S. R. Driver)는 이렇게 설명한다. 이를 "죽은 자를 위하여"라고 이해한다면 이는 죽은 자의 친구들이 그 집에 모인 애도객들을 위한 동정의 표시로 빵이나 다른 음식물을 보내는 풍습을 암시한다고 한다(비교. 삼하 3:35; 렘 16:7; 겔 24:17). 그렇다면 이것은 조상숭배를 의미하지 않는다. 만일 이를 "죽은 자를 향하여"라고 이해한다면, 이는 고대세계와 후기 유대세계에서 널리 행해지던 풍습을 암시한다고 볼 수도 있다(토빗 4:18, 시락 30:18 이하, 그런데 여기서는 그 행위를 비웃고 있다). 이는 죽은 자의 무덤 안에 음식을 두는 것으로서, 죽은 자가 지하세계로 여행할 때 쓰도록 하기 위함이라고 한다. 이런 행위는 이집트에서는 흔한 일이었으며, 이스라엘인 중에 미신적인 자들 사이에서 널리 퍼져 있었다고 한다. 그런데 이런 자들에게 신명기 18장 10절 이하[60]의 금령이 해당된다고 한다.[61] 이렇게 본다면 이를 일종의 조상숭배처럼 볼 수 있으나, 이는 율법에서는 금지된 것이었다.

맺음 말

우리는 위에서 유교를 바탕으로 한 우리나라의 조상제사 풍습이 결코 단지 비종교적 효행이 아님을 확인하였다. 무속신앙에서는 그 종교성이 더

---

60) 신 18:10-11 "네 하나님 여호와께서 네게 주시는 땅에 들어가거든 너는 그 민족들의 가증한 행위를 본받지 말 것이니 그 아들이나 딸을 불 가운데로 지나게 하는 자나 복술자나 길흉을 말하는 자나 요술을 하는 자나 무당이나 진언자나 신접자나 박수나 초혼자를 너의 중에 용납하지 말라."
61) S. R. Driver, *Critical and Exegetical Commentary on Deuteronomy* (Edinburgh: T. & T. Clark, 1973), 291-292.

욱 분명하다. 그러나 굳이 무교적인 풍습과의 혼합을 이야기하지 않더라도 이미 조상제사의 종교성은 유교사상에서 분명한 것이다. 그러므로 그 종교적 신 개념 체계와 전혀 다른 신앙을 가진 우리로서는 조상제사를 받아들이기 곤란하다고 본다. 만일 견해 차이에 따라, 단지 그 도덕적 의미만을 받아들여서, 죽은 조상에게 절을 한다면, 그것은 그 앞에 있지도 않은 조상에게 절하고 제사하는 것이니, 그 얼마나 허무한 행위인가? 흔히 기독교의 입장을 오해하는 이들이 "기독교인들에게는 조상도 없는가? 그들은 조상을 감히 우상이라고 하는가?"라고 의심할 수 있지만, 우리가 여기서 분명히 할 것은 우리도 조상과 부모님을 공경하지만, 그 공경하는 방식이 다르다는 점이다. 또한 우리는 조상 자신이 우상이라고 주장하는 것이 아니다. 조상은 조상일 뿐이다. 그러나 조상을 신격으로 숭상하는 것은 제1계명의 위반이요, 절하는 자리에 있지도 않은 조상에게 제사하고 절하는 것은 허탄한 우상숭배의 위험이 있다.

어떤 이들은 조상제사를 금지함이 기독교의 선교에 방해가 된다고 생각하는데, 그렇다고 해서 조상제사를 허용하는 것이 반드시 선교를 잘 되게 한다고 볼 수는 없을 것 같다. 조상제사가 기독교 선교 현장에서 많은 갈등을 일으킨 것은 사실이지만, 그럼에도 조상제사를 결국 수용한 천주교보다 금지하고 있는 개신교가, 그리고 조상제사를 허용하는 진보적 교회보다 그렇지 않은 보수적 교회가 더욱 성장한 것은 무엇으로 설명할 것인가? 그러므로 우리는 조상제사가 기독교 선교에 방해가 된다는 단선적인 논리를 지양하고, 조상제사에서 기독교가 수용할 수 없는 요소들과 수용할 수 있는 면들을 분리해서, 기독교의 본질적 내용을 훼손시키지 않는 범위에서 한국 전통 문화의 긍정적 요소들을 수용해야할 것이다.

1) 조상 제사에서 기독교가 수용할 수 없는 요소들

(1) 기독교는 조상을 제사를 받을 수 있는 하나의 신으로 여기며, 신에게 제사하듯이 절하고 제사하는 것과 지방을 쓰고, 제상을 차려 올리고, 향을 피우고, 절을 하는 것 등을 받아들일 수 없다. 우리는 우리의 예배를 받으실 하나님은 오직 한 분뿐이며, 그 외 어떤 존재라도 신적 위치에 올려놓는 것을 우상숭배로 여긴다(출 20:3-5).

(2) 기독교는 조상의 신령이 복과 화를 내린다는 것을 받아들일 수 없다. 우리는 인간의 삶의 모든 것은 하나님의 섭리에 달렸다고 믿으며, 조상신이 주관한다고 믿지 않는다(사 45:5-7).

(3) 기독교는 조상을 천신과 우리 사이의 중보자 격으로 생각하는 것을 받아들일 수 없다. 우리는 하나님과 우리 사이의 신적 중보자는 오직 유일하신 독생자 예수 그리스도라고 믿는다(빌 2:5-11; 행 4:12).

(4) 기독교는 죽은 사람의 혼령과 직접 교통하는 것을 받아들일 수 없다. 우리는 살아 있는 인간이 하나님의 성령과 그 지시를 따르는 천사가 아닌 어떤 존재와도 영적 교류를 가질 수 없으며, 또 가지는 것을 금하고 있다고 믿는다(레 19:31; 20:27; 신 18:10-12; 눅 16:27-31).

2) 조상숭배 행위에서 기독교가 이어 취할 수 있는 문화적 요소들

(1) **부모에 대한 공경**. 우리는 하나님의 말씀을 따라, 부모를 공경하는 마음과 행위를 가져야 할 것이다. 따라서 孝의 윤리는 기독교의 가르침과 조화될 수 있다. 그러나 소위 부모의 귀신에 대한 사후의 효가 의미 있다고 보지 않는다.

(2) **세상을 떠난 조상에 대한 추모**. 문제는 이미 세상을 떠난 조상에 대한 공경인데, 우리는 그들을 신령으로 여겨 제사할 수는 없지만, 하나님

께서 그들을 통해 우리를 세상에 내시고, 양육해 주신 것에 대하여 감사하고, 그들의 생전의 삶에 대하여 추모할 수 있다. 특별히 조상이 남긴 신앙과 삶의 모범과 교훈을 되새기는 것은 매우 중요한 일일 것이다.

(3) **성묘**. 우리는 조상의 무덤을 찾아 성묘하며, 부활의 소망을 일깨움도 유익하다고 본다. 그러나 성묘의 경우 우리는 유교나 불교 혹은 무속의 복잡한 체계를 믿지 않으므로 삼우제(三虞祭) 등과 같이 날짜에 매일 필요는 없다.

(4) **그리스도 안에서 조상들과의 연합의 문제**. 한 가지 생각해 볼 것은 세상을 떠난 조상들과의 교통의 문제이다. 이미 지적했듯이 우리가 조상들의 영혼과 직접적으로 교류함은 허락되지 않는다. 그러나 세상을 떠난 조상들도 그리스도 안에 있고, 우리도 이 세상에서 그리스도 안에 있다면, 우리는 이미 그리스도 안에서 하나인 것이다. 그러므로 우리는 직접 조상들의 영혼과 교류할 수는 없지만, 그리스도 안에서 간접적으로 일치하고 있으며, 조상의 영이 아니라, 그리스도의 성령 안에서 일치를 믿을 수 있을 것이다. 이런 의식은 그간의 기독교적 추모에서 부족했던 측면이라고 생각된다.

3) 기독교적 추모예식에서 보완할 점

필자는 이미 정착 단계에 있는 기독교적 추모예식을 크게 바꿀 것을 제안하지는 않는다. 그러나 몇 가지 보완할 필요는 있다고 생각된다. 돌아가신 부모가 신자였을 경우에는 추모예식 자체나 그 내용에 있어서 별 문제가 없다. 그리고 실제로 우리나라에서도 기독교 가정에서는 이미 추모예식이 하나의 전통으로 자리 잡혀가고 있으므로 별 문제가 없을 것이다. (간혹, 고인이 신자였으나 유가족이 불신자인 경우가 있는데, 이는 유가족이 거부하지 않는다면 함께 한 교우들과 친지들과 함께 기독교적 추모예식을 가질 수 있을 것이다.) 그런데 문제는 돌아가신 부모가 불신자였을 경우이다. 이 경우 문제를 두 가지로 나누어 생각해 보자.

먼저 유가족이 모두 기독교인인 경우, 조상제사 대신 추모예식으로 대신할 수 있을 것이다. 그런데 이 경우 추모예식의 내용에 적지 않은 어려움이 있다. 유가족은 고인의 구원을 확신할 수 없고, 또 그들과의 직접 교류도 가능하지 않다. 또 추모예식에서 부를 찬송가도 마땅치 않다. 현재 우리의 찬송가에는 부모를 생각하는 노래들이 몇 곡 있는데, 모두 그 부모가 신앙의 유산을 물려준 부모들에 대한 노래들 뿐이다. 믿지 않는 부모를 모셨던 이들이 그런 노래들을 부를 때, 매우 어색하게 느낄 것이다. 이 경우에는 구원론적인 접근보다 창조론적인 접근이 필요하다고 생각된다. 즉 비록 부모가 불신자들이었다 할지라도, 하나님께서 그분들을 통해 우리를 이 세상에 태어나게 하셨고, 또 그분들을 통해 사랑의 양육을 받도록 창조하시고 섭리하신 분은 하나님이시므로, 우리는 그 조상들을 추모하면서 우리에게 주셨던 하나님의 일반 은혜에 감사하는 예배를 드릴 수 있을 것이다. 이러한 맥락에서 불신자였던 부모를 모셨던 이들도 함께 부를 수 있는 찬송가 개발이 필요하다. 또한 추모예식에 쓸 기도문에 그러한 감사의 내용이 포함되면 좋을 것이다.

그 다음, 조상 제사를 드리는 가정에서 홀로 신자일 경우의 행동이다. 이런 경우 많은 신자들이 불효자로 오인 받고, 사랑하는 가족들로부터 핍박을 받기도 했던 것이 사실이다. 그러나 기독교 선교 130년이 넘은 지금, 많은 한국인들은 찬성은 하지 않을지라도 기독교인들이 조상의 위패나 제상 앞에 절하지 않는다는 점을 대부분 알고 있다. 그러므로 교회는 믿음이 약한 신자들을 위로하고 격려하며, 그들로 하여금 그러한 어려운 환경을 슬기롭게 대처할 수 있도록 배려하고, 교육하고, 기도하며 도와줄 필요가 있다. 이 경우 당사자인 신자는 사전에 가족 어른들에게 자신의 신앙을 고백하고, 조상을 공경하기는 하나, 기독교의 禮를 따라 절은 하지 않음에 대하여 양해를 구할 필요가 있을 것이다. 이 경우 절하는 대신 사진이나 위패 앞에 단정히 꿇어 앉아 묵념하는 것으로 대신하는 것도 하나의 대안일 것이다. (이는 이미 대부분의 신자들이 문상하는 때에 실제로 하고 있는 바이기도 하다.) 아무것도 안 하는 것보다는 어른들에게 미리 양해를 구하고, 묵념을 함으로 조상에 대한 공경의 마음이 있음을 표시하는 것이 불필요한 오해를 조금이나마 줄이는 방법일 수 있을 것이다.

또 한 가지 생각할 것은 류순하가 제안한 바 "그리스도 안에서 산 자와 죽은 자의 연합"에 대한 것이다. 우리는 이미 제사를 통해 조상과 직접 교류한다는 것이 매우 위험한 발상이라는 점을 지적하였다. 그러나 그가 제안한 바, 그리스도 안에서 죽은 자와 산 자가 하나라는 생각은 고인이 신자였을 경우에는 성경적으로 합당한 생각이다.[62] 따라서 우리는 죽은 자를 직접 만날 수는 없지만, 그리스도의 성령 안에서 함께 있다는 믿음의 고백과 감사의 기도를 추모예식에 포함시킬 수 있을 것이다. 이런 의미에서 추모예식에서 기독교인들이 고인이 애창하던 찬송가를 택하여 부르는 것은 신학적으로 의미가 있다. 우리는 직접 고인과 교통할 수 없으나, 고인이 부르던 찬송을 함께 부름으로써 그리스도의 영으로 간접적인 교통을 체험할 수 있다. 즉 그 찬송을 부름으로써 우리는 고인을 기억하며 하나님을 향하게 되고 그리스도의 영의 임재를 느끼게 되며, 고인도 주님 품에서 같은 찬송으로 주님께 영광 돌리리라고 기대할 수 있다.

사실 조상제사는 기대하는 것과는 달리 조상과의 어떠한 참된 교류도 실제로 제공하지 못한다. 그것은 유가에서 시인하고 있는 것이기도 하다. "없는 이를 있는 듯이 섬긴다"는 것이다. 그것은 사실 허무한 것이 아닌

---

62) 참조. 류순하,《기독교 예배와 유교 제사》, 204. 그러나 그 연합이나 교통의 방법이 조상에게 절을 한다거나, 조상에게 기도하는 것이 되어서는 안 된다.

가? 그보다는 그리스도 안에서의 이 연합이 오히려 깊은 의미에서 죽은 조상과의 진정한 일치를 가능하게 하는 것이다. 이러한 연합에 대한 의식은 추모예식을 더욱 뜻 깊게 만들 수 있을 것이다.

다음은 위와 같은 생각들을 정리하여 만든 가정용 추모예식 기도문의 예이다.

만물의 창조자이시며 우리 인생을 주관하시는 하나님, 저희를 부르시사 예수 그리스도의 은혜와 성령님의 도우심으로, 죄와 죽음 가운데 있는 저희에게 영생과 부활의 소망을 주시니 감사합니다. 오늘 저희는 돌아가신 ○○○를 추모하며 이 자리에 모였습니다.

은혜로우신 창조주 하나님, 하나님께서 ○○○를 세상에 보내 주시고, 그를 통하여 저희에게 생명을 주시고, 온갖 사랑의 보살핌을 받게 하셨던 것을 감사합니다. 고인이 살아 있을 때, 여러 가지 어려움도 있었지만, 그 모든 일들 가운데서 하나님의 은혜로 서로 정을 나누며 살게 하셨던 것을 기억하며 감사를 드립니다. 하나님의 그러한 은혜에도 불구하고 저희가 하나님과 고인의 마음을 아프게 했던 모든 허물과 죄를 용서하여 주시옵소서. 이제 ○○○는 저희 곁을 떠났으나, 하나님께서 그를 통해 저희에게 주셨던 사랑과 교훈들을 기억하며, 날마다 주님의 위로와 하나님 나라의 희망 가운데 살게 도와주시옵소서. [특별히 저희가 그를 통하여 물려받은 신앙의 유산을 잘 간직하여, 믿음으로 살아가도록 도와주시옵소서.]

*[자비로우신 하나님, 이제 ○○○는 이 세상을 떠났지만, 그는 우리 주님 품안에 쉬고 있음을 저희는 믿습니다. 지금 비록 저희는 직접 그를 만나 볼 수는 없으나, 주님 안에서는 우리가 하나로 연합되어 함께 있으니, 그 은혜를 감사하오며, 이후에 주님을 영광 중 뵈올 때, 그를 다시 만나 볼 희망이 있으니 또한 감사합니다.]

자비로우신 하나님, 여기 산 자나 또한 죽은 자나 모두 주님 손에 있사오니 저희에게 긍휼을 베풀어 주시옵소서. 이제는 하나님께서 우리 주 예수 그리스도를 통해 주신 하늘나라의 소망 가운데서 이 세상의 모든 슬픔과 고난을 기쁨으로 이기게 하시고, 하나님의 나라와 뜻을 이 땅에서 이루며 살게 도와주시옵소서.
예수님의 이름으로 기도합니다. 아멘.

     * [ ] 괄호는 특히 고인이 신자였을 경우에 사용하면 좋을 것이다.

제4장 죽은 자를 위해 기도할 수 있는가?[1]

　이 글의 목적은 우리가 죽은 자를 위해, 특히 죽은 자의 구원을 위해 기도할 수 있는가 하는 문제를 개혁신학적 관점에서 밝히는 데 있다. 우리나라 교계에서 이것이 문제가 된 것은 한 유명 목회자가 죽은 자를 위하여 기도할 수 있다고 주장했던 문제와 관련되어 있다.[2] 그로 인하여 우리가

---

1) 이 글은 2010년 7월 22일 대한예수교장로회 총회 '양화진 문제 해결을 위한 대책위원회' 보고회에서 발표한 논문의 일부를 수정 보완한 것이다. 원문의 제목은 "소위 호칭 장로, 호칭 권사 제도 및 죽은 자를 위한 기도론에 대하여"이며, 양화진문제해결을 위한 대책위원회가 한국교회사학회 및 한국복음주의역사신학회와 함께 펴낸 《내게 천 개의 목숨이 있다면》 제2권(서울: 대한예수교장로회 양화진 문제 해결을 위한 대책위원회, 2013)에 양화진 문제에 관한 여러 자료들과 함께 참고자료로 수록된 바 있다.

2) 한국기독교선교100주년 기념교회의 이재철 목사는 그가 교인들을 교육하기 위해 집필한 '성숙자반' 교재에서 "하나님, 저 영혼이 구원받는지 안 받는지 저는 모릅니다. 그러나 예수님께서 음부에 있는 영들에게도 복음을 전파한다고 하셨으니, 저 영혼에게 하나님 뜻이 있으시면 불쌍히 여겨 주십시오"라는 기도를 할 수 있으며, 비신자로서 죽은 가족을 둔 신자들을 위한 "목회적 양호"의 입장에서 이러한 기도

"죽은 이들을 위해 기도할 수 있는지" 그리고 "죽은 자를 위한 기도가 효과가 있을 수 있는지"에 관하여 한국 교계 안에서 논쟁이 일어났고, 이로 말미암아 신학적 혼란이 일어났으므로 이 문제를 정리하고 바로 잡을 필요가 있다.

이것에 관하여는 그가 사도신경의 "음부에 내려가시고"라는 구절, 베드로전서 3장 18절 이하, 베드로전서 4장 6절 및 고린도전서 15장 29절 등의 구절들을 근거로 제시하고 있어서, 이 구절들에 대한 배경과 주석적 연구들을 충분히 검토할 필요가 있다. 사실 이 문제는 이미 오래 전부터 교회 역사 안에서 진행되던 논쟁이며, 16세기 기독교 개혁자들도 매우 중요하게 다루었던 문제이며, 개신교적 입장은 이미 그 때에 어느 정도 정리되었다. 이 글에서는 이 문제에 관련된 성경 본문들에 대한 주석들을 살펴보고, 루터와 칼뱅 등 기독교 개혁자들의 견해를 중심으로 이 문제에 대한 바람직한 개신교적 입장을 정리해 보고자 한다.

1. 사도신경 중 "음부에 내려 가시고"에 대한 해석 문제

죽은 자를 위한 기도의 근거로 제시되는 것들 중 하나는 사도신경 중 [그리스도께서] "음부(혹은 지옥)에 내려가시고"라는 구절에 대한 해석이다. 이 구절이 "죽은 자를 위한 기도"를 정당화한다는 것이다. 이 구절이 외국에서 사용되는 대다수의 본문에는 있으나, 우리나라에서 사용되는 본문에는 빠져 있다는 지적은 옳다.[3] 그러나 이것은 많은 고대 교회들이 믿었다고 여겨지지만, 보다 오래된 본문에는 없었던 구절이며, 루피누스

를 권장한다고 가르쳤다. 이재철,《성숙자반》(서울: 홍성사, 2007), 311, 313.
3) 이재철,《성숙자반》, 307. 이 글에서 이재철 목사의 실명을 거론한 것은 신학적 비판을 위한 것이며, 개인에 대한 공격이 아님을 밝힌다.

(Rufinus)의 신경 해설을 통해(390년) 알 수 있듯이, 아마도 아퀼레야(Aquileja) 지방 교회의 신경에서부터(390년) 삽입된 것으로 보인다. 이것은 5세기 이후 로마 신경에 삽입되었다.[4] 현재 남아 있는 기록으로 보면, 주후 200년부터 최종 본문이 확정된 750년까지 열두 번 정도의 본문 변동이 있었는데, 그 중에 라틴어로 단 세 번(390년, 650년, 750년)만 이 구절이 있을 뿐, 아홉 번에는 이 구절이 없다.[5] 그러나 750년 최종 본문에 이 부분이 포함되어 있으므로 그 후로 세계의 주요 외국 사도신조 번역문에서도 이 부분이 함되어 있다. 우리의 경우 1894년의 사도신조 번역에서는 '디옥에 나리샤'가 있었으나, 1908년 이후 번역에서는 이 부분을 생략하였다. 그 이유가 무엇인지에 대하여는 확증이 없지만, 몇 가지 추측들이 있다.[6]

여기서 흔히 '지옥'이라고 번역된 말은 사도신경 라틴어 원문에는 inferna라는 단어로 '지옥'이라고 번역하기보다는 '음부'(Hades)라고 번

---

4) Philip Schaff ed. & David S. Schaff rev., *The Creeds of Christendom: With a History and Critical Notes*, vol. II The Greek and Latin Creeds (Grand Rapids MI: Baker Books, 1983), 46, n.2.
5) 나채운,《주기도 · 사도신조 · 축도》2판 (서울: 성지출판사, 2001), 223.
6) 나채운은 한국어 번역에서 이 구절 생략된 이유라고 추측되는 것을 몇 가지 제시하였다. 1) 사도신조를 처음 번역한 것은 천주교회인데 개신교회는 천주교회가 지지하는 연옥설을 받아들이지 않으려고 하였다; 2) 칼뱅이 이 부분을 상징적으로 이해하여 음부의 존재를 부정하였기 때문이다. 나채운,《주기도 · 사도신조 · 축도》, 217. 후에 나채운은 다시 이를 더 자세하게 다섯 가지로 설명한다. 1) 요한복음의 신학에 의하면 예수님이 죽으신 후 지옥에 가셨다는 것은 있을 수 없는 일이다. 죽음을 통해 영광에 들어가셨다; 2) 루터교회는 예수님이 지옥에 내려가셨다는 것은 주님의 승리를 사탄에게 보이기 위한 것이라고 하지만, 이는 충분한 이유가 되지 못한다; 3) 영국교회는 음부가 눅 23:43의 낙원과 동일하다고 하나, 이는 눅 16:23의 음부가 눅 23:43의 낙원과는 전혀 다른 곳이라고 하는 것과 맞지 않는다; 4) 개혁교회는 이 부분을 상징적으로 보아 주님의 죽음의 상태와 낮아짐의 정도를 묘사한다고 본다. 그러나 이부분만 상징으로 해석하는 것은 너무 이례적이라는 것이다. 5) 로마 가톨릭 교회는 이 때 예수님이 가신 곳은 벧전 3:19의 '옥', 즉 '연옥'이라 해석함으로 개신교에서는 그 교리를 수용할 수 없었다. 같은 책, 223-24.

역하는 것이 옳을 듯하다. 이 말은 신약성경에서 10회 정도 사용된다(마 11:23; 16:18; 눅 10:15; 16:23; 행 2:27, 31; 계 1:18; 6:8; 20:13, 14.) (필립 샤프는 고전 15:55을 포함하여 11회라고 말하는데, 이 구절에는 음부라는 말이 나오지 않는다). 이는 또한 에베소서 4장 9절의 '땅 아랫 곳'에 해당한다고도 볼 수 있다. 이것을 지옥 혹은 hell이라고 번역하면 오해를 일으킨다. 하데스는 구약성경에서 스올이 말하듯이 보이지 않는 영적인 세계요, 의로운 자나 불의한 자나 모든 죽은 자들이 가는 처소이며,[7] 신약성경에서는 악인들이 가는 처소로 보기도 하지만(눅 16:19-31), 악한 자들만의 영원한 형벌의 처소인 게헨나(gehenna)와는 다르다.[8] 필립 샤프는 이 구절에 대해서 역사적으로 대개 3가지 정도의 해석이 있다고 소개한다.

1) 이는 그 구절 앞의 sepultus(장사됨)와 동일하다. 그리스도가 부활 때까지 죽음의 상태에, 죽음 아래에 머물러 있었다는 뜻이다(이는 웨스트민스터 신학자들의 견해). 그런데 이렇게 보면 이 구절은 불필요한 반복이 된다.
2) 이는 예수님의 십자가의 고통의 심각함을 의미한다. 그리스도께서 죄인들을 위해서 지옥의 고통을 맛보셨다는 것이다(이는 칼뱅, 하이델베르크 요리문답 등의 견해).
3) 실제로 그리스도께서 죽음 이후에 죽은 영들에게 나타나셨다는 해석이 있다(벧전 3:18, 19; 4:6; 비교 엡 4:8, 9).

샤프는 그리스도께서 음부에 내려가심은 구속의 계획의 일부이며, 비하의 상태로부터 존귀의 상태로 전환을 형성하게 된다고 정리하고 있다.[9]
여기서 개혁신학의 태두라 할 수 있는 칼뱅의 견해를 더 자세히 살펴보

---

7) Philip Schaff ed., *The Creeds of Christendom*, 46, n.2.
8) 신약에서 음부는 영원하지 않고, 결국은 불못에 던지운다고 한다(계 20:14).
9) Philip Schaff ed., *The Creeds of Christendom*, 46, n.2.

자. 칼뱅은 사도신경 본문에 "음부에 내려 가셨다"는 구절을 빠뜨려서는 안 된다고 주장한다. 칼뱅도 이 구절이 고대에는 많이 사용되지 않았고 나중에 삽입되었으며 교회 안에서 단 번에 일반화된 것이 아니라, 점차로 관용화되었음을 인정하지만, 교리의 중요성으로 볼 때 꼭 있어야 한다고 주장한다. "만일 그것이 빠져 버린다면, 그리스도의 죽음의 유익의 많은 부분이 상실될 것이다."[10] 이 점에 있어서 칼뱅은 사도신경에 나오는 그리스도의 '음부 강하' 구절의 유지를 주장한다.

그러나 이 구절의 해석은 죽은 자를 위한 기도의 가능성을 전혀 지지하지 않는다. 칼뱅은 로마 천주교인들이 이 구절을 림보(limbo) 교리로 합리화하는데 사용하는 것을 반박한다. 그들은 그리스도가 율법 아래서 죽은 선조들의 영혼에게 내려가서 구속이 완성되었음을 선포하고, 그들을 갇혀 있는 감옥으로부터 해방시켰다고 주장한다.[11] 그러나 칼뱅은 이것이 하나의 지어낸 이야기, 어린아이들 이야기 같은 것에 불과하다고 본다.[12] 칼뱅도 "그리스도께서 성령의 능력으로 그들에게 나타나 그들로 하여금 그들이 단지 희망으로만 맛보았던 은혜가 이제 세상에 드러나게 되었음을 깨달을 수 있게 하였다"는 것을 인정한다. 그는 이런 맥락에서 베드로전서 3장 18절 이하의 해석이 가능하다고 말하기도 한다.[13] 이 본문에 대한 해석에 대해서는 뒤에 더 자세히 알아보기로 하고, 여기서는 다만, 칼뱅은 그리스도의 영혼이 친히 음부에 갔다고 이해하는 것이 아니라, 그의 성령의 능력

---

10) Calvin, *Institutes*, II.xvi.8.
11) 이것이 로마교회에서 소위 '선조 림보' 교리로 정형화된 교리이다. 구약시대 선조들은 그리스도에 의해 구원될 때까지 림보 상태에 갇혀 있으나 휴식 중이었다고 보는 견해이다. 이와 달리 세례를 받지 못하고 죽은 어린 아이들에 관하여는 '유아 림보' 교리가 있다. 그런 아이들은 지옥에 있지는 않지만, 영원한 복락에 대한 희망은 없는 상태에 있다고 본다.
12) Calvin, *Institutes*, II.xvi.9.
13) Calvin, *Institutes*, II.xvi.9.

으로 죽은 구약 신자들에게 전파하셨다고 이해하며, 그의 해석이 비신자의 사후 구원 가능성이나, 죽은 자를 위한 기도를 정당화하지 않는 것임을 밝혀 둔다.

그렇다면 칼뱅은 그리스도께서 "음부에 내려 가셨다"는 구절이 어떤 의미를 가지는 것이라고 보는 것인가? 그는 이것을 그리스도가 친히 음부 혹은 연옥에 가셨다는 의미로 보기보다는, 그리스도가 죽음의 고통을 친히 짊어지고 겪으셨음을 의미한다고 상징적으로 해석한다. 그는 이것이 신자들에게 매우 큰 위로를 주는 것이라고 하였다. 그는 "만일 그리스도가 오직 신체적으로만 죽으셨다면 그것은 비효과적이었을 것이라"고까지 말한다. "만일 그가 음부에 내려가셨다고 말해진다면, 이는 그가 하나님께서 진노하심으로 악한 자들에게 부과하신 죽음의 고통을 겪으셨기 때문이다." 이는 우리로 하여금 "그리스의 몸이 우리의 구속을 위한 대가로 지불된 것 뿐만이 아니라, 그가 그의 영혼 안에서 정죄 받고 버려진 인간의 무시무시한 고통을 겪으심으로써 보다 더 크고 훌륭한 대가를 지불하셨다"는 것을 알게 하기 위함이라고 한다.[14] 그리하여 "그가 맞대면하여 마귀의 능력과 싸우고, 죽음의 공포 그리고 지옥의 고통과 싸우심으로서, 그는 그것들을 이기고 승리하시어, 죽음 안에서 우리 왕이 삼켜 버리신 것들을 우리가 이제는 두려워하지 않게 함이었다."[15] 이렇게 본다면, 이 구절을 "죽은 비신자를 위한 기도"의 근거로 사용하는 것과는 매우 거리가 멀다는 것을 알 수 있다.

그러면 여기서 잠시 현대신학자들의 의견을 참조해 보자. 20세기의 가장 유명한 개혁 신학자라 할 수 있는 칼 바르트는 그의 사도신경 해설에서 "십자가에 못 박혀 죽으시고, 음부로 내려가셨다가(crucifixus, mortuus, descendit ad inferos)"라는 세 구절을 함께 설명한다. 첫째로, "십자가에

---

14) Calvin, *Institutes*, II.xvi.10.
15) Calvin, *Institutes*, II.xvi.11.

못 박히심"은 나사렛 예수에게 일어난 하나님의 저주(갈 3:13)를 의미하며, "죽으심"은 하나님의 형벌의 인내(롬 6:26)를, "음부에 내려가심은" 하나님이 허락하신 시련의 비참함(막 15:34)을 의미한다고 보았다. 여기서 "음부에 내려가심"에 대한 이해는 칼빈의 그것과 비슷하다.[16] 둘째로, 바르트는 "십자가에 못 박히심"은 우리에게 내려진 무죄 방면의 집행이요, "죽으심"은 우리를 대신하여 희생제물을 드리신 것으로, "음부에 내려가심"은 공간과 공기를 창조하시는 신적인 승리의 사건으로 이해한다.[17] 이와 같이 바르트도 "음부에 내려가심"을 비유적으로 이해하고 있으며, 칼뱅의 이해에 '신적인 승리'라는 의미를 하나 덧붙이고 있다. 그도 역시 그리스도의 '음부 강하'가 음부에 있는 죽은 비신자들에 대한 무슨 새로운 가능성의 근거로는 보지 않는다.

위르겐 몰트만은 바르트보다 훨씬 더 진보적이다. 현대 서구인들이 지옥을 믿기 어려워하는 현실과 씨름하면서, 저 세상의 지옥을 이야기하기 전에 오히려 이 세상에 현존하는 지옥의 엄존하는 현실에 관하여 일깨운다. 즉, 아우슈비츠의 대학살을 비롯하여 여러 전쟁들과 대학살의 경우들이 바로 지옥이라는 것이다. 그는 또한 "지옥은 다른 사람들이다"라는 사르트르의 말을 인용하면서, 우리를 고통스럽게 하고 우리의 행복을 빼앗아가는 다른 사람들이 지옥이라고 하였다. 물론 우리 자신들도 다른 사람들에게 지옥의 불을 피워 대기도 한다고 한다.[18] 그러기에 신앙에 있어서 지옥 개념은 중요하고, 그리스도께서 "지옥에 내려가셨다"는 것은 의미심장하다고 말하고 있다. 이것은 지옥을 현세의 실존적 경험으로 해석하는 현

---

16) Karl Barth, 《칼 바르트 사도신경 해설》, 신경수 역(서울: 크리스챤 다이제스트, 2001), 95.
17) 같은 책, 98.
18) Jürgen Moltmann, "He descended into hell," in Gerhard Rein ed., *A New Look at the Apostles' Creed* (Edinburgh: The Saint Andrew Press, 1969), 39-40.

대적 해석이라고 할 수 있다. 그러면서 몰트만은 사도신경에서 이 부분의 의미를 해석하는 큰 두 가지 전통에 대하여 소개한다. 하나는 그리스도께서 우리를 위해 친히 죽음의 고통을 경험하신 것을 강조하는 전통이고, 다른 하나는 구속주의 승리의 여행을 강조하는 전통이다.

전자는 시르미움 회의(the Synod of Sirmium, 359년)에서 처음으로 이 조항이 신조에 첨가됨으로 시작되었다고 본다. 이는 시리아 신학자 아레투사의 마르쿠스(Markus of Arethusa)가 제안한 것으로써, 그는 이것이 하나님의 아들 예수가 실제로 죽으셨음을 뜻하는 것임을 의도했다고 한다. 그리스도의 '지옥 강하'는 그의 죽으심의 깊이를 가리킨다는 것이며, 이것은 세상 떠난 영혼들의 신화적인 나라 속을 지나가는 여행을 의미하는 것이 아니라고 하였다. 실제로 일어난 일은 그리스도께서 죄책의 지옥, 고통의 지옥, 죽음과 그 이상의 지옥으로 들어가셨음을 의미한다는 것이다. 이 모든 지옥 경험, 그리하여 우리의 형제가 되심에도 불구하고, 또한 바로 그만큼 그분은 참으로 하나님이셨다고 한다.[19] 이에 대하여 몰트만은 덧붙이기를, 버림받고 죽은 사람들이 많지만, 예수님의 죽으심의 특징은 그가 선포하신 하나님과의 가까움 속에서 바로 그 하나님으로부터 버림받는 경험을 했다는 것이라고 한다. "하나님의 친밀함에 대한 충만한 의식 속에서 하나님의 임재로부터 제외되었다는 바로 이 사실이 지옥의 고통이다." 그리스도가 이렇게 가장 크게 고통당하고 버림받았다는 사실이 그리스도인들이 고난 속에서도 용기를 갖게 되는 이유이다.[20]

다른 하나는 서방의 라틴교회에서 나온 것인데, 이는 그리스도의 '지옥 강하'를 죽음의 나라를 통과한 구속주의 승리의 여행, 지옥을 정복한 여행, 그리하여 옛 아담과 이브로부터 포로된 자들을 해방시키는 여행을 의미한다고 보는 것이다. '지옥 강하'는 모든 산 자와 죽은 자의 주님이 되시

---

19) 같은 책, 41.
20) 같은 책, 42.

는 승귀의 첫 단계이다. 그리하여 죽은 자들에게도 복음이 전해졌고, 구원이 이르렀다는 것이다. 몰트만은 이를 실존적으로 해석하여 "죽은 자들, 살해당한 자들, 독가스로 죽은 자들은 잃어버려지지 않았다"고 이해한다.[21] "이 불쌍한 한 사람 때문에 지옥 가운데 있는 모든 사람들에게 하나의 나라가 나타났는데, 그것은 평화와 기쁨과 웃음의 나라이다. 그로 인하여 지옥은 파괴되었고 정복되었다." 이어서 몰트만은 "하나님이 지옥으로 들어가신다, 그리하여 지옥은 그 안에서 소멸된다; 이것이 그리스도의 지옥 강하가 의미하는 바이다"라고 말한다.[22] 이러한 논의에서 몰트만은 지옥을 실존적이고 현세적인 경험으로 이해하는 동시에, 지옥의 소멸을 언급함으로써 일면 만유구원론의 방향을 암시하고 있다.

실제로 몰트만은 후에 발표한 종말론 저서인 《오시는 하나님》에서 이러한 경향을 구체화 한다. 그는 루터의 베드로전서 3장 18절 이하에 대한 해석이 그리스도의 죽음 이후가 아니라 이전에 관한 것이라는 주장으로부터 통찰을 얻어, 지옥을 현세에 있어서 실존적 경험으로 보았다. 몰트만은 루터가 지옥을 '특정한 장소'라고 믿지 않았으며, 이것은 '세계의 장소'가 아니고, 지하 세계에 있는 장소도 아니라고 주장한다. 몰트만의 루터 해석이 정당한지는 논란이 있을 수 있겠지만, 아무튼 "그것은 실존적 경험(Existenzerfahrung) 곧 죄와 하나님 없는 존재들에 대한 하나님의 분노와 저주의 경험"이라고 주장한다.[23] 그리스도의 지옥 여행의 의미는 다음과 같은 실존적 의미로 해석된다. "지옥의 경험 속에서도 당신은 함께 계신다"; "우리 가운데서 지옥에 대한 우리의 경험 속에 있기 위하여, 당신은 우리를 위하여 지옥의 경험을 당하였다"; "지옥과 죽음은 하나님 안에서

---

21) 같은 책, 41.
22) 같은 책, 43.
23) Jürgen Moltmann, 《오시는 하나님》, 김균진 역(서울: 대한기독교서회, 1997), 435-36.

지양되었다."[24] 결국 몰트만에게 있어 실체적 의미에서 지옥은 없다. 이는 그의 만유화해론으로 귀결된다. "만유의 화해에 대한 희망의 참된 기독교적 근거는 십자가의 신학이며, 십자가 신학으로부터 나오는 유일한 실제적 귀결은 모든 사물의 회복이다."[25] 또한 그는 최후의 심판에 대하여 말하기를, "모든 죄인, 악한 자들과 폭력을 행하는 자들, 살인자들과 사탄의 자식들, 모든 마귀와 타락한 천사들이 하나님의 심판 속에서 해방되며, 그들의 치명적인 사멸에서 변화됨으로써 그들의 참된 피조물적 본질로 구원을 받는다"고 하였다.[26] 이런 식의 실존적인 해석은 지옥의 존재를 받아들이기 어려워하는 현대인들에게 좀 더 매력적일 수 있을지 모르지만, 신약성경이 분명히 말하고 있는 최후의 심판의 이중적 성격과는 어울리지 않는다. 그런데 몰트만의 이러한 자유롭고 현대적인 해석에도 불구하고 죽은 비신자들을 위한 기도를 정당화해 주지는 않는다.

2. 베드로전서 3장 19-20절에 대한 해석 문제

"죽은 자를 위한 기도"로 제시되는 근거는 사도신경의 "음부 강하" 구절 뿐만 아니라, 성경 베드로전서 3장 19-20절에 대한 해석도 있다.[27]

> 저가 또한 영으로 옥에 있는 영들에게 전파하시니라 그들은 전에 노아의 날 방주 예비할 동안 하나님이 오래 참고 기다리실 때에 순종치 아니하던 자들이라 방주에서 물로 말미암아 구원을 얻은 자가 몇 명 뿐이

---

24) 같은 책, 437.
25) 같은 책, 433.
26) 같은 책, 441.
27) 이재철, 《성숙자반》, 310.

니 겨우 여덟 명이라(벧전 3:19-20).

이 성경 구절이 명시적으로는 아니지만, 죽은 비신자의 구원에 대한 일말의 가능성을 암시하고 있다는 것이다. 그러나 이 성경 구절을 사용하는 것은 주석학적으로 적합하지 않다. 이 성경 구절은 이해하기 어렵기로 유명한 구절이다. 우리는 이 구절에 대한 다양한 해석들을 주석가들을 통해 살펴볼 필요가 있다. 이상근은 이 구절의 의미에 대한 해석들을 6가지로 분류하여 소개하고 있다.[28]

1) 이 시기는 성육신 전으로 그가 영으로 노아를 통해 당시 비신자들에게 전도하였고 그들은 종내 믿지 않고 지금 옥에 있다는 것(Jerome, Ambrose, Augustine, Bede, Aquinas, De Lyra, Beza, Hammond, Alford, Clarke).
2) 이 시기는 십자가와 부활 사이로서 그가 육체를 요셉의 무덤에 두신 채 영으로 가서 옥에 있는 영들의 대표인 노아 시대의 비신자들에게 전도하셨다는 것으로(Willmering 등 가톨릭 학자와 Luther, Bigg, Hunter 등 현대학자들) 전도를 들은 '옥에 있는 영'은 ⓐ 타락한 천사라는 것(Spitta), ⓑ 구약의 메시야를 대망했던 경건한 성도들이었다는 것(Origen, Justin Martyr, Tertullian, Calvin), ⓒ 복음을 듣지 못하고 죽은 모든 영들로서 그들에게 최후적으로 기회를 주었다는 것(Hermas, Clement of Alexandria).
3) 이 시기는 오순절 이후로서 '영'은 성령이며 사도들을 통하여 불신 유대인들에게 전도하였다는 것(Socinus, Grotius).

---

28) 이상근, 《신약성서 주해 공동서신》 5판(서울: 대한예수교장로회총회교육부, 1973), 167-168.

이 외에 특수한 해석으로

    4) 본문 초두의 '또한 영으로, $ἐν ᾧ καί$를 '에녹, $Ενωκ$으로(Bowyer) 또는 원래 '에녹이 영으로, $ENΩKAIEΩK$' 였으나 '에녹'이란 말이 떨어졌다고 보는 것(Harris설, Moffat),

    5) 그리스도의 죽음과 부활이란 사실이 그대로 전도가 되었다는 것 (Selwyn),

    6) '전파하심'은 '정죄하심'의 뜻으로 지옥의 영들에게 심판을 선고하셨다는 것 (Calovius) 등이 있다.

이상근은 이 설들에 대해 평가하면서, 2)설은 외견상 자연스러운 해석이고 베드로전서 4장 6절과도 문자적으로 조화가 되며 또한 복음을 듣지 못한 자들에게 기회를 준다는 면에서 합리성을 가지고 있다고 보았다. 이는 강력한 역사적 지지를 가져서 고려할 여지가 있는 학설이라는 것이다 그러나 죽은 자가 어떻게 구원받는가는 모호하며 이 사상은 결국 연옥설로 발전되었다고 평가된다. 또한 이상근은 앞절과 관계에서의 그 대상이 본문에는 노아시대의 비신자로 국한된 것도 이해할 수 없다고 하였다. 또한 이상근은 4)설은 흥미 있는 관찰이기도 하고, 외경 에녹서 12-13장(에녹이 천계에서 옥에 가서 타락한 천사에게 선고했다)과도 상통점이 있으나 역시 가상에 지나지 않는다고 보았다. 결국 이상근은 첫째설이 가장 무흠하다고 본다. 이는 1장 10-11절의 빛 아래 볼 때 더욱 타당해지며 베드로후서 2장 5절도 이를 뒷받침하는 뜻이라는 것이다.[29] 이상의 여러 견해들 중에서 죽은 비신자들이 복음을 듣고 구원 받을 가능성을 이야기한 것은 2)-ⓒ에 불과하며, 고대의 일부 학자들의 견해로서, 오늘날 이런 견해를 주장하는 사람은 거의 없다. 또한 이 견해는 성경 본문이 전파의 대상을 노아시대의 사

---

29) 같은 책, 168.

람들에게 국한하고 있어서 모든 시대의 비신자들에게 적용하기는 어렵다.

박수암은 이상근이 수집 제시한 다양한 견해들을 보완하면서, 자신의 관점에서 그 다양한 해석들을 크게 3가지로 분류하고 있다.[30]

1) 이 시기는 성육신 전으로 그가 영으로 계실 때 노아를 통해 당시 사람들에게 전도하였고 그들은 믿지 아니함으로 인해 지금 옥에 있다 (Jerome, Ambrose, Augustine, Aquinas, Beza, Alford, J. S. Feinberg, 이상근);
2) 이 시기는 십자가와 부활 사이로서 그리스도는 그의 육체를 무덤에 두신 채 영으로 옥에 있는 영들의 대표인 노아 시대의 불신자들에게 전도하셨다(Willmering 등 가톨릭 학자와 Luther, Bigg, Hunter 등 현대학자들);[31]
3) 이 시기는 부활 이후로서, 그리스도께서 부활 승리한 상태로 노아 시대 불순종했던 천사들(창 6:1-4), 또는 그들의 자손(귀신들)에게 복종과 심판을 선고하셨다(Dalton, Brox, Bo Reicke, Windisch, Selwyn, Calovius, Michaels).[32]

박수암은 이상의 설들을 평가하면서, 1)은 상당히 가능하나 본문은 "옥에 있는 영들"이라 되어 있고 "지금 옥에 있는 영들"이라고 되어 있지 않으며, 사람을 한 번도 독립적으로 '영'이라고 한 일이 없음이 치명적인 흠이라고 보아 지지하지 않는다. 그는 또한 2)는 죽음 후에 구원의 기회를

---

30) 박수암, 《신약주석 공동서신》(서울: 대한기독교서회, 2001), 183.
31) 전도를 들은 "옥에 있는 영들"을 Spitta와 Best는 타락한 천사로, Origen, Justin Martyr, Tertullian, Calvin은 구약의 메시야를 대망했던 성도들로, Hermas, Clement of Alexandria는 복음을 듣지 못하고 죽은 모든 영들로 각각 본다.
32) Beare, Goppelt는 이를 노아 시대 홍수로 망한 자들의 영혼들로, Reicke, Windsch, Selwyn 등은 홍수로 망한 자들의 영혼들과 범죄한 천사들 모두를 가리키는 것으로 본다.

전제하고 있음은 성서 전체의 사상과 맞지 않으며, 연옥의 사상을 가능하게 하는 바, 이곳 외에는 볼 수 없는 사상이라고 비판한다. 박수암에 의하면, 3)은 상당히 가능한 해석이다. $ἐν\ ᾧ$에 있어 $ᾧ$의 선행사가 앞의 '영'을 가리킨다면 저자는 좀더 분명히 $ἐν\ ᾧ\ πνεύματι$라고 했을 것이다.… 그러므로 $ᾧ$의 선행사는 $πνεύματι$가 아니라 앞의 구 전체를 받는다고 볼 수 있다. ("그런 과정에서," "in which process," "in the course of which"의 뜻으로, Selwyn). 또한 '영들'은 신약에서 흔히 귀신들을 가리키는 말이며(마 8:16; 눅 10:20; 막 1:27; 3:11; 5:13, 눅 4:36; 행 5:16 등), 유대 묵시문서에 에녹이 범죄한 천사들에게 전파하였다는 사실은(1Enoch 13:7, 14:1ff.) 이 해석의 좋은 배경이 된다고 본다.[33] 이어서 박수암은 말하기를, 여기 '전파'한 것이 구원에 관한 것이냐(Best) 심판에 관한 것이냐(Calovius)의 문제가 있지만, 22절을 고려해 볼 때 그 중간, 즉 '길들임'(taming) 혹은 '순화'(domestication)에 관한 것으로 보인다고 한다(Michaels). 그들은 악한 영들로서, 그들을 노아 시대 불순종하던 자들이라 함은 인간을 타락시킨 악령들의 대표로서 노아 시대 악령들을 든 것이라 볼 때 이해될 수 있다. 그들이 있는 옥(휠라케, $φυλακή$)은 지옥이나 감옥(벧후 2:4, 유 4)을 의미하기보다 일반적인 그들의 거처를 가리킨다고 본다(계 18:2 참조). 그리스도는 부활하셔서 악령들이 모여 있는 곳에 가시고 이곳에서 악한 영들에게 자신의 승리를 증거하시고, 그들의 복종을 명령하셨다는 것이다. 이런 해석은 그리스도의 우주적 구원 사역의 사상과도 일치하며(엡 1:10; 골 1:20), 부활 후 천사들에게 보이셨다는 찬미의 진술과도 합치한다(딤전 3:16). 그리하여 이 구절은 그리스도의 승리를 보여준다는 것이다.[34] 여기서도 역시 죽은 비신자들의 구원 가능성을 주장하는 견해는 배제되어 있다.

---

33) 같은 책, 183-184.
34) 같은 책, 184.

여기서 다시 칼뱅의 해석을 자세히 알아보자. 칼뱅은 그리스도가 친히 여기서 언급된 지옥에 내려갔다는 일반적인 의견에 반대한다. 그에 의하면 본문의 언어가 전혀 다르며, 그리스도의 영혼에 대한 언급은 없고, 오직 그가 영으로 갔다는 말 뿐이라고 하였다. 그리스도의 영혼이 갔다는 말과 그리스도가 그의 영의 능력으로 전파하셨다는 말은 전혀 다른 말이다. 베드로는 명백히 영을 언급하는데, 그리하여 실재적인 왕림이라고 부를만한 생각을 제외한다.[35] 다른 이들은 이 구절을 사도들을 가리키는 것으로, 즉 그리스도가 그들의 사역을 통해 죽은 자들, 즉 비신자들에게 나타나셨다고 설명하기도 하는데, 칼뱅은 이 견해에도 반대한다.[36] 더구나 칼뱅은 비신자들이 그리스도가 그의 죽으심 이후에 오심에 의해서 죄로부터 해방되었다는 이상한 생각은 긴 반박을 필요로 하지 않는다고 주장한다. 왜냐하면 우리는 믿음에 의하지 않고는 그리스도 안에 있는 구원을 얻을 수 없다는 것이 의심할 수 없는 성경의 가르침이기 때문이다. 그러므로 죽을 때까지 계속하여 믿지 않는 자들은 아무런 희망도 남아 있지 않다.[37]

칼뱅은 이 구절이 구약시대의 경건한 자들에게 죽으신 그리스도께서 나타나신 것으로 본다. 칼뱅은 말하기를, "나는 그러므로 베드로가 일반적으로 다음과 같은 것을 말하는 것이라는 점을 의심하지 않는다. 즉, 그리스도의 은혜의 나타남이 경건한 영들에게 주어졌으며, 그들은 성령의 살리는

---

35) Calvin, *Commentaries on Hebrews and I and II Peter,* tr. by W.B. Johnston (Edinburgh: Oliver & Boyd, 1963), 292.
36) 이유는 다음과 같다. 첫째, 베드로는 그리스도가 영들에게 갔다고 말하는데, 이는 신체로부터 분리된 영혼들을 가리킨다. 살아 있는 사람들은 결코 영이라고 불리지 않기 때문이다. 둘째, 베드로가 4장에서 같은 뜻으로 반복하는 것은 그런 알레고리를 용납하지 않는다. 그러므로 그 말들은 죽은 자들을 의미한다고 이해되어야 한다. 셋째, 베드로가 사도들을 말하면서 갑자기 노아의 시대로 돌아가는 것은 매우 이상하게 보인다. 이런 식의 말은 비논리적이요 부적절하며, 이 설명은 옳지 않다. 같은 책, 292-293.
37) 같은 책, 293.

능력을 받았다는 것이다." 그런데 왜 경건한 자들의 영혼이 죽은 후에 옥에 있다고 하는가? 칼뱅은 '옥'이라는 뜻으로 쓰인 휠라케($\phi\upsilon\lambda\alpha\kappa\eta$)라는 단어는 '옥'이 아니라 '파수대'를 의미한다고 보았다. 이것은 헬라 저자들에 의해 종종 그렇게 사용되었고 가장 적절한 의미를 준다. 즉, 경건한 영혼들이 그들에게 약속된 구원의 희망 가운데, 마치 멀리서 보듯이, 파수하고 있었다는 것이다.[38] 그런데 이런 식의 해석은 단지 비신자들에 대해서 말하는 본문에 뒤이어 나오는 내용과는 어울리지 않는 것처럼 보인다. 그러나 칼뱅은 다음과 같은 의미로 달리 이해한다. 즉, 그 당시 하나님의 참된 종들은 비신자들과 함께 섞여 있었으며, 그들의 숫자로 인해 거의 숨겨져 있었다는 것이다. 그러므로 칼뱅은 "독자들은 비신자라고 불리운 자들과 그가 복음이 전파되었다고 한 자들은 다르다는 것을 이해하기 바란다"고 말하고 있다.[39]

실제로 베드로전서 3장 19절에서 '옥'이라는 말로 사용된 휠라케($\phi\upsilon\lambda\alpha\kappa\eta$)는 요한계시록 20장 7절에서 무저갱에 천 년 동안 갇혀 있던 사탄이 '옥'에서 놓여난다는 구절에 쓰였고, 신약성경에서 죽은 자들의 사후 처소로는 사용한 적이 없다. 죽은 자들의 사후 처소로 언급되는 '음부'는 보통 '하데스'($\H{\alpha}\delta\eta\varsigma$, 마 11:23; 16:18; 눅 10;15; 16:23; 행 2:27; 2:31; 계 1:18; 6:8; 20:13 이하)라는 말로 사용된다. 또한 '지옥'은 보통 '게헨나' ($\gamma\acute{\epsilon}\epsilon\nu\nu\alpha$, 마 5:22, 29 이하; 10:28; 18:9; 23:15; 23:33; 막 9:43, 45, 47; 눅 12:5; 약 3:6) 혹은 '지옥에 던지다'라는 동사 형태로 '타타로오' ($\tau\alpha\rho\tau\alpha$-

---

[38] "만일 옥이라는 말을 사용하기를 선호한다면, 그것도 그리 부적절한 것은 아니다. 왜냐하면 율법이 (바울에 의하면, 갈 3:23), 그들이 산 채로 갇혀 있는, 일종의 옥이었기 때문이다. 그리하여 죽은 후에도, 자유의 영이 아직 온전히 주어지지 않았기에, 그들은 그리스도에 대한 동일한 갈망에 의해 제한되어 있음을 느꼈음이 틀림없다. 그러므로 이러한 기다림의 불안은 그들에게 일종의 감옥과 같았다." 같은 책, 293.

[39] 같은 책, 294.

ρόω, 벧후 2:4)로 사용하기도 하였다. 요한계시록 20장 14절에 나오는 바, 사망과 음부마저도 불살라 버리는 궁극적 심판의 처소는 '불못'($\dot{\eta}$ $\lambda\acute{\iota}\mu\nu\eta$ $\tau o\hat{\upsilon}$ $\pi\upsilon\rho\acute{o}\varsigma$)이다. 그러므로 '옥'(휠라케)이라는 단어는 음부나 지옥과도 일반적으로 일치시키기 곤란한 특수한 단어이다. 이런 모호한 구절을 구원에 관한 중요한 교리의 근거를 삼는 것은 곤란하다.

참고로, 현대 외국의 주석가들 중에 존 엘리옷의 해석을 더 예로 들어 본다. 엘리옷은 이 구절에 대한 다양한 해석들을 4가지로 크게 분류하고 또한 그 각각을 입장에 따라 세밀하게 재분류하고 있다.[40]

1) 그리스도가 죽으시고 부활하시기 전 죽은 자들의 세계에 가서서 죽은 인간들에게 영으로 전파하셨다는 설. 죽은 자가 누구냐에 따라 다시 3가지로 나눔. a) 노아 시대에 죽은 자들에게 전파하여 회심시켜 구원하려 했다는 설, b) 그리스도가 노아 시대 사람으로서 (혹은 구약의 의인들과 족장들로서) 죽기 전에 회심한 사람들에게 복음을 전하였다는 설, c) 그리스도가 노아 시대 비신자들에게 심판을 선언하였다는 설.
2) 그리스도가 성육신하기 이전, 노아의 동시대 사람들이 살아 있을 동안에, 노아를 통해 죄악에 갇혀 있던 그들에게, 회개를 전파했다는 설.
3) Robert Bellamine(1586)을 비롯한 로마 가톨릭 학자들의 견해로서 그리스도가 죽은 후 그의 영혼이 죽은 자들의 세계에 가서 노아 시대의 사람들에게 구원을 전파하였는데, 그들은 그들이 죽기 직전에 그 죄를 회개한 것으로 추정된다는 설(R. Bellamini de Contorversiis, Tom. 1, Cont. 2, Lib. 4, ch. 13).
4) F. Spitta(1890)에 의해 개척된 견해로서, 벧전 3:19-20과 이스라엘의

---

40) John H. Elliott, The Anchor Bible, *1 Peter* (New York: Doubleday, 2000), 648-650.

홍수 설화, 특히 제1 에녹서의 유사성에 근거한 견해. 여기서 "옥에 있는 영들"이란 죄악된 천사의 영들로서, 창세기 6장 이하에 나오는 전승에 의하면, 그들의 범죄가 홍수를 일으켜 멸망당한 자들이라는 것. 그들에게 그리스도는 승리와 그들에 대한 심판을 선언하셨다는 설.

엘리옷 자신은 Spitta의 중간기 외경 및 위경의 이스라엘 홍수 전승 연구를 존중하여 4번째 견해를 취하고 있다.[41] 여기서도 죽은 비신자들에게 구원의 가능성이 있는 것으로 보는 해석은 보이지 않는다. 1) - c)가 유사하지만, 그것은 심판의 선언이고, 로마 가톨릭 학자들이 주장하는 3)이 유사해 보이지만, 역시 대상자들이 죽기 전에 이미 회개한 것으로 되어 있다. 그러므로 모든 학자들의 견해를 종합해 볼 때, 우리는 이런 구절을 근거로 죽은 자들의 구원의 가능성을 이야기하는 것은 매우 곤란하다는 것을 알 수 있다.

3. 베드로전서 4장 6절의 해석 문제

죽은 자를 위한 기도의 근거로 제시되는 또 다른 성경구절은 베드로전서 4장 6절, 즉 "이를 위하여 죽은 자들에게도 복음이 전파되었으니"라고 한 구절이다. 이 구절 역시 난해한 구절인데, 이상근은 '죽은 자' 가 누구냐에 관하여 3가지 학설을 소개하고 있다.[42]

1) 문자적 해석: 육적으로 죽은 자들에게 복음을 전하였다는 것. 3:19의 "십자가와 부활 사이"설과 상통한다(Oecumenius, Calvin, Hof-

---

41) 같은 책, 650.
42) 이상근,《신약성서 주해 공동서신》, 176-77.

mann, Bigg, Caffin 등). 본설은 전절의 "산 자와 죽은 자 심판 … "과 자연스러운 연결이 되며 또 복음을 듣지 못하고 죽은 자들에게 심판 전에 전도한다는 타당성을 지니고 있다. 그러나 이 타당성은 더 많은 문제들을 피치 못하게 한다. …

2) 문자적 해석을 취하나 이 전도의 대상을 ⓐ 본서 저술 당시의 죽은 자(Bengel), ⓑ 죽은 신자들(Zahn), ⓒ 죽은 의인들(Hermes, Clement of Alex, Irenaeus, Ignatius) 등으로 국한하는 수도 있으나 이는 무의미한 가설로 보인다.

3) 영적 해석: 이 죽은 자는 신령한 의미의 죽은 자, 즉 비신자들이라(마 8:22; 엡 2:1)는 것으로 3장 19절의 선재시기설과 상통한다(Augustine, Cyril, Bede, Erasmus, Macknight, Sir Knatchball, Clarke). 본설은 1)설의 모순점들을 해소시켜주며 교리적으로 정연한 체계를 준다. 그러나 최대의 약점은 바로 전절의 죽은 자를 문자적으로 취하고 이를 영적으로 해석하기 어려운 점이다.

이상근은 본절의 해석에서 완전 만족한 길을 찾기는 어려울 것이라고 하면서, 일단 3)설을 취하여 둔다. 육체적으로 살아 있으나 영적으로 죽은 자들, 즉 현재 신자를 비방하는 그들에게도 복음을 전하는 것은 그들의 육체는 이미 죄악의 값으로 죽음으로 규정되어 심판을 받으나 그 영들은 하나님과 같이 영생하게 하기 위함이며 그리하여 미래의 대심판에 대비한다는 것이다.[43] 여기서 비신자들이 사후에 복음을 듣고 구원 받을 가능성에 대하여는 위 인용문 1)에 나온다. 그러나 이상근은 이것이 더 많은 문제점을 가지고 있음을 지적한다: "죽은 자들에게 복음을 전하는 원칙이 성립하면 모든 세대의 불신자에게 다 적용되어야 할 터이니 주께서는 (혹은 사도들) 부단히 음부에 계셔야 할 것; 죽은 자에게 복음을 전하고 그들이 믿

---

43) 같은 책, 177.

고 구원 받으면 음부에서 낙원으로 옮겨 주어야 할 터인데 그런 내용이 성서에서는 전연 없는 것(눅 16:26); 이 설은 결국 연옥설로 결론된다는 것 등."[44] 따라서 이 구절을 근거로 죽은 비신자의 구원의 가능성을 논하거나, "죽은 자를 위한 기도"를 이야기하는 것은 무리라고 하지 않을 수 없다.

박수암 역시 여기 "죽은 자"는 문자적으로 죽은 불신자(Calvin, Bigg, Caffin, Best, Knoff), 죽은 신자 (Selwyn, Dalton, Ignatius)보다는 영적으로 죽은 자를(Augustine, Cyril, Bede, Erasmus, Macknight, 이상근) 가리킨다고 본다. 문자적으로 보게 되면 이는 죽음 후에는 더 이상 믿을 기회가 없다는 성서 전체의 사상과 맞지 않는다는 것이다.[45]

4. 고린도전서 15장 29절의 해석 문제

죽은 자를 위한 기도로 제시되는 또 다른 성경 구절은 고린도전서 15장 29절인데, 그 구절의 내용은 다음과 같다.: "만일 죽은 자들이 도무지 다시 살지 못하면 죽은 자들을 위하여 세례받는 자들이 무엇을 하겠느냐 어찌하여 저희를 위하여 세례를 받느뇨." 이 구절 역시 극히 난해한 구절로서, 다양한 견해들이 있고, 학자들에 따라 여러 가지 견해를 수집 정리하고 있다. 이상근은 10가지 정도를 제시한다.[46]

1) 세례를 받지 않고 죽은 신자를 위해 산 자가 대신 세례 받는 것
   (Meyer, Alford, Ellicott, Edwards, De Wette, Stanley)
2) 신자의 일반 세례로서 "죽은 자의 부활"을 믿음으로 받는 세례의 뜻

---

44) 같은 책, 176.
45) 박수암, 《신약주석 공동서신》, 189-90.
46) 이상근 《신약주해 고린도서》(서울: 대한예수교장로회총회교육부, 1969), 216-17.

("부활을 바라봄으로 저희 자신들이 죽은 자와 같은" Chrysostom; "벌써 죽은 자와 같이 보고 또 생에 실망을 느낀 자들" Calvin; "죽을 죄의 사유를 받기 위해 세례를 받은 자들" Aquinas; 그 외 Theodoret 등).

3) 성도가 죽을 때 살아 있는 자를 위해 기도하며 부탁하는 것을 보고 감동이 되어 회개하고 믿은 자들이(그 죽은 자 때문에) 세례를 받는 것 (Findlay, R & P).
4) "피의 세례", 즉 "순교"를 가리킴(막 10:38; 눅 12:50 처럼)(Flatt, Lightfoot, Godet),
5) 급사한 교우의 무덤에서 산 자가 대신 세례 받는 풍속,
6) 죽은 성도의 몸을 물에 잠그는 풍속(Beza),
7) 병들어서 거의 죽게 된 자에게 세례를 주는 것(Holstein, Kling),
8) 신신자가 입교하여 이미 죽은 성도의 자리를 계승하여 세례 받는 것 (Olshausen),
9) 순교자의 무덤 "위에서" 세례 받는 것(Luther, Ewald),
10) 고린도 교회에서 부활을 믿지 않고 반대하는 자들(12, 35절)이 세례 받는 것(Atto) 등.

이상근은 이 중에서 처음 네 가지 정도가 고려할 수 있는 유력한 견해라고 보면서 각 설들을 평가한다. 그 중 첫째에 관하여는, 초대교회에서 산 자가 이미 죽은 자들 대신하여 세례 받은 사실이 있다고 터툴리안은 전해 주고 있다. 그러나 케린타스나(Epiphanius, Haer. 28:7) 말키온(Tertullian, De Resurrect., 48; Adv. Marc. 5:10) 등 이단에서 이런 풍속이 있은 것은 확실하나 초대교회에서 얼마나 유행되었는지, 더구나 고린도교회에 이런 풍속이 침투했는지는 의문시 된다고 한다. 또 대리 세례란 세례의 원리 (개인의 신앙고백으로 받을 수 있는)에 위배된다고 본다. 이상근의 입장은 둘째 설이다.[47] 죽은 자를 위한 기도를 주장하는 사람들은 1)의 견해에 동조할 것으로 여겨지나, 이 견해도 세례를 받지는 않았지만 신자였던

사람들을 상정하고 있어서, 죽은 비신자를 위한 기도와는 거리가 있다. 또한 고대 교회에 1)의 경우와 같은 습관이 약간 있었다고 해도, 오늘날에는 세계 어느 교회도 이런 일을 행하지 않는다. 연옥에 있는 "죽은 자를 위한 기도"를 허용하는 로마 천주교회도 이런 일을 행하지는 않는다.

이 구절의 해석에 관하여 김지철은 다른 하나의 대안을 제시하고 있다. 그의 해석을 들어 보자

> 고린도 교인들이 지녔던 관습 중 하나는 죽은 자들을 위하여 세례를 받는 일이었다(참조 M. Rissi, *Die Taufe für die Toten*, 1962에 이 구절의 해석사가 자세히 실려 있다). 바울은 그들이 이런 관습을 가지고 있다는 것은, 그들이 미래에 대한 부활의 소망을 갖고 있기 때문이 아니냐고 묻고 있다. 만일 죽은 자들이 다시 살아나지 못한다면 그들을 위해서 아무리 고귀한 일들을 해 주어도 그것은 아무 소용이 없는 일이라는 것이다. 예를 들어 어떤 그리스도인이 남, 곧 세례를 받지 않고 죽은 친구나 친척을 위하여 대신 세례를 받는다면, 그것은 미래의 부활에 대한 기대를 부정하면서, 오히려 부활을 기대하는 죽은 자에 대한 대리 세례를 행하고 있으니 그것이 얼마나 모순되는 일인가를 묻고 있는 것이다. 그렇다고 바울이 여기서 고린도 교인들의 이러한 관습을 찬성한다거나 반대한다는 것을 말하려는 것은 아니다. 단지 바울은 고린도 교회의 이러한 모습이 부활을 부정하는 사람들의 태도라고는 할 수 없는, 이중적이고 일관성이 없는 모순된 행동임을 말해 주려는 것이다. 따라서 이 구절은 바울의 세례관을 보여주는 구절이라고 할 수 없다. 다만 고린도 교인들의 문제점을 지적하기 위한 논쟁적 맥락에서 세례의 문제를 잠시 다루고 있을 뿐이다.[48]

---

47) 같은 책, 217.
48) 김지철,《성서주석 고린도전서》(서울: 대한기독교서회, 1999), 597-98.

여기서 김지철은 이 구절이 "죽은 자를 위한 세례"의 관습을 정당화한다기보다는, 부활을 부정하는 사람들의 모순된 행태에 관하여 논쟁적인 맥락에서 지적하고 있다고 본다. 이는 상당히 설득력 있는 주장이다. 그렇게 본다면, 이 구절을 근거로 "죽은 비신자를 위한 기도"를 이야기하는 것은 무리가 아닐 수 없다.

5. 로마 천주교회와 개혁자들의 견해

"죽은 자를 위한" 기도의 관습은 우리가 가지고 있는 성경에는 나타나지 않는다. 그래서 로마 천주교회는 외경인 마카베오하 12장 40-45절에서 그 근거를 찾기도 한다.

> 그런데 그 시체 하나하나의 옷을 들쳐 보니 그들은 얌니아의 우상을 부적으로 지니고 있었다. 유다인이 이와 같은 물건을 몸에 지니고 있는 것은 율법이 금하는 일이었다. 그래서 그들이 죽은 것이 바로 그것 때문이었다는 것이 분명하게 되었다. 그들은 숨은 일을 모두 드러내시는 정의의 재판관이신 주님을 모두 찬양하였다. 그리고 죽은 자들이 범한 죄를 모두 용서해 달라고 애원하면서 기도를 드렸다. 고결한 유다는 군중들에게 죄지은 자들이 받은 벌이 죽음이라는 것을 눈으로 보았으니 이제는 그들도 죄를 짓지 말라고 권고하였다. 그리고 유다는 각 사람에게서 모금을 하여 은 이천 드라크마를 모아 그것을 속죄의 제사를 위한 비용으로 써 달라고 예루살렘으로 보냈다. 그가 이와 같이 숭고한 일을 한 것은 부활에 대해서 생각하고 있었기 때문이었다. 만일 그가 전사자들이 부활할 수 있다는 희망을 가지고 있지 않았다면 죽은 자들을 위해서 기도하는 것이 허사이고 무의미한 일이었을 것이다. 그가 경건하게 죽은 사람들을 위한 훌륭한 상이 마련되어 있다는 생각을 하고 있었으

니 그것이야말로 갸륵하고 경건한 생각이었다. 그가 죽은 자들을 위해서 속죄의 제물을 바친 것은 그 죽은 자들이 죄에서 벗어날 수 있게 하려는 것이었다(공동번역).

로마 천주교회는 외경도 성경으로 받아들이며, 이를 죽은 자를 위한 기도의 근거 구절로 본다. 그러나 개신교는 외경을 하나님의 말씀으로서 권위가 있다고 믿지 않는다. 비록 로마 천주교회는 그 가치를 인정한다고 해도, 이 구절이 "죽은 비신자를 위한 기도"를 정당화해 주지는 않는다. 여기서 죽은 자들이란 전쟁 중에 죽은 유대인들이다. 이들은 비록 죄를 짓기는 하였지만, 선택된 언약의 백성이었다. 본문의 유다는 결코 이방인들을 위해서 그런 기도를 하지 않았을 것이다. 실제로 이 구절을 근거로 "죽은 자를 위한 기도"를 허용하는 천주교회도 비신자들이 아니라, 신자로서 연옥에 있는 자들을 위한 기도를 권하는 것이다.

여기서 우리는 로마 천주교회가 시행하는 소위 "죽은 자를 위한 기도"의 의미가 무엇인지 중세 스콜라 신학의 집대성자라고 할 수 있는 토마스 아퀴나스(Thomas Aquinas)의 설명을 들어보자. 토마스는 한 사람의 기도가 다른 사람에게 유익을 줄 수 있다고 주장하는데, 자신의 공로를 통해서 다른 이를 돕거나 기도를 통해서 다른 이를 도울 수 있다고 한다. 이는 모든 성도가 사랑으로 하나가 된 교회의 지체들이며, 성도들의 교제는 신앙의 조항이라고 주장한다.[49] 그런데 토마스는 더 나아가 이러한 공로와 기도가 죽은 자들을 위해서도 유익을 줄 수 있다고 가르친다. 이는 마카베오하 12장 45절과 아우구스티누스 같은 고대 교부들의 가르침에 근거한다.[50] 그런데 죽은 자들을 위한 기도는 지옥에 있는 자들에게는 소용이 없으며, 림보(limbo) 상태에 있는 세례 받지 못하고 죽은 어린 아이들에게도 소용이 없

---

49) Thomas Aquinas, *Summa Theologiae*, III. Suppl. q. lxxi. a. 1.
50) Thomas Aquinas, *Summa Theologiae*, III. Suppl. q. lxxi. a. 2.

고, 하늘에 있는 성자들에게도 소용이 없다고 한다. 다만, 연옥에 있는 불완전한 신자들에게 소용이 있다고 한다.[51] 여기서 우리가 알 수 있는 것은 연옥 교리를 주장하며, 죽은 자를 위한 기도를 권하는 로마 천주교에서도 그것은 단지 죽은 신자들을 위한 것이며, 죽은 자들도 포함하는 성도의 교제의 범위 안에서(개신교에서는 성도의 교제가 죽은 자들과 산 자들 사이에 이루어진다고 보지 않지만) 허용된다는 점이다. 따라서 로마 천주교회의 전통을 따른다고 해도 죽은 비신자들을 위한 기도는 정당화될 수 없다.

로마 천주교회의 "죽은 자를 위한 기도" 관습은 연옥 교리와 불가분의 관계에 있다. 그러나 16세기 개혁자들은 이 교리를 폐기 처분하였다. 루터는 초기에 연옥과 죽은 자를 위한 기도를 인정한 적이 있다 (그 때 그는 아직 로마 천주교회의 사제요 수도사였다). 1517년에 그가 기독교 개혁을 일으키면서 내걸었던 저 유명한 "95개조 반박문" 제26항에는 연옥과 죽은 자를 위한 교황의 기도를 인정하는 것 같은 모습이 보인다.[52] 그러나 그가 성서를 더 깊이 연구하고, 기독교 개혁을 추진해 나가면서 연옥 교리와 죽은 자를 위한 기도(혹은 미사)가 전혀 비성서적이요 오류임을 확인하고, 전폭적으로 반대하기에 이르렀다. 1530년에 루터는 "연옥에 대한 무효 선언"을 발표하였다.[53] 또한 루터가 기초한 "슈말칼드 조항"에서도 루터는 로마 천주교회의 연옥 교리와 함께 레퀴엠(죽은 자를 위한 미사)을 신랄하게 비판하였다. 그는 이것이 "오류요 우상숭배"이며, 이 모든 것들은 폐기되어야 한다고 주장한다. 이는 "마귀가 조작해낸 환상인 바, 인간의 행위가 아니라 오직 그리스도만이 영혼들을 도울 수 있다는 근본적인 신앙 조항에 위배되기 때문이다."[54]

---

51) Thomas Aquinas, *Summa Theologiae*, III. Suppl. q. lxxi. a. 5-8.
52) Luther, Disputatio pro declaratione virtutis indulgentiarum (1517), *WA*, I, 233-238; LW, 31, 25-33.
53) Luther, Widerruf vom Fegefeuer (1530), *WA* 30, II, 360-390.

칼뱅은 《기독교강요》 III권 V장에서 로마 교회의 연옥 교리가 아무런 성서적 근거가 없음을 조목조목 반박하며 밝히고 있다.[55] 그러면서 연옥에 있는 '죽은 자를 위한 기도'의 관습이 비성서적임을 분명하게 드러낸다. 칼뱅은 죽은 자를 위한 기도가 교회 안에서 오래 동안 시행되어온 관습이라는 것을 인정한다. 그러나 그는 "어떤 하나님의 말씀에 의하여, 어떤 계시에 의하여, 어떤 모범에 의하여 이것이 이루어진 것인가?"라고 질문하면서, "이 문제에 관하여 성경의 증거들이 없을 뿐만 아니라, 우리가 읽을 만한 성도들의 모든 모범들도 그런 것은 보여주지 않는다"고 주장한다. 그는 또한 "사악한 경쟁으로부터 유래한 것들이 새로운 첨가들에 의해 너무나 지속적으로 증가되어서, 고통 중에 있는 죽은 자들을 돕는다는 것이 교황제의 거룩함의 중요한 표지가 되었다"고 한탄한다. "그러나 성경은 '주 안

---

54) Luther, *Die Schmalkaldischen Artikel* (1537), WA, 50, 200-210.
55) 로마 천주교 교리는 그리스도를 믿은 자들이 세례 받은 이후 지은 죄를 모두 해결하지 못했을 경우, 죽은 이후 지옥에는 가지 않지만, 천국에도 가지 못하고 중간 지대인 연옥에서 정화 과정을 거쳐야 한다고 가르친다. 그러나 칼뱅은 그런 교리가 아무런 성서적 근거가 없음을 입증하고 있다. 예를 들어, 성령을 훼방하는 죄는 이 세상에서 뿐 아니라, 오는 세상에서도 사함 받지 못한다는 구절(마 12:32; 막 3:28-29; 눅 12:10)은 그 죄가 심각하여 언제든지 용서 받지 못함을 의미하는 것이지, 연옥에서 죄 사함을 암시한다고 볼 아무 이유가 없다. 또한 고발자와 속히 화해하여 그가 너를 재판에 넘겨 옥에 가두지 않도록 하라는 말씀(마 5:25-26)은 화해를 촉구하는 말씀이기는 하나, 거기에 나오는 옥이 내세의 연옥을 의미한다고 볼 아무런 이유가 없다(*Institutes*, III.v.7.). 또한 하늘에 있는 자들과 땅에 있는 자들과 땅 아래 있는 모든 자들이 무릎을 예수의 이름 앞에 꿇게 하신다는 말씀(빌 2:10)에서 '땅 아래'라는 말도 신자들이 가는 중간 지대인 연옥 교리의 근거가 될 수 없다. 그 구절은 그리스도의 완전한 승리를 의미하며, 땅 아래의 마귀마저도 굴복하게 된다고 보아야 한다. 또한 계 5:13에서 하늘 위에와 땅 위, 그리고 땅 아래와 바다 속의 모든 피조물이 어린 양에게 찬송한다는 말씀에서도 '땅 아래'가 연옥을 의미하는 것이 아니라, 이성이 있는 피조물 뿐만 아니라 땅 아래와 바다 속의 모든 피조물까지도 찬양함을 의미할 뿐이다. 제2 마카비서 12:43은 정경으로서의 가치가 없으며, 교리의 근거로 삼을 수 없다(*Institutes*, III.v.8).

에서 죽는 자들은 복이 있도다"(계 14:13)라고 말함으로써, 그와 다른 훨씬 좋고 더욱 완전한 위로를 제공한다"고 칼뱅은 주장하고 있다.[56]

칼뱅은 이 문제에 관한 고대 저자의 글들이 대중적인 관행과 무지 때문에 용인되어졌다고 개탄한다. 칼뱅은 고대 교부 자신들이 이 문제에 관하여 오류에 빠졌다고 본다. 그런 한편, 아우구스티누스의 예를 들면서, 고대 저자들을 읽어보면 "그들이 얼마나 주저하면서 죽은 자를 위한 기도를 이야기했는지" 보여준다고 한다.[57] 또한 그는 고대 교회의 관행과 칼뱅 당시 교회의 관행은 큰 차이가 있다고 지적한다. 고대인들은 그들이 죽은 자들에 대한 모든 관심을 다 떨어버리는 것처럼 보이지 않도록 죽은 자들을 기억하면서 행하였다고 한다. 그러나 또한 동시에 그들은 죽은 자들의 상태에 관하여 의문을 가지고 있었음을 고백하였다는 것이다. 연옥에 대하여 그들은 너무 확신하지 못하여 연옥을 불확실한 것으로 간주했다는 것이다.

반면에 칼뱅 당시 로마 교회는 연옥에 관하여 그들이 꿈꾸어 온 것들을 의심의 여지가 없는 신앙의 조항으로 주장한다는 것이다. 고대인들은 드물게, 그리고 단지 형식적으로만 성만찬에서 죽은 자들을 위해 기도했는데, 칼뱅 당대인들은 열성적으로 죽은 자들을 위한 배려를 밀어 붙였고, 끈질긴 설교를 통해 그것을 모든 사랑의 행위보다 더 중요한 것으로 만들어 버렸다고 비판한다.[58] 칼뱅에 의하면, "전체 율법과 복음이 죽은 자를 위하여 기도하라고 단 한 글자라도 제시하지 않고 있으므로, 그분이 우리에게 명령하신 것 이상을 시도하는 것은 하나님께 대한 기원을 모독하는 것이다."[59] 이렇게 볼 때, 연옥 교리는 비성서적이요, 연옥에 있는 신자들을 위한 기도라는 것도 지극히 비성서적인 것이라고 할 수 있다. 하물며,

---

56) Calvin, *Institutes*, III.v.10.
57) Calvin, *Institutes*, III.v.10.
58) Calvin, *Institutes*, III.v.10.
59) Calvin, *Institutes*, III.v.10.

"죽은 비신자를 위한 기도"를 주장하는 것은 더 말할 나위가 없다.

맺는 말

지금까지 우리는 "죽은 자를 위한 기도"에 대한 가르침과 관련하여, 사도신경에 나오는 그리스도의 "음부(혹은 지옥) 강하"에 대한 여러 신학자들의 해석을 살펴보고, 이 구절을 근거로 죽은 자를 위한 기도를 주장하는 것이 정당하지 않음을 확인하였다. 또한 논리적으로 볼 때, 그리스도의 "음부 강하"가 죽은 비신자들의 구원이나 죽은 비신자를 위한 기도로 분명하게 귀결된다고 볼 근거가 없다. 또한 우리는 베드로전서 3장 18-20절, 베드로전서 4장 6절, 고린도전서 15장 29절 등의 구절에 대한 주석가들의 해석들을 살펴보고, 그런 구절들이 '죽은 비신자의 구원의 가능성'을 정당화하지 않으며, 따라서 '죽은 비신자를 위한 기도' 역시 타당하다고 말할 수 없음을 살펴보았다. 더구나 우리는 사도신경에 나오는 그리스도의 "음부 강하" 구절이 베드로전서와 고린도전서의 구절들에 직접 연관되는 지도 확증할 수 없음을 살펴 보았다.

우리는 "죽은 자를 위한 미사"와 "죽은 자를 위한 기도"를 행하고 있는 로마 천주교회마저도 그것을 비신자들이 아니라 신자로서 천당에 가지 못하고 연옥에 있다고 여겨지는 사람들에 국한하고 있음을 보았다. 그런데 전통적으로 개신교회는 연옥 교리 자체를 비성서적인 것으로 보며, 더구나 "죽은 자를 위한 기도"는 타당하지 않다고 본다. "죽은 비신자를 위한 기도"는 성서에서는 물론이고, 일반적으로 개신교회에서 뿐만 아니라, 천주교회에서도 정당화되지 못한다. 물론 죽은 자를 위한 기도를 주장하는 사람도 베드로전서 4장 6절과 같은 구절을 근거로 "예수 안 믿고 지옥에 간 사람들도 전부 구원받는 길이 있다고 확대해석하면 안 됩니다"라고 말하기도 한다.[60] 그러나 그럼에도 불구하고 소위 "목회적 양호"를 위해서, 다시 말해서 비신자로서 세상을 떠난 가족을 둔 신자들에 대한 목회적 배려에서 죽은 비신자를 위한 기도가 가치 있다고 주장하기도 한다. 비신자로서 세상을 떠난 가족을 가진 신자를 위로하고자 하는 의도는 나쁠 것이 없다.

그러나 그것을 위해 "죽은 자를 위한 기도"를 주장하면서, 근거로 제시하는 저 성구들(벧전 3:18-20; 4:6; 고전 15:29)과 사도신경의 "음부에 내리시고"에 대한 설명은 은근히 비신자로서 죽은 자에게도 무슨 기회가 있는 것 같은 암시를 줄 수 있다. 그런 암시를 배경으로 보면, "예수 안 믿고 지옥에 간 사람들도 전부 구원받는 길이 있다고 확대해석하면 안 됩니다"라는 말도, 전부는 아니지만, 일부는 가능하다는 말로 들릴 수 있어서 주의가 필요하다. 만일 죽은 비신자에게 구원의 기회가 있다고 주장한다면, 그것은 분명한 성서적 근거가 없는 일이다. 반대로 만일, 죽은 비신자에게 구원의 기회가 없다고 믿으면서 그 영혼을 위한 기도를 한다면, 그것은 거짓된 기도요, 거짓 위로일 것이다. 우리는 세상을 떠난 비신자들의 구원 문제와 관계없이, 유족들을 위로할 지혜가 필요하다.

혹자는 "죽은 불신자를 위한 기도"가 문제가 된다면, 과거에 비기독교인인 전직 대통령들의 장례식에서 기독교 목사들이 기도한 것은 왜 문제를 삼지 않느냐고 하는 것 같다. 과거에 목사들이 그런 국장에 나아가 기도한 일이 있었던 것이 사실이다. 그런데 문제는 목사가 비신자의 장례식에서 기도했다는 사실이 아니라, 그 기도의 내용이다. 그 목사들이 과연 세상을 떠난 전직 대통령들의 구원을 위해 기도했었는가? 필자는 목사가 전직 대통령들의 장례식에서 그들의 사후 구원을 위해 기도했다는 말을 들은 적이 없다. 목사가 그런 장례식에서 중요한 지도자를 잃은 국가를 위해서, 슬픔

---

60) 이재철, 《성숙자반》, 311.

을 당한 유족들과 국민들을 위해서, 장례 절차를 위해서 기도하는 것 등은 아무런 문제될 것이 없다. 비신자의 장례식에서 기도하는 것과 비신자의 사후 구원을 위해 기도하는 것은 별개의 문제이기 때문이다.

제5장 초기 교회에서 가난한 이들과 병자들에 대한 교회의 봉사

요즈음 선교적 교회(missional church)에 대한 논의들이 활발하다. 사실 교회가 선교하는 교회이며 또 선교하는 교회여야 한다는 것은 당연한 일이다. 그런데 이 선교라는 것이 무엇인가? 개인의 영혼 구원은 중요한 것이지만, 이것이 교인 수의 증가를 의미하는 것으로만 받아들여질 때, 오히려 그 사명을 제대로 이행할 수 없게 된다. 오늘날 한국교회에서 선교가 지나치게 교인의 숫자를 늘리는 일로 치부되고 그 일을 위하여 교회의 모든 역량이 집중됨으로 말미암아, 교회는 너무 개교회 중심적이 되고, 물량주의적이 되며, 사회적 신뢰를 잃게 되었다.

그리하여 대안으로서 선교적 교회에 대한 논의들이 활발하게 전개되고 있다. 이런 맥락에서 강조되는 것은 지역사회 전체를 대상으로 하는 목회요, 말씀 목회와 더불어 가난한 이들, 소외된 이들, 병자들을 돌보는 목회이다. 이 점에 있어서 초기 기독교 교회는 매우 모범적이었으며, 이것이 아무 힘도 없었던 소수의 이상한(?) 종교 집단이 급속하게 로마 제국 전체로 확산되고, 로마 제국을 변화시키는 큰 영적 영향력으로 성장하게 되었음을 학자들이 증언하고 있다.

이 글에서는 신약성경의 교회가 교회 및 지역사회에서 고아와 과부들로 대표되는 가난하고 소외된 이들을 섬긴 일들을 서술하는 본문들에 대하여 간단히 살펴보고, 그 연장선상에서 고대 교회에서 교회가 지역사회의 고아와 과부와 가난한 이들, 그리고 병자들을 힘써 돌본 일에 관하여 살펴보려고 한다. 고대 교회에서 교회가 지역사회의 가난한 자들과 전염병 환자들을 잘 돌보았다는 내용은 로드니 스타크가 쓴 *The Rise of Christianity*에 주로 의존하였음을 밝힌다.[1]

1. 예루살렘 교회의 구제와 봉사

기독교 교회는 그 태생 초기부터 주변의 가난한 이들을 돕는 일에 적극적으로 힘썼음을 알 수 있다. 오순절에 성령이 임하고 기독교 교회가 태동되었을 때, 성령의 은혜를 받은 사람들은 즉시 소유를 팔아 가난하고 어려운 사람들에게 나누어주기 시작하였다.

> "믿는 사람이 다 함께 있어 모든 물건을 서로 통용하고 또 재산과 소유를 팔아 각 사람의 필요를 따라 나눠 주며…"(행 2:44-45).

---

[1] Rodney Stark, *The Rise of Christianity* (San Francisco: HarperSanFrancisco, 1997). 스타크는 사회학자로서 이 책에서 어떻게 미약하고 주변적인 예수 운동이 불과 수 세기만에 서구 세계의 지배적인 종교적 세력이 되었는지를 보여준다. 그는 고대 로마 세계의 도시들의 형편과 전염병과 지진 같은 위기들을 설명하면서, 그러한 위기의 상황에서 기독교 교회가 어떻게 가난한 이들과 전염병 환자들을 희생적으로 잘 돌보고 사랑했는지, 그리고 그들의 신앙이 당시의 어떤 철학과 종교보다도 그러한 위기에 대하여 잘 설명하고 희망을 주었으며, 그리하여 교회가 급성장하게 되었는지를 보여준다.

본문에 의하면 모든 물건을 서로 통용하고 재산과 소유를 팔아 나누어 주었던 대상들은 "믿는 사람"이라고 되어 있다. 이것은 교회 안에서 신자들 사이에 일어난 일로 되어 있다. 따라서 이 일이 교회가 위치하고 있는 지역사회에 대한 사회적 봉사라고 판단하기는 어려울 것이다. 그러나 유대교를 바탕으로 출발한 초기 교회에서 대규모로 회심이 일어나고, 단순히 예수에 대한 관심을 가지고 접근하는 유대교인과 그리스도 예수에 대한 신앙을 가지고 있는 신자를 명백하게 구분하기 어려운 상황에서 이러한 초기 형태의 생활 모습은, 주변 사회에 상당한 사회적 영향을 미쳤다고 볼 수 있다. 이어지는 본문은 그 영향을 다음과 같이 묘사한다.

> "날마다 마음을 같이하여 성전에 모이기를 힘쓰고 집에서 떡을 떼며 기쁨과 순전한 마음으로 음식을 먹고 하나님을 찬미하며 또 온 백성에게 칭송을 받으니 주께서 구원 받는 사람을 날마다 더하게 하시니라"(행 2:46-47).

당시에 이와 유사한 재산 헌납제도를 시행한 집단으로서 쿰란 공동체가 있었지만, 그들과는 달리 초기 교회는 전혀 법규나 제도에 의해서가 아니라 자발적인 사랑의 발로로써 이러한 일을 하였다.[2]

이러한 모습은 오순절 절기 기간뿐만 아니라, 초기 예루살렘 교회에서 상당 기간 동안 지속된 것으로 보인다. 사도행전 4장 32-37절은 다음과 같이 말한다.

> 믿는 무리가 한마음과 한 뜻이 되어 모든 물건을 서로 통용하고 자기 재물을 조금이라도 자기 것이라 하는 이가 하나도 없더라. 사도들이 큰 권능으로 주 예수의 부활을 증언하니 무리가 큰 은혜를 받아 그 중에

---

2) 김경진, 《사도행전》(서울: 대한기독교서회, 1999), 140.

> 가난한 사람이 없으니 이는 밭과 집 있는 자는 팔아 그 판 것의 값을 가져다가 사도들의 발 앞에 두매 그들이 각 사람의 필요를 따라 나누어 줌이라. 구브로에서 난 레위족 사람이 있으니 이름은 요셉이라 사도들이 일컬어 바나바라(번역하면 위로의 아들이라) 하니 그가 밭이 있으매 팔아 그 값을 가지고 사도들의 발 앞에 두니라.

이 본문으로 보아, 초기에는 나눔과 구제를 사도들이 직접 관장한 것으로 보인다. 그런데 사도행전 6장 1-6절은 이러한 나눔과 섬김이 계속되면서 생겨난 갈등과 그것을 해결하는 것에 대한 초기 교회의 행동을 보도해 준다. 아마도 당시에 구제 대상은 주로 과부들이었던 것으로 보이는데, 그 때 디아스포라인 헬라파 유대인 과부들이 매일의 구제에서 소외됨으로 인하여 히브리파 유대인들을 원망하게 되었다고 한다. 아마도 장소가 예루살렘이다 보니 자연스럽게 주도권을 히브리파 유대인들이 가지게 되고, 그들이 잘 알지 못했거나 관심을 갖지 못했던 헬라파 유대인 과부들이 구제에서 소외되었던 것으로 볼 수 있다.[3] 그리하여 불평과 원망의 소리들이 터져 나오고 사도들에게도 이러한 소식이 전달되었을 것이다.

---

3) 헨헨(D. Ernst Haenchen)에 의하면, 많은 경건한 헬라계 유대인들이 예루살렘에 많이 거주했는데, 그 이유는 노년기에 거룩한 도시에 묻히기 위해서 예루살렘으로 이주했기 때문이라고 한다. 따라서 그들의 과부들은 그곳에 그들을 부양할 아무 친척도 없었고, 공적인 보호에 내맡겨져 있었다고 한다. 당시 유대교에는 두 가지 공적 빈자구제 제도가 있었는데, 하나는 지역에 상주하는 유대인들을 위한 것이고 (금요일마다 14끼에 해당하는 식비를 지급), 다른 하나는 일시적으로 출현한 빈자들을 위한 것 (매일의 음식물을 제공) 이었다고 한다. 그런데 본문이 말하는 "매일 구제하는 일"은 지역에 상주하면서도 매일 구제를 받으므로, 위의 유대교 빈자구제 제도와는 일치하지 않는다고 본다. 따라서 이는 기독교 공동체가 발전하여 유대교 공동체로부터 상당히 소외가 진전된 상황에서 일어난 일일 것이라고 본다. D. Ernst Haenchen, *Die Apostelgeschichte*, 이선희·박경미 역, 《사도행전》 I, 3판 (서울: 한국신학연구소, 1991), 403.

사도들은 이것을 중요한 문제라고 생각하였지만, 자신들이 하나님의 말씀을 전하는 일보다 접대와 구제에 관한 실무적인 일을 직접 관장하기 어렵다는 것을 알고, 다른 방도를 찾게 되었다. 그리하여 이들이 내어 놓은 해결책은 구제와 봉사를 위해 힘쓸 사람들을 선출하여 그들에게 이 일을 맡기고 자신들은 기도하는 일과 말씀 사역에 힘쓰는 것이었다. 그리하여 이들은 회중 가운데서 "성령과 지혜가 충만하여 칭찬 받는 사람 일곱을 택하라"고 권면하였다. 회중은 그 대책을 좋게 생각하여 믿음과 성령이 충만한 사람 일곱을 택하고 사도들이 안수하여 임직케 하였다. 이 본문에 '집사'라는 호칭은 나오지 않는다. (우리말 개역개정판 사도행전 21장 8절에 빌립을 "일곱 집사 중 하나"라고 하였지만, 헬라어 원문에는 집사에 해당하는 말이 보이지 않는다.) 이 때 선출된 일곱 사람들의 이름이 헬라식인 것을 보면(Stephanos, Phillippos, Prochoros, Nikanor, Timon, Parmenas, Nikolaos) 대체로 그들이 헬라파였을 것으로 추정할 수 있다.[4] 이 일곱 사람을 헬라파에서 선출한 것은 당시 예루살렘 교회의 히브리파 유대인들이 크게 양보한 결과라고 볼 수 있겠다.[5] 이러한 일은 초기 예루살렘 교회가 비록 예루살렘 지역에 위치하였지만, 세계 각지에서 온 유대인들을 나름대로 배려하고 있었다고 할 수 있다. 요즈음 말로 하면 글로칼(glocal), 즉 로칼(local)하면서도 일면 글로칼한 면을 가지고 있었다고 할 수 있다. 물론 이것은 아직 대체로 유대인에 국한된 일이기는 하였던 것으로 보인다.

그런데 사도행전 11장은 복음이 이방인에게도 확산되는 과정을 보여

---

4) 김경진, 《사도행전》, 167.
5) 이에 관하여 어떤 이는 사도들이 유대인 개종자들을 보살폈듯이, 이 일곱 사람은 이방인 개종자들을 보살펴야 했다는 견해도 있다. D. Ernst Haenchen, 《사도행전》 I, 407. 그러나 이는 본문에서 사도들이 말하는 바, "우리가 하나님의 말씀을 제쳐 놓고 접대를 일삼는 것이 마땅하지 아니하니"라는 표현과 맥락이 맞지 않는다.

준다. 11장의 앞부분은 10장에 나오는 바, 베드로가 이방인 백부장 고넬료에게 복음을 전하게 된 경위를 예루살렘 교회에 보고하는 장면을 묘사한다. 11장의 뒷부분은 스데반을 순교하게 만든 박해로 인하여 흩어진 사람들이 시리아의 안디옥에서 헬라인들에게도 복음을 전파하게 된 일과, 예루살렘 교회가 이 소식을 듣고 바나바를 보낸 일, 그리고 바나바가 거기서 사역을 하다가, 다소에 가서 사울을 데려다가 동역자로 삼고 일한 일 등을 전해 준다. 이렇게 안디옥에서 본격적으로 이방인 선교가 시작되었으며, 사도행전 13장은 이 안디옥 교회가 바나바와 사울을 해외 선교사로 파송한 내력을 소개하고 있다. 그런데 사도행전 11장 마지막에 흥미 있는 기록이 나온다.

> 그 때에 선지자들이 예루살렘에서 안디옥에 이르니 그 중에 아가보라 하는 한 사람이 일어나 성령으로 말하되 천하에 큰 흉년이 들리라 하더니 글라우디오 때에 그렇게 되니라. 제자들이 각각 그 힘대로 유대에 사는 형제들에게 부조를 보내기로 작정하고 이를 실행하여 바나바와 사울의 손으로 장로들에게 보내니라(행 11:27-30).

당시의 순회 예언자라고 여겨지는 아가보가 안디옥에 와서 천하에 크게 흉년이 들리라고 예언하였으며, 이 예언은 글라우디오 황제 때 실제로 일어났다는 것이다.[6] 그런데 흥미로운 것은 이 예언을 들은 안디옥 교회의 반응이다. 그들은 다가오는 흉년을 대비하여 식량을 사재기 하는 등의 조치를 취한 것이 아니라, 자신들보다 경제적으로 어려운 유대지역의 형제들

---

6) 로마 제국의 전 기간 동안 범세계적 규모의 기근이 일어난 적은 없지만, 단지 글라우디오 황제의 치세 동안(41-54년) 여러 지역에서 흉작과 빈번한 기근이 발생했다는 기록이 남아 있다고 한다. 김경진,《사도행전》, 267; D. Ernst Haenchen,《사도행전》I, 543.

을 위하여 부조(diakonia)를 보내기로 작정하고, 그것을 실행하였다는 것이다. 여기서 섬김의 대상은 "유대에 사는 형제들"이다. "유대에 사는 형제들"이라면 안디옥 인근 지역은 아니다. 그러나 멀리 있는 형제들에게 구제금을 보내는 사람들이 가까이 있는 가난한 사람들을 외면했으리라고 보기는 어렵다. 안디옥 교회도 역시 이미 글로칼한 모습을 보여주고 있다. 여기서 "유대에 사는 형제들"에 기독교 신자들만이 포함되는지 비신자들도 포함되는지는 확실하지 않다.

2. 바울 교회의 구제와 봉사

사도행전에 나오는 바울의 선교 여행기를 보면 그가 가는 도시들마다 일부 유대인들과 헬라인들로부터 상당한 호의적 반응과 함께 유대인들로부터 심한 반대를 받고 박해를 받았던 일들이 나온다. 루스드라에서는 돌에 맞아 거의 죽게 되기도 하였고, 빌립보에서는 채찍에 맞고 옥에 갇히기도 했고, 데살로니가에서는 온 성에 소동이 일어나기도 했다. 고린도에서도 법정에 끌려갔으며, 에베소에서도 은장색들로 인하여 대 소동을 겪기도 하였고, 종내에는 예루살렘으로 돌아가서 체포되어 옥에 갇히고, 긴 재판의 과정을 겪기도 하였다. 이 중에서도 특히 바울이 오래 머물며 지역사회에 큰 영향을 끼쳤다고 할 수 있는 에베소에서의 이야기를 주목해 보자.

사도행전 19장에 의하면 그는 제3차 전도여행 중에 에베소에 가서 석 달 동안 유대인의 회당에서 하나님 나라에 대하여 강론하여 어떤 이들은 믿게 되었으나, 다른 이들은 심하게 반대였다. 그리하여 그는 회당에서 나가 독립하여 두란노 서원에서 두 해 동안 말씀을 전파하여 아시아 지역에 사는 모든 자들이 유대인이나 헬라인이나 다 하나님의 말씀을 들었다고 한다(행 19:10). 이는 바울의 사역이 아시아 지역에 광범위한 영향을 미쳤음을 보여준다.

여기서 두란노 서원이란 schole tyranou($\sigma\chi o\lambda\acute{\eta}\ \tau v\rho\acute{\alpha}\nu ov$)이다. 여기서 schole는 일반적으로 학교(school)를 의미한다. Tyrannus는 고유명사인데, 이름의 의미는 tyrant 이다. 오늘날에는 이 말이 폭군이나 압제자를 의미하는 부정적인 말로 쓰여진다. 그러나 고대 헬라사회에서는 이 말이 반드시 폭군이나 압제자를 의미하는 것으로 쓰이지는 않았다고 한다. 그 말은 문자적인 뜻대로 '주권적'(sovereign)임을 의미하는 말로 쓰여지기도 했다. 바울이 세운 서원에 왜 이런 이름이 주어져 있는지는 알 수 없다. 아무튼 추측할 수 있는 것은 이름의 의미로 보아 바울 자신이 이 학교를 세우고 이름을 지은 것 같지는 않다. 바울이 직접 세우고 이름을 지었다면, 보다 기독교적이며 신앙적인 의미의 이름을 붙였을 것이기 때문이다. 아마도 바울은 이미 있는 '두란노 서원'의 공간을 빌려 사용하였든지, 아니면 어떤 독지가가 한 공간을 사용하게 배려해 주었을지도 모른다. 혹은 어떤 역사적 이유로 인하여 '두란노의 집'으로 불리면서 버려져 있던 공간을 바울이 접수하여 일종의 학교처럼 사용하였을까?[7] 아무튼 바울은 거기에 굳이 "ㅇㅇ 교회"라는 이름을 새로이 붙이지 않았다. 바울은 그 시설의 이름이나 과거 용도에 대한 아무 거리낌 없이 그 시설에 들어가서 말씀을 가르치는 학교로 사용한 것으로 보인다. 말하자면 그는 지역사회 속에 깊이 들어가서 거기서 일종의 교육사업을 통해 복음을 전한 것으로 보인다. 또한 바울은 거기서 많은 병자들을 고치고 악귀 들린 자들을 고쳐 주었으며, 믿은 사람들이 많

---

7) 김경진은 두란노 서원을 철학자 혹은 수사학자였던 두란노에 의해서 정기적으로 운용된 학교라고 이해한다. 교육은 주로 시원한 아침 시간에 이루어졌는데, 바울은 어떤 사본이 첨가하고 있는 바와 같이 학교가 비는 오전 11시에서 오후 4시 정도까지 이용했을 것이라고 본다. 김경진, 《사도행전》, 396. 그러나 '두란노'가 어떤 교사의 이름인지, 아니면 강당의 소유주였는지, 혹은 '두란노 강당'이라고 널리 알려진 건물의 이름이었는지를 확정할 수는 없다. D. Ernst Haenchen, 《사도행전》I, 235 주 2).

이 와서 자신들의 행위를 자복하였다(행 19:18). 또한 그로 인하여 마술을 (τὰ περίεργα) 하던 사람들이 그것을 그만 두고, 마술과 관련된 책을 모두 모아 불살랐는데 그 책값이 무려 은 5만이나 되었다(행 19:19).

에베소는 세계 7대 불가사의라는 거대한 아데미 신전이 있는 도시였고, 아데미 여신 숭배에 대한 자부심이 있는 도시이기도 했다. 그런데 바울의 사역으로 수많은 사람들이 기독교로 개종하게 되자, 그로 인하여 손해를 보게 되고 생업에 위협을 느끼게 된 아데미 신상 모형[8] 제작자였던 은장색 데메드리오가 동업자들과 시민들을 선동하여 큰 소동이 일어났다.[9] 그들은 바울의 동역자 가이오와 아리스다고를 잡아 연극장에 모여 소란을 피우기도 하였다(행 19:23-41). 역으로 말하면, 그들이 온 시가를 선동하여 소란을 피울 만큼 바울의 복음 사역은 에베소 지역 전체에 상당한 종교적 문화적 변화를 가져왔다고 볼 수 있다.

그러나 초기 교회가 지역사회에 복음을 전파한 것과 더불어 좋은 영향을 끼치게 된 것은 역시 지역사회의 가난한 이들, 특히 고아와 과부들을 돌본 것이라고 할 수 있다. 디모데전서 5장 1-16절에는 '참 과부'의 명단에 관한 기록이 나온다. 4절에는 어떤 과부에게 [장성한] 자녀들이 있으면 그들로 그 과부에게 효를 행하라고 하였으며, 16절에는 "만일 믿는 여자에게 과부 친척이 있거든 자기가 도와주고 교회가 짐지지 않게 하라 이는 참 과부를 도와주게 하려 함이라"고 하였다. 이는 한 편으로 교회가 이미 과부들을 돕고 있음을 암시하면서, 또한 교회의 짐을 덜기 위해서 가족이나 친척이 있는 사람을 제외하도록 하는 정책을 보여주는 것 같다. 또한 이 본문

---

8) 구 개역판 성경에는 "아데미 은감실"로 번역되어 있던 것을 개역개정판에서는 "아데미 신상 모형"이라고 번역하였다. 본래는 ναός ἄργυρους Ἀρτέμιδος이다. 이는 silver shrine of Artemis 즉, 아데미 신상을 포함하는 작은 신전 모형이었을 것으로 추정된다.
9) 김경진, 《사도행전》, 403.

은 '참 과부'에 대하여 말하는데 이는 당시 교회의 하나의 직분처럼 보인다.[10] 본문은 그러한 과부로서 명단에 올릴 사람의 자격에 관하여 말한다.

> "과부로 명부에 올릴 자는 나이가 육십이 덜 되지 아니하고 한 남편의 아내였던 자로서 선한 행실의 증거가 있어 혹은 자녀를 양육하며 혹은 나그네를 대접하며 혹은 성도들의 발을 씻으며 혹은 환난 당한 자들을 구제하며 혹은 모든 선한 일을 행한 자라야 할 것이요 젊은 과부는 올리지 말지니 이는 정욕으로 그리스도를 배반할 때에 시집가고자 함이니…"(딤전 5:9-11).

여기서 말하는 명단에 올릴 과부는 60세 이상으로서, 자신도 경제적 도움을 필요로 하여 교회로부터 도움을 받아야 하면서, 또한 동시에 교회의 도

---

10) 딤전 5:3, 9은 초기 교회에 '참 과부'라는 그룹이 있었음을 보여준다(비교 행 6:1; 9:39). 과부된 모든 여인이 다 여기에 속할 수 없었다. 참 과부는…(딤전 5:11). 이러한 특별한 과부의 제도는 Ignatius (Smyr. 13:10)나 폴리캅 (Phil. 4:3) 같은 초기 교회 지도자들에 의해서도 증언된다. O. J. Baab, "Widow", *Interpreter's Dictionary of the Bible*, 1962. 이 본문에 대하여 두 가지 상반되는 주장이 있다. 하나는 이 본문이 초기 교회에 있었던 어떤 등록된 과부 집단의 의무, 즉 기도, 접대, 목회적 가정방문, 고아들을 돌보는 일 등을 설명하는 것이라는 주장이고, 다른 하나는 이 본문이 어떤 과부들의 의무를 기술하는 것이 아니라 교회의 혜택을 받아야할 과부들을 선별하는 지침에 대하여 말할 뿐이라는 주장이다. 후자의 입장은 전자가 후대 교회의 상황을 본문에 투영해서는 안 된다는 입장을 취한다. William D. Mounce, *Pastoral Epistles*, 채천석, 이덕신 역, 《목회서신》(서울: 도서출판 솔로몬, 1990), 613-615. 그러나 이 두 입장을 그렇게 상반되게만 볼 필요는 없다. 교회 안에 구제의 대상으로서 과부들에 대한 명부가 존재했다는 것은 자연스러운 추정일 것이고, 그들 중에서 하나의 직분으로서 '참 과부'라는 직분과 용어는 시간을 두고 점차 정착되어 가는 과정에 있었다고 볼 수도 있다. 디벨리우스에 의하면 이 본문의 "교회의 과부"라는 용어는 하나의 전문용어로서, 교회 안에 정착되어가는 과정을 보여준다고 한다. Martin Dibelius, *Die Pastoralbriefe*, 김득중 역, 《목회서신》 3판(서울: 한국신학연구소, 1991), 115.

움을 나누어 주는 역할, 나그네를 대접한다든지, 순회 전도자들을 섬긴다든지, 환난 당한 자들을 구제하며 모든 선한 일을 하는 직분이라고 할 수 있다. 이러한 과부 명단의 존재 그리고 이러한 과부 직분의 존재는 초기 교회가 과부들에 대한 구제와 더불어 그들을 단지 도움만 받는 사람들로 남겨두는 것이 아니라, 그들로 하여금 교회와 함께 적극적으로 구제와 봉사를 실천하게 하였다는 것을 짐작케 한다. 초기 교회가 과부들의 명단을 가지고 있었다는 사실, 당시 로마 중앙정부나 지방정부 어디에서도 가지고 있지 않았던 명단을 가지고 있었다는 사실은 매우 의미심장하다. 야고보는 "하나님 아버지 앞에서 정결하고 더러움이 없는 경건은 곧 고아와 과부를 그 환난 중에 돌보고 또 자기를 지켜 세속에 물들지 아니하는 그것이니라"고(약 1:27) 하였다.

3. 고아와 과부들을 돌보는 일에 대한 구약성경적 근거

초기 기독교인들은 오늘날의 구약성경을 경전으로 받아들이고 있었고, 그 가르침을 재해석하기도 하였지만, 또한 그 가르침을 따르려고 노력하였다. 고아와 과부를 돌보는 일도 그런 연장선상에서 볼 수 있다. 고대사회에서 과부는 보호할 남편이 없어서 많은 고난과 억울한 일을 당하기도 하였다. 선지자들은 과부들에 대하여 행하여진 불의한 일들을 책망하였다(사 1:23 이하; 10:2; 욥 22:9; 24:3; 31:16; 시 94:6). 심판의 날에 하나님께서 노동자들과 과부와 고아를 압제한 자들에게 속히 심판하실 것이다(말 3:5). 이렇게 강하게 말하는 것은 고대 성서 시대에 과부들에 대한 압제가 많이 있었음을 증거한다.[11]

---

11) O. J. Baab, "Widow", Interpreter's Dictionary of the Bible.

과부(אלמנה)들에 대한 성경의 관심은 그녀들의 낮은 사회적 지위로 인하여 이런 관심이 필요했기 때문이다. 그녀들은 자선에 의하여 주어진 공적인 동정 외에 별다른 것이 없었다. 이런 상황은 구약에서나 신약에서도 마찬가지였다. 언약 공동체의 일원으로서 과부는 나그네나 고아들에게 주어진 것과 같은 긍휼을 받아야 했다(신 14:29). 그녀의 겉옷은 전당 잡힐 수 없었는데(신 24:17; 암 2:8), 아마도 이것이 그녀가 가진 유일한 것이었기 때문일 것이다. 곡식과 포도를 수확할 때 과부의 사정을 감안하여 일부를 남겨 놓아야 했다(신 24:19-21). 또한 레위인과 나그네와 고아와 과부는 매 3년마다 십일조를 받도록 되어 있었다(신 26:12; 27:19). 과부는 하나님의 특별한 보호의 대상으로서 하나님께서 그녀에게 먹을 것과 입을 것을 주신다(신 10:18). 하나님은 자비하셔서 고아와 과부들이 하나님을 신뢰하면 그들을 지켜주실 것이다(렘 49:11). 하나님은 고아의 아버지이시며 과부의 보호자이시라고 하였다(시 69:5).[12]

고아(יתום)에 대한 돌봄과 배려는 종종 과부들에 대한 배려와 함께 나타난다. 히브리 율법은 과부들과 더불어 아버지가 없는 어린이들에게 매 3년마다 십일조를 떼어서 공급하도록 주의 깊게 배려하였다. 또한 추수 때에 그들을 위하여 이삭을 밭에 남겨두도록 하였다(신 14:29; 24:19-21; 26:12; 27:19). 아버지가 없는 아이들을 돌보라는 호소는 성경 본문에 매우 빈번하게 나타난다(출 22:22; 신 10:18; 24:17; 사 1:17; 10:2; 렘 22:3; 슥 7:10; 전 4:10; 약 1:27).[13]

---

12) 같은 책.
13) O. J. Baab, *"Fatherless" Interpreter's Dictionary of the Bible*, 1962.

4. 로마 제국시대에 과부와 가난한 이들에 대한 교회 봉사

로드니 스타크에 의하면 고대 그리스-로마 세계에서 여인들이 과부가 된다면, 기독교인 여자는 훨씬 유리한 지위를 가질 수 있었다. 이교도 과부들은 재혼하라는 매우 큰 사회적 압력을 받았다. 심지어 아우구스투스(Augustus)는 과부들이 2년 안에 재혼하지 않으면 벌금을 물렸다. 물론 이교도 과부가 재혼하면 그녀는 모든 유산을 잃게 되고, 모든 재산은 새 남편의 소유가 되었다. 대조적으로 기독교인들 사이에서는 과부가 되는 것은 존경 받을 일로 여겨졌고, 재혼은 부드럽게 억제되었다. 부유한 과부들이 그 남편의 유산을 지킬 수 있었을 뿐 아니라, 교회는 그들에게 재혼할 선택권을 허용하면서, 가난한 과부들을 부양할 준비가 되어 있었다. 유세비우스(Eusebius)는 로마의 감독이었던 코르넬리우스(Cornelius)가 251년에 안디옥의 감독이었던 파비우스(Fabius)에게 쓴 편지를 우리에게 전해준다. 그 편지에 "1,500명 이상의 과부들과 가난한 사람들이" 지역교회의 보호 아래 있다고 한다. 그 당시 로마 교인들은 약 30,000명 정도로 추산되었다.[14]

로드니 스타크는 고대 기독교 교회가 고아와 과부를 비롯한 가난한 이들과 병자들을 돌보았다는 이야기를 기독교 문헌 뿐만 아니라, 기독교 외부 문헌들에서도 확인해 준다. 율리아누스(Julian) 황제는 기독교인들에게 필적하기 위해서 이교도 자선기금 모금을 개시하였다.[15] 율리아누스는 362년에 갈라디아(Galatia)의 대제사장에게 보낸 편지에서, 불평을 하며 이교도들은 기독교인들의 미덕과 같은 것을 가져야 한다고 말했는데, 그것은 최근에 기독교의 성장이 그들의 "도덕적 성격, (비록 꾸며진 것일지라도)"

---

14) Rodney Stark, *The Rise of Christianity* (San Francisco: HarperSanFrancisco, 1997), 104-105.
15) 같은 책, 83.

과 그들의 "나그네들에 대한 자비와 죽은 자들의 무덤을 돌본 것"에 기인하기 때문이라고 하였다.[16] 또 다른 제사장에게 보낸 편지에서 율리아누스는 다음과 같이 말했다.

> "나는 가난한 자들이 제사장들에 의해 무시되고 간과되는 일이 벌어졌을 때, 저 불경한 갈릴리인들은(the Galileans) 이것을 보고 자선에 헌신했다고 생각한다."

그는 또 다음과 같이 썼다.

> "저 불경한 갈릴리인들이 그들의 가난한 자들만 후원하는 것이 아니라, 우리의 가난한 자들도 후원한다. 누구든지 우리 백성이 우리들로부터의 도움이 부족하다는 것을 볼 수 있다."[17]

분명히 율리아누스는 갈릴리인들(기독교인들)을 혐오하였다. 그는 심지어 그들의 자선이 숨은 저의가 있을 것이라고 의심하였다. 그러나 그도 그의 자선기금과 이교도 조직의 자선기금이 기독교인들의 노력에 비하여 볼 때 빛이 바랜다는 것을 인정하였다. 기독교인들의 노력은 "대부분의 지역에서 사회적 봉사가 결여되어 있는 제국 안에 작은 복지 국가를 만들었다."[18]

---

16) 같은 책, 83-84.
17) Paul Johnson, *A History of Christianity* (New York: Atheneum, 1976), 75, cited in Stark, *The Rise of Christianity*, 84.
18) 같은 책.

5. 로마 제국시대에 전염병 환자들에 대한 교회의 대처

로드니 스타크에 의하면, 165년 마르쿠스 아우렐리우스(Marcus Aurelius) 황제 시절에 전염병이 전 로마 제국을 휩쓸었다. 이것은 아마도 천연두(smallpox)가 서양에서 처음 나타난 것이었다고 한다. 15년간 제국 인구의 1/4에서 1/3 정도의 인구가 죽었다. 아우렐리우스 황제 자신도 180년에 비엔나에서 죽었다.[19] 251년에 새로운 전염병이 다시 제국을 휩쓸었다. 이번에는 도시 뿐 아니라 시골에도 번졌는데, 그것은 홍역(measles)이었다.[20] 이 전염병이 한창일 때 로마 시에서만 하루에 5,000여 명이 사망하였다고 한다. 키프리아누스(Cyprian)은 251년에 "이 역병으로 인하여" "우리 중 많은 사람이 죽어가고 있다"고 기록하였다.[21]

키프리아누스, 디오니시우스(Dionysius), 유세비우스 등과 다른 고대 기독교 교부들은 전염병이 기독교 운동의 중요한 작용을 했다고 생각하였다. 로드니 스타크는 만일 전통적인 사회가 이러한 재난들에 의해 방해되고 도덕적으로 교란되지 않았더라면 기독교는 그렇게 지배적인 신앙이 되지 못했을 것이라고 하면서 세 가지를 주장한다.

첫 번째 주장. 이것은 카르타고의 감독이었던 키프리아누스의 글에 나온다. 전염병들은 이교와 헬라 철학의 설명 능력과 대처 능력을 궁지에 빠뜨리고 말았다고 한다. 대조적으로 기독교는 왜 이러한 끔찍한 일들이 인류에게 닥쳤는지에 관하여 훨씬 더 만족스런 설명을 제시하였고, 또한 미래에 대한 희망적이고 심지어 열광적인 미래를 그려주었다는 것이다.[22]

---

19) Stark, *The Rise of Christianity*, 73.
20) 같은 책, 73.
21) 같은 책, 77.
22) 같은 책, 74.

둘째 주장. 이것은 알렉산드리아의 감독이었던 디오니시우스의 부활절 서신에 나온다. 기독교적인 사랑과 자선(love and charity)의 가치는 처음부터 사회적 봉사와 공동체적인 결속의 표준들로 전환되었다. 재난들이 닥쳤을 때, 기독교인들은 그것에 보다 잘 대처할 수 있었고, 결국 상당히 보다 높은 생존율을 가져왔다. 매번 전염병이 지나갔을 때마다, 기독교는 새로운 회심자가 없더라도 인구의 훨씬 많은 부분을 차지하게 되었다.[23] 더구나 그들의 현저하게 높은 생존율은 기독교인들과 이방인들 모두에게 기적으로 여겨졌고, 이는 회심에 영향을 미쳤을 것이다.[24]

세 번째 주장. 이것은 사회적 일치에 대한 억제 이론(control theory of conformity)의 적용이다. 전염병이 인구의 상당한 부분을 파괴할 때, 남은 사람들은 과거에 그들을 결속시켜서 전통적 도덕적 질서를 유지하게 하였던 사람들 간의 유대(interpersonal attachments)가 상실된 채 남겨지게 된다. 전염병이 창궐하였을 때, 많은 사람들 특히 이교도들은 한 때 그들이 기독교인이 되는 것을 방해하였던 많은 사회적 결속들을 상실하였을

---

[23] 그런데 기독교인들이 병든 이들을 돌보라는 명령에 순종했다고 해서 무슨 큰 차이를 가져왔는가? "모든 정상적인 도움이 무너졌을 때, 단지 기본적인 간호일지라도 사망률을 크게 낮출 것이다. 단순히 음식과 물을 공급하는 것만으로도 스스로 병마와 싸우기 너무나 약해진 사람들이 불쌍하게 죽어가는 대신 회복되게 할 것이다"(같은 책, 88). 첫째 전염병이 발발하기 직전인 160년에, 인구 10,000명의 도시를 상상해 보자. 당시 제국 전체의 평균 기독교 인구 비율이 0.4%라면 기독교인과 비기독교인 인구 비례는 기독교인 40명, 비기독교인은 9,960명이고 이를 환산하면 1:249가 된다. 당시에 돌봄을 받지 못한 인구의 30% 정도가 전염병으로 사망하였다. 현대 의료 전문가들은 의약품 없이 단지 의식적인 간호만으로도 사망률을 2/3이상 떨어뜨릴 수 있다고 믿고 있다. 그렇다면 기독교인의 사망률은 10% 정도였을 것이다. 이 사망률을 적용해 보면, 전염병이 지나간 후 170년에 남은 자는 기독교인 36명: 비기독교인 6,972명이 되고, 이를 환산하면 1:197이다. 단지 전염병에 대한 생존률만으로도 기독교인의 비율은 상당히 증가한 셈이 된다(같은 책, 89).

[24] 같은 책, 74-75.

것이다. 한편, 기독교 사회적 그물망의 우월한 생존율은 이교도들에게 그들이 상실한 사회적 유대를 대치할 수 있는 보다 큰 확률을 제공했을 것이다. 어느 시대에서든 이런 사회적 그물망의 이동은 종교적 회심으로 귀결될 것이다.[25]

스타크에 의하면 인류 역사에서 자연적 혹은 사회적 재난으로 초래된 위기는 신앙의 위기로 전환되었다. 전형적으로 이런 일은 그 재난이 당시 사회에서 지배적인 종교가 감당치 못할 요구를 해 올 때 일어났다고 한다. 이런 무능력은 두 가지 차원에서 발생한다. 첫째로, 그 지배적 종교가 왜 그 재난이 일어났는지에 대한 만족할만한 설명을 제공하는 데 실패할 수 있다. 둘째로 모든 비종교적 방법들이 부적절함이 입증되고, 초자연적인 것이 유일한 도움이라고 여겨질 때, 종교는 결정적으로 중요해지는데, 그 종교가 그 재난에 대항하여 무익하게 보일 수 있다. 이러한 전통적 신앙의 실패에 대하여 사회는 종종 새로운 신앙으로 진보하거나 혹은 새로운 신앙을 받아들인다.[26]

스타크에 의하면, 이교도들과 그 제사장들을 비롯해서 철학자들도 왜 이런 불행한 일이 일어났는지 사람들에게 설명하지 못하였다. 박테리아에 대해 아무것도 알지 못하던 당시 과학으로서는 이런 전염병의 "자연적 원인"을 알 리가 없었다. 당시의 고전적 과학과 철학도 이런 전염병이 인간의 통제를 넘어서는 것이라고 볼 수밖에 없었다.[27] 그런데 기독교 신앙은 대답을 가지고 있었다. 맥닐(William McNeill)은 다음과 같이 요약한다.

> 기독교인들이 이교도들에 비해 누린 다른 유리한 점은 심지어 갑작스럽고 놀라운 죽음 가운데서도 인생을 의미 있게 만드는 그들의 신앙의

---

25) 같은 책, 75.
26) 같은 책, 77-78.
27) 같은 책, 80.

가르침이었다. 심지어 전쟁이나 역병이나 혹은 둘 다를 통해 살아남은 산산이 부서진 생존자들이라도 실종된 친척들이나 친구들이 하늘에 있는 비전 안에서 따뜻하고 즉각적인 위로와 치유를 발견할 수 있었다. 기독교는 그러므로 고난과 질병과 폭력적인 죽음이 만연한 환난의 시기에 철저하게 잘 적응된 사고와 감정의 체계였다.[28]

카르타고의 감독 키프리아누스는 그의 시대에 닥친 거대한 전염병을 거의 환영하는 것 같이 보인다. 251년에 그가 쓴 글에서 그는 오직 비기독교인들만이 그 역병에 관하여 두려워할 것이 있다고 주장하였다.

"의로운 자들이 불의한 자들과 함께 죽어가고 있다. 여러분은 악한 자와 선한 자 모두에게 파멸이 임한다고 생각해서는 안 된다. 의로운 자들은 다시 새롭게 되기 위하여 부르심을 받으나, 불의한 자들은 고통을 위해 불려 간다."[29]

그의 동료 감독이었던 디오니시우스는 알렉산드리아의 교인들에게 비슷한 분위기로 말했다. "다른 사람들은 이것은 축제의 때라고 생각지 않을 것이다" 그러나 "이는 고난의 때가 전혀 아니라 상상할 수 없는 기쁨의 때이다."[30] 엄청난 사망률을 인정하면서, 디오니시우스는 비록 이것이 이교도들을 두렵게 하지만, 기독교인들은 이 전염병을 단지 '배움과 시험' (schooling and testing)으로서 반겼다고 지적한다. 이러한 기록들을 근거로 스타크는 그리하여 모든 다른 신앙들이 의문시되었을 때, 기독교는 설

---

28) William H. McNeill, *Plagues and Peoples* (Garden City, NY: Doubleday, 1976), 108, cited in Stark, *The Rise of Christianity*, 80-81.
29) Cyprian, Mortality 15-20, 1958 ed. cited in Stark, *The Rise of Christianity*, 81.
30) Dionysius, *Festival Letters,* quoted by Eusebius, Ecclesiastical History, 7.22, 1965 ed., cited in Stark, *The Rise of Christianity*, 81-82.

명과 위로를 주었다고 주장한다. 더욱 중요한 것은 기독교 교리는 행동의 지침을 주었다. 즉, 기독교적인 방식이 작용하였다는 것이다.[31]

두 번째 거대한 전염병이 한창일 260년에 디오니시우스는 부활절 서신에서 지역 기독교인들의 영웅적인 간호 활동에 대해 찬사를 기록하고 있다. 그들 중에서도 많은 사람들이 다른 이들을 돌보다 목숨을 잃었다고 한다.

> 우리 기독교 형제 대부분은 결코 자신들을 아끼지 않고 오직 다른 이들만을 생각하면서, 무한한 사랑과 충실함을 보여주었다. 위험에 아랑곳하지 않고, 그들은 병자들을 돌보는 책임을 맡았다. 그들은 환자들의 모든 필요를 돌봐 주었고, 그리스도 안에서 그들을 섬겼다. 그리고 그들과 함께 평온한 행복 가운데 세상을 하직하였다. 왜냐하면 그들은 이웃을 자신들에게 기대도록 하고, 기쁘게 그들의 고통을 받아들이면서, 다른 이들에 의해 감염이 되었기 때문이다. 다른 이들을 간호하고 치유하면서, 많은 사람들이 그들의 죽음을 자신들에게로 옮겨오고, 그들 대신에 죽었다.… 우리 형제들 중 가장 훌륭한 사람들, 여러 장로들과 집사들 그리고 평신도들이 칭찬을 받으면서 이렇게 생명을 잃었다. 이런 방식으로 죽은 것은 위대한 경건과 강한 믿음의 결과였는데, 이는 모든 면에서 순교와 동등한 것으로 여겨진다.[32]

이교도들은 정 반대로 행동하였다. 질병이 시작되자마자 그들은 고통 받는 이들을 밀쳐 버리고 그들이 가장 사랑했던 사람들로부터 도망쳐 버렸다. 이들이 숨을 거두기 전에 길거리에 내던졌고 매장되지 않은 시체들을 오물처럼 취급했으며, 그리하여 그 치명적인 질병의 전파와 전염을 피하기

---

31) Stark, *The Rise of Christianity*, 82.
32) Stark, *The Rise of Christianity*, 82.

를 바랐다. 그러나 그들이 할 수 있는 것을 했지만, 그들은 도망치기가 어려움을 발견하였다.[33]

6. 고대 기독교인들의 봉사의 신앙적 근거

스타크는 여기서 교리 문제가 반드시 다루어져야 한다고 주장한다. 유대-기독교 사상의 발전과 함께 어떤 독특한 것이 세상에 들어왔는데 그것은 고차적으로 사회적이며 윤리적인 규칙과 종교를 연결하는 것이었다고 한다. 초자연적인 존재들이 인간에게 어떤 행동을 요구한다는 것은 새로울 것이 없었다. 신들은 항상 희생과 예배를 원했다. 초자연적인 존재들이 제물에 반응한다는 것도 새로운 것이 아니었다. 새로운 것은 자기 이익 중심적인 교환 관계 이상의 것이 초자연적 존재와 인간 사이에 가능해졌다는 것이었다. 하나님은 그를 사랑하는 자를 사랑하신다는 기독교의 가르침은 이교도들의 신앙에는 낯선 것이었다. 또한 이방 종교에 낯선 것은 하나님이 인간을 사랑하시기 때문에 기독교인은 그들이 서로 사랑하지 않으면 하나님을 기쁘시게 할 수 없다는 생각이었다. 실로 하나님이 그의 사랑을 희생을 통해 나타내시므로 인간은 그들의 사랑을 서로 서로를 위한 희생을 통해 나타내어야만 한다. 더구나 그런 책임은 가족이나 부족의 테두리를 넘어, 실로 "어디에서나 주 예수 그리스도의 이름을 부르는 모든 이들에게"(고전 1:2) 확장되었다. 이러한 것들은 혁명적인 생각이었다는 것이다.[34]

스타크는 마태복음 25장 35-40절에 나오는 말씀과 같은 것은 당시에 전혀 새로운 도덕이었다고 한다. 그리고 이것이 기독교 공동체의 표준이었

---

33) 같은 책, 83.
34) 같은 책, 86.

다.³⁵⁾ 터툴리아누스(Tertullian)에 의하면

> "우리가 힘 없는 자들을 돌보는 것, 우리가 사랑을 실천하는 것은 우리를 반대하는 수 많은 사람들의 눈에 우리를 각인시키는 것이었다. 그들은 '그냥 보기만 해라, 그들이 어떻게 서로를 사랑하는지!' 라고 말한다."³⁶⁾

하르낙(Adof von Harnack)은 *Apostolic Constitutions*에서 개괄적으로 보여주는 집사들의 의무에 대하여, 그들은 병든 이들과 약한 이들, 가난한 이들, 장애인들을 후원하기 위해서 구별된 사람들이었다는 것을 보여주기 위하여 인용한다.

> "그들은 밤낮으로 일반적인 봉사를 하면서 선행을 하는 이들이다. 그들은 가난한 이들을 경멸하지 않았고 부자라고 존경하지도 않았다. 그들은 누가 고난을 당하는지 그리고 그들이 교회 재정의 도움에서 소외되지 않는지 확인해야 했다. 또한 부유한 사람들을 강권하여 선행을 위해 돈을 떼어 놓으라고 하기도 하였다."³⁷⁾

폰티아누스(Pontianus)는 키프리아누스의 전기에서 그 감독이 카르타고의 교인들에게 어떻게 가르쳤는지를 다음과 같이 보고한다.

> "사람들이 함께 모였는데, 그는 우선 긍휼을 위한 기부금을 촉구한다.

---

35) 같은 책, 87.
36) Tertullian, *Apology* 39, 1980 ed., cited in Stark, *The Rise of Christianity*, 87.
37) Adolf von Harnack, *The Mission and Expansion of Christianity in the First Three Centuries* (New York: G. P. Putnams's Sons, 1908), 1: 161, cited in Stark, *The Rise of Christianity*, 87.

… 그리고 그는 더하여 말하기를 단지 우리 자신의 사람들만 소중히 여기는 것은 대단한 것이 없으며, 선으로 악을 이기며 하나님처럼 긍휼과 친절을 행하며, 원수들도 사랑하며, … 이교도들이나 세리들이 하는 것보다 좀 더 하는 사람이 온전케 될 것이라고 한다. 그리하여 선행이 믿는 가족들에게 뿐만이 아니라 모든 이들에게 행하여졌다."[38]

앞에서 보았듯이 율리아누스 황제가 기독교의 성장에 맞서서 이방 종교를 부흥시키려고 했고, 기독교인들의 자선에 필적하도록 그 제사장들을 독려했지만 반응이 거의 없었다. 스타크는 그 이유가 이들이 그렇게 해야 할만한 교리적인 근거나 전통적인 실천이 없었기 때문이라고 보았다. 로마인들이 자선에 대해서 아무것도 몰랐던 것은 아니다. 그러나 이들의 자선은 신들을 위한 봉사에 근거한 것은 아니었다. 이교의 신들은 윤리적인 위반을 처벌하지 않았는데, 그들은 인간들에게 아무런 윤리적 의무도 부과하지 않았기 때문이라는 것이다. 인간이 이방신들을 화나게 하는 것은 단지 예식상의 표준을 무시하거나 위반함으로써만 그렇게 한다고 보았던 것이다. 사실 이방신들은 아무런 구원을 주지 않았다. 그들은 여러 가지 도움을 주도록 매수되기는 하였지만, 사람들을 죽음에서 구원해 주지는 않았다.[39]

맺는 말

지금까지 우리는 신약성경에 나오는 초기 교회에서 교회가 어떻게 지역사회를 상대하였으며, 고아와 과부 등 가난하고 소외되고 병든 이들을

---

38) Harnack, *The Mission and Expansion of Christianity in the First Three Centuries*, 1:172-173, cited in Stark, *The Rise of Christianity*, 87.
39) Stark, *The Rise of Christianity*, 88.

돌보았는지, 그리고 그것이 어떻게 교회로 하여금 강력한 영적인 영향력을 가질 수 있게 해 주었는지를 살펴 보았다.

우리 한국교회는 지금 우리 주변의 가난한 이들과 병든 이들과 소외된 이들에 대하여 무엇을 하고 있는가? 우리 교회는 지역 사회와 어떤 바람직한 관계를 맺고 있는가? 오늘날 우리의 사회봉사나 사회참여 혹은 지역사회와의 관계는 어떤 교리적 혹은 신학적 바탕 위에서 이루어지고 있는가? 또는 고대와는 다른 상황 속에서 어떤 신학적 바탕 위에 이루어져야 하는가?

이런 질문들에 대하여 보다 깊은 연구가 필요하다. 물론 복지국가 개념이 없었던 고대 사회에서 교회의 역할과 복지 제도가 어느 정도 시행되고 있는 현재 상황에서 교회의 역할은 상당히 달라야 할 것임은 고려해야 할 필요가 있다. 또한 기독교인의 비율이 지극히 작았던 고대 사회에서 교회의 역할과 기독교인이 상당한 비중을 차지하고 있으며, 이미 기득권 세력이 되기도 한 오늘날 교회의 역할은 어떻게 달라야 하는가에 대하여도 심각하고도 깊은 반성과 고려가 필요하다.

제6장 평신도의 역할과 리더십[1]

　우리는 그리스도인들로서 세상을 살아가고 있다. 더구나 많은 사람들 지도적 위치에서 영향력을 발휘하며 살아가고 있다. 그런데 불행하게도 오늘날 우리 사회에서 교회와 그리스도인들은 신뢰를 잃어 가고 있다. 많은 그리스도인 지도자들이 존경의 대상이 되기보다는 지탄 대상이 되고 있다. 이 점에 있어서는 교역자나 평신도가 마찬가지인 형편이다. 그 결과 교회는 침체 상태에 빠져 있다. 이것은 매우 심각한 문제가 아닐 수 없다.

　지도자의 역할은 매우 중요하다. 지도자가 올바르게 잘 하면 그를 따르는 사람들과 공동체도 잘 되지만, 지도자가 잘못 하면 그를 따르는 사람들과 공동체도 함께 잘못되기 때문이다. 기독교 지도자로서는 교역자와 평신도 지도자를 모두 생각해야 할 것이지만, 이 글에서는 평신도 역할에 집

---

[1] 이 글은 "평신도 신학과 리더십"이라는 제목으로《하나님의 나라, 역사 그리고 신학 - 이형기 교수 은퇴기념 논문집》(서울: 이형기 교수 은퇴기념 논문편찬위원회, 2004년)에 실렸던 글을 수정 보완한 것이다.

중하여 논하기로 한다. 어떤 이들은 오늘날 한국교회 개혁을 위해서 16세기 종교개혁자들의 교리였던 만인 제사장설을[2] 강화하여 성직 제도를 타파하고 평신도 위주의 교회를 만들자고 주장하기도 한다. 물론 오늘날 목사들의 부패와 타락이 심하고, 더구나 이것이 일종의 성직주의 제도처럼 변질된 면이 있는 것은 사실이다.

그런데 종교개혁자들이 주장했던 만인 제사장설이 목사직을 아예 없애버리는 것을 의미하는 것이었던가? 그것이 아니라면, 목사의 역할은 무엇이며, 그와 구별되는 평신도의 역할은 무엇인가? 그리스도인으로서, 평신도로서 세상에서 지도력을 발휘하며 살아간다는 것은 무엇이며, 그 바람직한 방향은 어떤 것인가? 이 글에서는 교회 내에서, 그리고 세상에서 평신도의 신학적 의미와 역할을 살펴보고, 평신도 지도자가 발휘해야할 리더십의 성격에 대하여 연구해 보기로 한다.

1. 평신도 신학

"예배당은 성전이요, 목사는 거기에서 제사를 주관하는 제사장이다"라는 말은 사람들에게 쉽게 받아들여지고 있다. 과연 우리는 종종 교회에서 예배당을 성전으로, 목사를 제사장으로 비유하는 말을 듣는다. 그러나 본래 신약성경에 의하면 우리의 영원하신 대제사장은 오직 그리스도이시며(히 8, 9장), 모든 신자들은 그리스도 안에서 제사장과 같다고 한다(벧전 2:9).

---

[2] 국내에서 흔히 '만인 제사장설'이라는 용어는 엄격하게 말하자면 정확하지 않다. 왜냐하면 그 말은 문자적으로 신자든 불신자든 모든 인간이 제사장이라고 하는 것을 의미할 수도 있기 때문이다. 내용상으로는 'priesthood of all believers', 즉 '전신자 제사장설'이라고 말하는 것이 옳다. 그러나 이미 국내에서 '만인 제사장설'이라는 말이 보편화되어 있어서 그냥 사용하기로 한다. 그러나 그 의미는 분명히 의식하고 사용해야 할 것이다.

목사는 결코 배타적 의미에서 제사장이 아니다. 그는 말씀의 사역자이다. 그렇다면 목사만을 제사장으로 여기는 성직주의는 어디에서 왔는가?

평신도를 의미하는 영어 laity는 희랍어 라이코스(λαϊκός)에서 온 것으로서 라틴어에서는 laicus라고 하였다. 그런데 이것은 본래 성경에서 laos(λαός), 즉 일반 백성(하나님의 백성)에게 속하였다는 것을 의미할 때 쓰던 말이었다. 즉 하나님의 모든 백성이 '라이코스'였고 신약에서는 온 교회의 모든 신자가 모두 '라이코스'였다.[3] 여기에는 성직자와 평신도의 본질적 계급 구분이 없었다. 그러나 교회가 고대 희랍-로마의 국가 체제 안에서 정착되면서 신자들 사이에 본질적인 계급 구분이 생겼다. 고대 유럽 국가 체제에서는 'kleros'는 장관으로서 권력자이고, 'laos'는 일반 시민이었다. 그런데 'kleros'라는 말에서 'clergy', 즉 성직자라는 말이 유래한 것이다. 이리하여 교회 안에는 성직자들과 일반 신자들 사이에 계급 구분이 생기게 되었다.[4] 물론 신약성경 안에도 이들 단어들이 나오지만, 이 두 말 모두 하나님의 백성을 가리키는 말이었다.[5]

이런 의미에서 모든 신자들은 다 평신도요, 모두 제사장이라고 할 수 있다. 베드로전서 2장 9절에서 '왕 같은 제사장'이라는 말은 교회 내 특정 계급에 해당하는 말이 아니라, 모든 신자들에게 해당하는 말이었다. 그러나 후대 교회에서는 이것이 엄격히 구분되기에 이르렀다. 특히 로마교회에서는 이것이 철저히 제도화되었다. 이러한 흐름에 제동을 가하고 변혁을 이룩한 이들이 바로 종교개혁자들이었다. 루터와 칼뱅 모두 모든 신자들이 제사장적인 지위에 있음을 주장하였다. 이것은 우리에게 '만인 제사장설'

---

3) Hendrik Kraemer,《평신도신학》, 유동식 역(서울: 기독교서회, 1963), 52.
4) 위의 책, 54.
5) W. Robinson, The Doctrine of the Priesthood of All Believers, 1955, 17, cited in Kraemer, op.cit., 55. 예를 들어 벧전 5:3에서 κληρος는 평신도 양무리를 가리키고 있다.

이라는 말로 잘 알려져 있다. 루터는 은혜와 믿음으로 의롭게 된 모든 그리스도인들은 하나님 앞에서 모두 동일한 신분을 가졌으므로, 성직자들이 평신도 공직자들보다 신분상 우월하지 않으며, 교황만이 아니라 모든 신자들이 성경을 해석할 수 있고, 평신도도 공의회를 소집할 수 있다는 견해를 주장했다.[6] 심지어 루터는 평신도가 세례와 성만찬도 집례할 수 있다는 혁명적 주장을 하였다.[7] 그러나 루터는 실제로 평신도가 제사장으로 담당해야 할 주된 임무는 서로를 위한 중보기도와[8] 서로 죄를 용서하는 것이라고[9] 하였다. 칼뱅은 루터의 만인 제사장설에 동의했지만, 자신이 이 교리를 명쾌하고도 조직적으로 전개하지는 않은 것으로 보인다.[10] 레오나드 스위트만(Leonard Sweetman Jr.)은 칼뱅이 그렇게 하지 않은 것은 그가 항상 분명하게 조절되지 않는 상황들 속에서 질서가 깨어지고 혼란이 야기되는 것을 두려워했기 때문이라고 하였다.[11]

　　루터와 칼뱅 등 주류 종교개혁자들은 만인 제사장설을 주장하면서도, 계급적 제사장이 아니라 교회 안에서 말씀과 성례전을 담당할 특수 교역직의 필요성을 알고 있었으며, 그들의 교회 안에 이것을 담당하는 목사들의 직위를 제도화하였다. 목사들은 로마 천주교에서처럼 제사장이 아니라 말씀과 성례전을 담당하며 회중을 이끌어 가는 영적 지도자들이었다. 루터는

---

6) Martin Luther, "Address to the Christian Nobility of the German Nation," in *Three Treatises* (Fortress Press, 1973), 12.
7) Martin Luther, *Luther's Works*, 40. 34f.
8) Martin Luther,《그리스도인의 자유》, 한인수 역(서울: 도서출판 경건, 1996), 44 & 158.
9) Martin Luther, *Luther's Works*, 40. 27f.
10) Cf. Calvin, *Institutes*, IV. 19. 28, II. 15. 6, IV. 1. 12.
11) Leonard Sweetman Jr., "The Gifts of the Spirit: A Study of Calvin's Comments on 1 Corinthians 12:8-10, 28; Romans 12:6-8; Ephesians 4:11," in David E. Holwerda ed. *Exploring the Heritage of John Calvin* (Gramd Rapids: Baker Book House, 1976), 278.

일면 모든 평신도들의 사제적 지위를 긍정하였지만, 모든 신자가 이 직책을 수행해야만 하는 것은 아니라고 하였다. 교회 안의 질서를 위하여, 그는 공동체의 동의와 선거에 의하지 않고 함부로 그러한 일을 떠맡아서는 안 된다고 보았다.[12] 결국 안수 받은 특수 교역직의 필요가 있다는 것이다. 그러나 이들의 직책은 계급이 아니라, 하나님의 부르심과 은사에 따른 직책이었다.

그러나 많은 사람들에게는 이것 역시 하나의 상층 계급 구조처럼 인식되는 일이 많았고, 그러한 인식은 오늘날도 계속되고 있다. 그리하여 교회에는 성직자와 분리된 평신도들의 집단이 계속 존재하게 되었고, 이 집단은 제 몫을 다하지 못한 채, 결국 교회는 활력을 상실하는 일이 많아지게 되었다. 근래에 평신도 중요성이 새로이 인식되어 평신도를 일깨우고 훈련하며 이들의 일상생활 속에서 하나님 나라의 일꾼으로 사역하게 하려는 움직임이 일어나고 있다. 그 중에 하나는 평신도를 일깨워 말씀 사역에 동참시키면서 소그룹 위주의 성경공부를 강조하는 제자훈련 운동이다. 우리나라에서 이것을 지역 교회에 성공적으로 적용한 사례로 옥한흠 목사의 '사랑의 교회'를 언급할 수 있다.[13] 이는 선교단체의 방법을 지역 교회에 응용한 것으로 알려진다. 이것은 전통적인 교회에서 평신도가 단지 수동적인 역할만을 담당케 하였던 것에 비하면 획기적인 시도였다.

그러나 이러한 시도들은 평신도 지도자의 역할을 단지 소그룹 성경공부 인도에 국한시킨다는 인상을 준다. 또한 이는 평신도의 세상 속에서의 역할에 대하여는 새롭게 일깨우지 못하였다. 거기서 한 걸음 더 나아가 폴 스티븐스는 롤랜드 알렌(Roland Allen)의 자비량 선교 사역의 주장을 받아들여 직업을 가지고 자신의 삶의 현장에서 말씀 사역을 하는 평신도 운

---

12) Martin Luther, *Luther's Works*, 36. 116.
13) 옥한흠, 《평신도를 깨운다: 지역 교회를 위한 제자훈련의 이론과 실제》(서울: 두란노서원, 1984).

동을 주장한다. 이런 경우 교역자는 평신도들을 잘 구비시키는 지도자가 된다.[14] 그는 평신도 성경 교사와 설교자, 그리고 평신도 목회자와 양육 상담자, 예배 인도자, 직장 사역자, 이웃 전도자, 가정 사역자뿐만 아니라 사회정의 사역자까지도 제안하고 있다. 이것은 매우 중요한 제안이다.

이와는 좀 다른 방향에서 교회 안에 작은 교회들을 셀 조직으로 만들고, 그 셀들을 평신도 지도자들로 하여금 목자가 되어 섬기게 하는 셀 교회 운동도 있다. 여기서는 셀이 단지 성경공부 그룹이 아니라, 성령의 은사들로 서로 섬기는 공동체, 즉 작은 교회가 되는 것이다.[15] 셀 교회는 전통적 교회가 상실하고 있는 교회의 공동체성을 회복하고 활성화하여 교회를 생명력 있게 활성화하는 특징을 지닌다. 그러나 평신도 리더들에게 성령 은사의 분별과 말씀과 성례전 집례를 모두 허용함으로써 무질서의 우려를 낳기도 하였다. 필자가 듣기로는 이런 우려 때문에 국내에서 셀 목회를 하는 교회들은 각 셀의 목자에게 성례전 집행까지 맡기지는 않는다고 한다. 이런 것과는 전혀 다른 관점에서, 즉 하나님의 선교(missio Dei) 신학의 입장에서 교회와 그리스도인들이 세상 안에서 해야 할 역할을 강조한 경우도 있다.[16] 이는 하나님의 나라가 이 세상 한 복판에서 실현되어야함을 목표로 평신도들이 흩어지는 교회로서 사회에서 정의와 평화를 실현하기 위해 힘써야 함을 강조한다. 이것은 앞에서 예시한 사례들의 약점, 즉 사회 안에서 평신도들이 신앙을 가지고 어떻게 힘써야 하는가를 잘 강조하고 있다.

그러나 한편 사회활동만을 강조하는 나머지 전통적인 죄용서의 복음과 개인적 경건을 소홀히 여긴다는 비판을 받기도 한다. 이와 같은 여러 시도들은 나름대로 장단점을 지닌다. 그리고 전통적 교회와 직제를 무시하고

---

14) Paul Stevens,《평신도가 사라진 교회?》, 이철민 역(서울: IVP, 1995).
15) Ralph W. Neighbour, Jr.《셀교회 지침서》, 정진우 역(서울: 도서출판 NCD, 2000),
16) J. C. Hoekendijk,《흩어지는 교회》, 이계준 역(서울: 대한기독교서회, 1975).

무작정 이러한 시도를 전통적 교회에 적용하려고 하면 부작용과 무리가 따르기도 한다. 그러므로 이러한 시도들은 장점들을 잘 살리면서도 그 부작용을 줄이려는 신중한 검토와 노력이 요구된다.

이와같이 본래는 모든 기독교인이 laos이나, 이 글에서는 서술상의 편의를 위해서 평신도라는 말을 말씀 사역을 위한 전임 교역자들과 구분하여, 세상 속에서 직업을 가지고 하나님의 사역에 임하는 그리스도인들을 뜻하는 것으로 사용하기로 한다. 그러나 이러한 용어 사용은 계급적 성직주의를 지지하지 않는다는 단서와 함께 사용하기로 한다.

2. 평신도 지도자의 사회적 역할

평신도들이 교회 안에서 적극적인 역할을 하는 것은 물론 중요하다. 그러나 평신도들이 해야 할 보다 더 중요한 역할은 사회에서 담당해야 할 영적인 역할이다. 평신도들이 사회에서 지도력을 발휘하는 것은 주로 직업을 통해서이다. 신앙인에게 직업 또는 직장이란 무엇을 의미하는가? 신앙인에게 직업은 세속적인 것이고, 그래서 진정 철저히 주님을 섬기려면 직업을 버려야 하는 것인가? 주님의 제자들은 많은 경우, 자기의 직업과 재산을 버려두고 주님을 따르지 않으면 안 되었다.[17] 그러나 주님은 또 다른 어떤 사람들에게는 굳이 재산과 직업을 버리고 주님을 따라 오라고 요구하시지 않은 경우들도 있다(예. 막 5:18-19). 사도 바울은 노동과 직업을 복

---

17) 공관복음서의 전승들은 주님 자신이나 사도들의 경우, 종말론적인 복음 선포와 세속적 직업의 수행은 서로 배척하는 것처럼 보여주기도 한다. 그러나 마태는 "먼저 그 나라와 의를 구하라"고 하여, 우선 서열을 도입함으로써 그 긴장을 완화하고 있다. Gerhard Dautzenberg, "노동에 대한 성서적 관점들", 〈기독교사상〉 1989년 4월호, 34-35.

음 선포에 반대되는 것으로 여기지 않고, 오히려 그것을 남에게 폐를 끼치지 않는 삶의 방식으로 이해하였다(고전 9:6, 15; 살전 2:9).[18] 만일 우리가 여전히 직업을 가진 채 주님을 따를 수 있다면, 그 직업의 의미는 무엇인가? 사실, 열심히 신앙생활을 하는 많은 사람이 직업을 통해 하나님께 영광을 돌려야 한다는 생각을 하고 있다. 그런데 그 내용은 대체로 다음 세 가지 정도로 생각된다.

> **첫째**는 직업을 통해 돈을 많이 버는 것이다. 믿는 사람이 그렇게 성공적인 삶을 사는 것은 하나님께 영광이 된다. 그래서 하나님은 신실한 신자에게 물질적인 복을 주신다.
> **둘째**는 직업을 통해 돈을 많이 벌어서 헌금을 많이 하고, 선교 사업에 기여하는 것이다.
> **셋째**는 돈벌이 자체가 목적이 아니라, 직장에서 혹은 직업을 통해 만나는 사람들에게 복음을 전하는 것이다.

그런데 이러한 생각들은 직업 자체의 의미보다는 직업을 돈벌이나 전도 수단으로 보고 있다. 직업 자체의 의미는 없는 것인가? 첫번째 견해는 자칫 기복주의적 신앙을 조장하거나, 가난한 사람은 하나님께 영광이 되는 삶을 살 수 없는 것처럼 만들 우려가 있다. 물론 돈을 벌어서 하나님 사업에 헌금하는 것은 좋은 일이고, 직업 때문에 만나는 사람들에게 전도하는 것도 좋은 일이다. 그러나 이런 것 외에는 직업의 의미가 없는 것일까?

우리는 성경에서 두 가지 커다란 하나님의 명령을 발견한다. 하나는 마태복음 28장 19-20절에 나오는 이른바 '대사명' 이다. 그것은 복음 전파를 위한 사명이요 그리스도인들의 중요한 사명이다. 그런데 열성적인 그리스도인들도 곧잘 잊고 있는 다른 사명이 있다. 그것은 창세기 1장 28절에

---

18) 바울의 경우에 관하여, 위의 책, 37-38.

나오는 "생육하고 번성하여 땅에 충만하라, 땅을 정복하라, 바다의 고기와 공중의 새와 땅에 움직이는 모든 생물을 다스리라"는 명령이다. 이를 '문화명령' 이라고 부른다. 이 문화명령의 관점에서 보면 직업과 일이 그 자체로서 중요한 의미를 지니고 있음을 알 수 있다. 우리는 이 세상을 하나님의 뜻을 따라 잘 가꾸고 다스리는 청지기의 사명을 가지고 있으며, 오늘날 우리는 그것을 주로 직업적인 일을 통해서 실현하게 된다.

문제는 인간이 타락한 이후 인간은 더 이상 순수하게 이 문화명령을 준행하지 않고 자신들의 탐욕과 영광을 위해 이 세상의 것들을 악용하고, 남용하고, 오용하고 있다는 것이다. 뿐만 아니라 세상에 있는 사람들, 즉 하나님의 형상들조차도 자신의 욕심과 영광을 위해 악용하고 있다. 결국 타락한 인간은 하나님을 악용하고 있는 셈이다. 이것이 바로 종교의 함정이다. 겉모양은 신을 찾고 진리를 찾지만, 사실은 종교와 그 종교의 신을 이용해 자기 욕심을 채우고 자기 영광을 이루려는 것이다. 그리하여 오늘날 우리의 직업과 일의 현장은 심각하게 왜곡되고 부패되어 있다. 예수 그리스도의 구원은 단지 우리 각 개인의 영혼을 이 멸망할 세상에서 빼내는 것이 아니다. 예수님께서 이 세상에서 전파하신 복음의 내용은 '하나님 나라의 도래'였다. 주님은 우리 각 개인을 구원하실 뿐 아니라, 이 세상을 구원하여 하나님 나라를 이루기 원하시는 것이다. 하나님 나라는 하나님의 정의와 평화가 온전히 실현되는 나라, 하나님의 자비와 사랑의 나라이다. 하나님의 나라는 죽음 저편에만 있는 것이 아니다. 주님은 하나님의 나라가 이미 너희에게 임하였다고 말씀하셨다(마 12:28; 눅 17:21). 하나님 나라는 바로 여기 이 지상에서부터 시작되었으며 영원으로 이어질 나라이다.

이러한 하나님의 나라 실현을 위해서 우리는 전도해야 하며, 또한 직업과 일의 현장을 의롭고 평화롭게 바꾸어 나가야 한다. 이것이 직업과 일의 현장에서 뛰는 그리스도인 리더들의 중요한 사명이다. 우리는 직업과 일은 바로 하나님 나라 실현과 하나님의 영광을 위한 것이다. 직업과 일은 세상에서 '먹고 살기 위한 것' 일 뿐만 아니라, '하나님 나라 실현과 하나님의 영광을 드러내기 위한 것' 이다.

종교개혁자 루터는 수도원적인 생활뿐만 아니라 일반인의 직업도 하나님의 소명이라고 보았다.[19] 이는 매우 획기적인 주장이다. 루터의 시대에는 계층질서적인 사회 구조에서 오직 상층부의 사람들, 특히 성직자 혹은 수도사들의 일만이 신학적으로 의미를 가지는 것이었다. 그에 비하여 일반 대중의 일상생활은 신학적으로 무의미했다. 루터는 이신득의(以信得義)의 복음에 근거하여 만인 제사장론과 세속적인 일들의 소명으로서의 가치를 주장하였는데 결국 이것은 직업적인 일에 근본적인 신학적 의미를 부여한 것이다. 이런 뜻에서 루터는 긍정적 의미로 세속화, 즉 세속적인 모든 삶의 성화를 추구했다고 할 수 있다.[20]

---

19) 루터는 모든 그리스도인들에게 해당되는 두 가지 소명에 대해 말한다. 하나는 영적인 소명으로서 복음의 부르심이고, 다른 하나는 외적인 소명으로서 직업으로 하는 세속적인 일을 뜻한다. Luther, *WA* 34, II, 300, 8. 오늘날 주석가들은 루터와 그를 추종하는 전통이 소명으로서의 노동 이해를 뒷받침하는 구절, 고전 7:20-21을 잘못 해석하였다는 것에 대해 대개 일치한다. "이 구절에서 부르심이라는 말은 어떤 사람을 부르심을 가지고(with), 부르심으로(to), 부르심에 의해(by) 부르는 부르심이 아니라, 그가 그리스도인이 되도록 부름을 받았을 때 그가 처해 있었던 상태를 가리킨다." C. K. Barrett, *A Commentary on the First Epistle to the Corinthians*, NY, 1968, 169-170, cited in Miroslav Volf, "노동과 은사: 노동의 신학에 관하여," 「신학사상」, 64집, 1989년, 85. 또한 이 구절을 제외하면 바울과 그의 전통을 따르는 신약성서 기자들은 $\kappa\lambda\bar{\eta}\sigma\iota\varsigma$라는 말을 전적으로 "사람을 그리스도인의 지위로 옮긴다"는 것을 나타내는 전문 용어로 사용하였다고 한다. R. Preston, "Vocation" in *A Dictionary of Christian Ethics*, ed. by J. Macquarrie, 9th ed., London, 1984, 355, cited in Volf, loc. cit. 그러나 루터는 vocatio라는 말을 비그리스도인들의 노동을 가리키는 말로는 쓰지 않았다고 한다. G. Wingren, *Luther on Vocation* (Philadelphia: Muhlenberg, 1957), 15. 대조적으로 칼뱅은 소명이라는 개념을 순수하게 영적인 차원에서만 이해했다고 한다. W. Krusshe, *Das Wirken des Heiligen Geistes nach Calvin*, Göttingen, 1957, s. 33ff. cited by 이정배, "노동신학의 이론적 고찰 - 노동의 신학적 이해"〈신학과 세계〉, 1990년, 137.

오늘날 현대인의 삶은 어떠한가? 오늘 우리 사회는 산업혁명과 도시화, 그리고 정보화 혁명 속에서 부정적인 세속화의 길을 걷고 있다. 오늘날의 사회는 많은 사람들에게 있어서 더 이상 아무도 특별히 거룩한 삶을 살고 있지 않은 사회이다. 혹 열심 있는 신자들은 교회에서는 거룩한 것 같은데, 일상생활에서는 그렇지 않은 삶, 주일날에는 거룩한데, 다른 날은 그렇지 않은 이원론적이고 분열증적인 삶을 산다. 중세기에는 성과 속의 구분선이 계층질서적 사회 구성원들 사이를 지나고 있었다. 그런데 지금은 성과 속의 구분선이 한 신자의 마음과 생활 한 복판을 지나고 있다. 이러한 형편은 이 세상 모든 것이 그리스도 안에서 거룩해지고, 모든 일을 하나님의 영광을 위해서 하는 신약성서의 비전과는 매우 다르다.

사실 직업이라는 말은 상당히 현대적인 개념이다. 물론 고대 사회에도 오늘날 우리가 직업이라고 부를 수 있는 다양한 일들이 있었다(목자, 대장장이, 무두장이, 목수, 석수 …). 그러나 고대 사회에서 소수의 통치자들과 지식인들을 제외한 대부분의 사람들은 농업이나 목축업 등 1차 산업에 종사하고 있었고, 소수는 특수 기능을 가진 장인들이었다. 따라서 고대나 중세 사회에서 보다 현실적인 개념은 직업이라는 말보다, 신분이라는 개념이었다. 사실상 루터가 소명이라는 면에서 신학적으로 재해석하려고 했던 것은 오늘날의 직업이라는 개념보다는 신분 개념에 더 가깝다고 할 수 있다. 루터가 직업을 소명이라고 보아도 개념상 어렵지 않았던 이유들 중에 하나는 당시의 직업이라는 것이 신분과 관계가 되고, 따라서 직업 변동의 가능성이 희박했기 때문이다.[21]

오늘날 우리에게 익숙한 직업이라는 개념은 아마도 근대 사회에서 대

---

20) 이형기, "중세 사회의 직업관과 루터 신학에 있어서 직업의 의미"(장로회신학대학교 연합신학강좌 "직업과 영성", 1999년 2학기), 23f.
21) Miroslav Volf, "노동과 은사: 노동의 신학에 관하여", 〈신학사상〉, 64집, 1989년 봄, 78-79.

량의 자유 노동자들이 발생하고, 산업혁명 이후 2차 산업과 3차 산업이 발전하면서, 다양한 직종이 생겨남에 따라 현실적으로 등장한 개념일 것이다. 직업이라는 개념은 근대 이후 사회의 분화된 인간 노동의 현실을 반영하고 있다. 그러한 노동과 직업 현장에는 비인간화, 소외, 억압과 착취가 존재한다. 따라서 우리가 오늘의 시대에서 무작정 모든 직업을 하나님의 '소명'이라고 이해한다면, 타락하고 왜곡된 세상인 세속사회의 노동과 직업을 과대평가하고 절대화할 우려도 없지 않다.[22] 물론 그리스도인이 하나님의 인도하심과 부르심을 따라 바르게 행하는 일은 직업과 직종 그 자체에 상관 없이 고귀한 소명이라고 할 수 있다.[23] 그러므로 직업 세계에 직접적으로 종사하는 평신도 지도자들은 그들만이 감당할 수 있는 고귀한 사명을 가지고 있다고 할 수 있다. 이것은 우리의 기독교적 세계관과 가치관을 세상에서 우리가 수행하는 일들에 직접 적용하는 것이기도 하다.

 문제는 오늘날 우리가 살아가는 직업과 일의 세계가 인간과 인간 사회의 죄악과 부패성으로 인하여 심하게 오염되고, 왜곡되어 있다는 점이다. 그리하여 그리스도인들로서는 가질 수 없다고 판단되는 직업들도 있다. 그 직업 자체는 도덕적으로 비난 받을 것이 아니지만, 우리가 현재 세상에서 그런 직업적인 일들을 하며 살아가는 사회적 관행과 구조가 부패한 경우가 많다. 날마다 언론에 끊이지 않고 등장하는 수많은 부패 스캔들은 이러한 사정을 단적으로 보여주고 있다. 가짜 영수증, 이중 장부와 탈세, 인허가와 관련된 뇌물 수수, 온갖 특혜를 보장하는 금품 수수, 매점매석이나 담합 입찰, 지나친 접대와 향응 제공, … 이러한 것들이 관공서와 거래처들 사이에 거미줄처럼 얽혀 있다. 그러한 와중에서 빈익빈 부익부 현상은 심화되고, 가난하고 힘없는 이들의 고통은 계속되고 있다. 그래서 어떤 이들은 정말 정직하게 직장생활이나 사업을 해서 성공한다는 것은 거의 불가능에 가깝

---

22) 위의 책, 82f.
23) 김재영 편저,《직업과 소명》(서울: 한국기독학생회출판부, 1989), 98.

다고 한탄하기도 한다. 그러기에 여기에도 하나님의 은혜가 필요하고, 믿음과 기도와 그리스도인들의 헌신적 분투가 요청된다. 이를 위해서 개인적인 헌신도 필요하지만, 부패한 사회 구조와 홀로 맞서기 어려운 점이 많으므로, 그리스도인들이 함께 연대하여 연구하고 노력하는 것도 필요하다.

호켄다이크는 평신도가 바로 이런 차원에서 선교적 사명을 다해야 한다고 주장한다. 특히 가난하고 소외된 이들, 억눌리고 고통 받는 이웃에 대한 봉사에 있어서 평신도의 역할의 중요성을 이야기한다. 이는 특히 세속화된 기독교 이후 시대를 살아가는 서구의 현실에서 교회와 기독교 신앙의 의미를 되살리려는 노력으로 보인다. 평신도의 세상 속의 역할에 관하여 그는 "평신도만이 참으로 세상적이 될 수 있다"고 주장한다. 즉 그들은 일상생활 속에서 세상과 그리스도와의 유대를 실증할 수 있다는 것이다. 호켄다이크는 이런 의미에서 "평신도가 사도직을 맡은 자들"이라고 주장한다. 평신도가 한낱 '봉사의 조력자'로서 목사의 모조품이 되어 다소 '활동적인 회원'이 되면, 그는 자기가 사는 세계에서 고립될 뿐만 아니라, 사도의 기능도 상실하고 만다. 호켄다이크는 교회 생활의 모든 일이 평신도를 참된 기독교인으로 만드는 데 목적을 둔다면, 교회의 고립은 해소될 수 있고 세계의 중심에 다시 한번 복음을 들고 설 수 있게 될 것이라고 주장한다.[24] 평신도들이 세상에서 해야 할 일이 이것만이라고 할 수는 없지만(예를 들어, 평신도들은 세상에서 복음 전도자가 되어야 한다), 이러한 각성은 매우 중요하다.

3. 평신도 지도자와 교회 직제

평신도 지도자들이 교회 내에서 할 수 있는 역할은 무엇인가? 그 역할

---

24) J. C. Hoekendijk, op. cit, 94-95.

에 대한 견해는 교회 정치 제도에 따라서, 그리고 역사적 시대에 따라서 다르다. 16세기 종교개혁 이전까지만 해도 교회 제도는 감독제가 주류였으며, 로마 교회는 그 위에 교황제를 채택하고 있었다. 이런 상황에서 평신도들의 역할은 미미한 것이었다. 종교개혁자들은 교황제가 비성서적이라고 보고 이 제도를 반대하였다. 개혁자들 중에서도 루터파는 교황제를 배제하면서, 평신도 참여의 길을 열었지만, 감독제적인 틀을 이어 갔다. 그런 점에서는 칼뱅을 비롯한 개혁파가 더 선구적이었으며, 평신도 지도자들의 참여를 보다 적극적으로 수용했다고 할 수 있다. 개혁파에서는 장로제도와 회중제도가 발생되었다. 우리나라에서는 회중제 교회가 적고 장로제 교회가 대다수이므로 장로제도에서 평신도의 역할에 대하여 알아보자.

제네바의 개혁자요 개혁교회 신학의 중요 지도자인 칼뱅은 4가지 교직, 즉 목사와 교사와 장로와 집사에 대한 제도를 확립하였다.[25] 그는 주로 에베소서 4장 11절과 로마서 12장 7-8절을 근거로 교직제도를 세웠는데, 여기에 제시된 여러 교직들 중 4가지는 언제나 필요하며 또 존재하는 직분들이지만(일상직), 나머지, 즉 사도, 선지자, 복음 전도자, 병 고치는 자, 방언하는 자와 통역하는 자 등은 교회의 초창기를 비롯한 비상시에만 주어지는 직분들이라고 보았다(비상직).[26] 여기서 목사는 사도를 이어서 지교회에서 말씀과 성례전과 권징을 담당하는 자요, 교사는 주로 성서 해석을 담당하는 자이다. 그러나 교사의 일은 거의 목사의 일에 포함되므로 실제로는 거의 3가지 교직으로 말하기도 한다.[27] 평신도로서 참여하는 직책은 장로와 집사이다. 장로는 "백성들로부터 선출된 자들로서 감독들과 함께 도

---

25) 한국 장로교회에서는 여기 언급한 직책 외에 여성들을 위하여 권사라는 제도가 있다. 그러나 이것은 대단히 한국적인 것으로서, 여성 안수가 허용되지 않던 시절에, 여성 평신도 지도자의 역할을 수용하기 위하여 만든 것이다.

26) Calvin, *Institutes of the Christian Religion*, iv.8.4. 칼뱅이 4가지 교직 제도는 1541년에 제정된 제네바교회 내규에서 처음 나타났다.

27) *Institutes*, iv.3.4, iv.4.1.

덕에 대한 책망과 권징의 실행을 맡은 사람들"이다.[28] 칼뱅의 표현에서 다소간 모호한 점이 있지만, 칼뱅은 장로를 감독(episkopos)과 동등한 의미를 지니는 presbyteros라는 용어에서 보기도 하지만, 고린도전서 12장 28절에 나오는 '다스리는 것'(kybernesis)에서 유래하는 것으로 보기도 한다.[29] 이는 평신도 지도자로서 교회의 치리에 참여하는 직책이다. 집사(diakonos)는 가난한 자, 병든 자, 과부를 돌보는 일 등을 맡는 직책이다.[30] 이는 중세기에 집사직이 예배의식을 보조하는 직책에 불과했던 것을 칼뱅이 고대의 전통을 되살려 환자와 불우한 자를 돕는 직책으로 회복시킨 것이라고 할 수 있다.[31] 집사는 교회의 재정 출납을 비롯한 살림을 맡은 사람들인데, 그 살림의 주된 부분이 바로 환자와 가난한 이들을 돌보는 일이었음은 우리에게 시사하는 바가 많다. 그런데 오늘날 교회에서 환자와 불우한 이웃을 돕는 집사직의 의미가 퇴색된 것은 매우 아쉬운 일이 아닐 수 없다.

칼뱅에 의하면 이러한 제도는 하나님께서 일꾼을 그의 대리자로 택하심으로써 우리를 존중하심을 나타내며, 우리가 그 사역자들에게 순종함으로써 겸손이 실행되고 서로 의지하고 사랑하며 하나가 되게 하는데 유익하다.[32] 하나님께서 교회를 다스리는 데 사용하시는 이러한 인간적 봉사는 모든 신자들을 한 몸으로 연결시키는 주된 인대(靭帶)라고 한다.[33]

"이러한 직책을 맡기시고 이것을 수행할 은혜를 주신 사역자들을 통해

---

28) *Institutes*, iv.3.8.
29) *Institutes*, iv.3.8. 칼뱅은 딤전 5:17을 해석하면서 presbyteros를 말씀과 치리를 담당하는 presbyteros와 치리만 담당하는 presbyteros가 있다고 말하기도 한다. *Institutes*, iv.xi.1.
30) *Institutes*, iv.3.9.
31) Cf. *Institutes*, iv.4.5.
32) *Institutes*, iv.3.1.
33) *Institutes*, iv.3.2.

서 그리스도는 교회에 선물들을 주시며, 그것이 헛되지 않도록 이러한 그의 제도 안에서 성령의 능력을 나타냄으로써 마치 그 자신이 임재하시는 것처럼 자신을 나타내신다. 그러므로 성도들의 갱신이 성취되고 그리스도의 몸이 세워지며, 우리는 범사에 머리이신 그에게까지 자라며 함께 모여지고 우리 모두는 그리스도의 하나됨으로 인도된다."[34]

칼뱅의 이러한 논의는 에베소서 4장 11-14절의 말씀에 근거하고 있다. 그런데 여기서 사도, 선지자, 복음 전하는 자, 목사와 교사 등의 직분을 주시는 목적을 12절은 "성도를 온전케하며, 봉사의 일을 하게 하며, 그리스도의 몸을 세우려 하심이라"고 말하고 있다. 이 본문을 주의 깊게 보면, 이 교직자들의 임무는 신자들을 대표해서 일하는 사람들이 아니라, 신자들을 잘 구비시켜서 봉사의 일(diakonia)을 하게 하며, 그리스도의 몸을 세우도록(oikodome) 하는 일이다. 결국 평신도들은 가만히 앉아 있는 사람들이 아니라, 교직자들의 도움을 받아 봉사의 일을 하는 사람들이다. 본래 봉사를 뜻하는 diakonia라는 말은 식탁에서 시중드는 종과 같은 의미의 봉사를 뜻한다. 이는 평신도들이 종과 같은 별개의 계급이라는 말이 아니라, 모든 그리스도인들이 그러해야 하듯이, 종과 같은 섬김의 일을 해야 한다는 것을 보여 준다. 또한 몸을 세운다는 것을 뜻하는 oikodome는 building up을 의미하며, 성경 다른 곳에서는 '덕을 세움'으로 번역되기도 하는 말이다(고전 14:3-4). 이는 각기 다른 은사들을 받은 지체들이 피차 서로 서로를 격려하고 도우며 굳게 세워 주어서, 그리스도의 몸이 성장하고 견고해지게 하는 것을 의미한다. 우리에게는 견제와 균형이라는 민주주의적 원리도 필요하지만, 그보다도 먼저 서로를 세워주는 신앙적 자세가 더욱 필요하다.

---

34) *Institutes*, iv.3.2.

4. 평신도의 영적 리더십

근래에 리더십에 대한 관심이 열풍처럼 밀려오고 있다. 이는 개인의 삶을 또는 자신이 관여하고 있는 기업이나 기관이 하는 일을 성공적으로 수행하기 위한 현대인들의 갈망을 잘 보여주는 것이다. 이는 우리 사회가 경제개발 초기 단계에서 잘 살기 위해서는 무엇이든지 닥치는 대로 열심히 일하면 된다는 생각이 더 이상 통하지 않는 상황을 말해 주기도 한다. 밤잠 덜 자고, 덜 먹고 덜 쓰고, 악착같이 일하는 것 자체가 경쟁력이 될 수 있었던 시절은 이제 지났다. 이제는 보다 똑똑하게, 효과적으로 일해야만 성공할 수 있게 되었다. 어떻게 효과적으로 일할 수 있는가? 이런 관심에서 너도 나도 MBA 학위를 받으려는 열풍이 불기도 하였다. 그것은 인정받는 사람, 성공하는 사람이 되기 위한 필수 조건처럼 여겨지기도 하였다. 이제 교회와 기독교계도 예외가 아니다. 교회들이 복잡한 도시 사회에 정착하고 성장하기 위해서 경영학적인 통찰과 방법들이 응용되고 있다. 이런 통찰들은 어떤 면에서 복잡하고 변화무쌍한 현대 사회에서 교회가 여전히 활발하게 움직이며 성장하게 하는 데 도움을 주기도 한다.

성장, 성공 …!! 그런데 도대체 무엇에 성공하는 것이고, 무엇을 위한 성공인가? 사다리를 열심히 올라갔는데 올라가 보니, 사다리가 원하지 않는 쪽 벽에 걸려 있음을 발견하게 되지는 않는가? 성공을 위해 희생한 것들이 사실은 자신에게 더 소중한 것들이었음을 나중에야 알게 되지는 않는가? 그래서 사실 경영학이나 리더십을 논하는 사람들도 '가치관'을 중요하게 취급하고 있다. 스티븐 코비(Stephen R. Covey)도 효과적인 삶을 위한 습관으로서 '목표 확립'을 논하면서, 이 '가치관' 문제를 언급하고 있다.[35] 내가 추구하는 목표 설정 자체가 나의 가치관을 제대로 반영하지 못

---

35) Stephen R. Covey, 《성공하는 사람들의 7가지 습관》, 김경섭, 김원섭 역(서울: 김영사, 2003), 130ff.

했다면 나는 결국 헛수고를 하는 것이다. 그런데 내가 원하는 것, 내가 스스로 소중하다고 생각한 것을 얻었다 할지라도 이것이 내 이웃과 이 세상 사람들에게는 쓸 데 없거나 해로운 일이 되지는 않는가? 아니 어쩌면, 내가 달성한 목표가 하나님과 아무 상관도 없는 허무한 것은 아니었는가? 이런 점에서 우리의 신앙이 매우 중요한 역할을 한다. 기독교적 리더십은 기독교적 세계관과 가치관이 목표 설정과 그것을 수행하는 방법과 태도에 영향을 미치는 것을 말한다.[36]

기독교적 세계관과 가치관은 어떻게 우리의 리더십에 영향을 미치는가? 하나님 나라와 하나님의 영광이라는 가치는 우리의 목표 설정에, 섬김과 나눔은 그것을 성취하는 우리의 태도와 방법에 영향을 미친다고 할 수 있을 것이다. 하나님 나라와 영광에 대하여는 앞에서 언급하였으므로 나눔(koinonia)과 섬김(diakonia)에 대하여 이야기해 보자. 흔히 기독교적 리더십을 이야기할 때 '섬김의 리더십'을 이야기한다. 마태복음 23장 10-12절은 이렇게 말한다.

> "또한 지도자라 칭함을 받지 말라. 너희 지도자는 하나이니 곧 그리스도니라. 너희 중에 큰 자는 너희를 섬기는 자가 되어야 하리라. 누구든지 자기를 높이는 자는 낮아지고 누구든지 자기를 낮추는 자는 높아지리라."

---

36) 기독교적 리더십은 교회 중심적 리더십이기보다는 그리스도 중심적 리더십이다. 스티븐 코비는 자기가 주장하는 원칙 중심의 삶과 다른 것들 (배우자, 가족, 금전, 일, 소유, 명예, 쾌락, 친구 등) 중심의 삶을 비교하면서, 교회를 그 '다른 것들' 중의 하나로 취급한다. 그러한 취급 태도는 일장일단이 있다. 교회 중심의 삶을 상대화시키는 것은 교회 중심의 삶이 자칫 교회 생활과 사회생활을 유리시키고, 사회에서 이루어야할 하나님 나라의 문화 명령을 간과할 우려가 있다는 점에서 일리가 있다. 그러나 교회 중심을 벗어난다는 것이 반드시 하나님 중심을 의미하지는 않는다는 점을 유념해야 한다. 위의 책, 451-458.

기독교적 리더십이 섬김의 리더십이라는 이야기는 이제 더 이상 반복할 필요도 없을 만큼 잘 알려진 이야기이다. 그런데 이상하게도 실제로 이것을 실천하는 것은 많이 볼 수 없다. 여기에는 여러 가지 이유가 있을 것이다. 그런데 그 중에 하나는 '섬김'이라는 것을 목표 설정에 적용하고, 그것을 성취하는 방법과 태도에는 적용하지 않기 때문이다. (그러나 사실은 그 목표 설정 자체도 참으로 섬김을 적용하지 않을 때가 많다.) 즉, 자기가 하는 일 자체가 교회나 사회에 좋은 봉사가 된다고 자기를 정당화하면서, 실제로 그것을 수행하는 태도와 방법은 매우 권위주의적이고 고압적이 될 수 있다. 폭군이나 독재자들마다 자신들이 참으로 백성을 위해 봉사하는 자라고 주장했던 일은 아이러니가 아닐 수 없다.

  기독교적 리더십은 또한 나눔(koinonia)의 리더십이라고 할 수 있다. Koinonia라는 헬라어는 교통, 사귐, 교제, 나눔, 참여, 공동체 등을 의미한다. 예수님 자신의 리더십이 바로 사람들과의 사귐과 나눔의 리더십이었다. 주님은 친히 어부, 농부와 같은 평범한 사람들의 삶의 현장에 들어가 그들과 함께 삶을 나누셨다. 주님은 심지어 당시 사람들에게 버림을 받았던 세리와 창녀들과도 함께 교제하시며 그들을 참된 삶의 길로 이끄셨다. 제자들도 역시 주님의 삶에 참여하며 사귀었으며, 주님의 말씀을 다른 이들에게도 전하여, 그 사귐의 범위를 넓히고자 하였다(요일 1:1-3). 이러한 관점에서 보면 기독교 신앙과 전도도 코이노니아로 해석할 수 있다. 주님께서 부활 승천하신 후, 주님께서는 자신이 하시던 일에 우리가 참여하여 계속하도록 의도하셨다. 그것이 그리스도의 몸인 교회를(엡 1:23) 세우신 의도 중 하나였다. 그리스도는 이 몸의 머리이시며, 우리는 이 몸의 많은 지체들이다. 몸의 지체들은 각기 다른 능력을 부여 받고 다른 기능을 수행하지만 서로 유기적으로 교통하면서 교통하여 하나의 몸으로서 역할을 하도록 되어 있다. 성령의 은사들은 바로 각 지체들이 그리스도에게 참여하여 그리스도의 사역을 이어갈 수 있도록 하는 능력이다(고전 12:12-31).

그러므로 성령의 은사들은 본래적으로 섬김과 나눔을 위한 것이다.

그런데 문제는 사람들이 은사를 받기만 하면 그로 인하여 자동적으로 사랑을 행하며 겸손하게 섬기는 사람이 되지는 않는다는 것이다. 탁월한 능력과 은사들을 받았지만, 그것으로 섬김과 나눔을 실천하기보다는 자신의 이익과 영광을 위해 사용하는 사람들도 많다. 이른바 '사랑장'이라고 불리는 고린도전서 13장의 앞 뒤 맥락은 바로 그렇게 은사를 가지고 사랑을 실천할 줄 모르는 이들을 깨우치고 훈계하는 것이다. 사람의 방언과 천사의 말, 예언하는 능이나 모든 지식, 산을 옮길만한 믿음, 구제 등은 모두 은사와 그 능력을 뜻한다. 그러나 사도는 아무리 놀라운 은사와 능력이 있어도 사랑이 없으면 아무것도 아니라고 선언한다.

바로 여기에서 성령의 은사들과 함께 반드시 필요한 것이 성령의 열매이다. "오직 성령의 열매는 사랑과 희락과 화평과 오래 참음과 자비와 양선과 충성과 온유와 절제니 이 같은 것을 금지할 법이 없느니라"(갈 5:22-23). 성령의 열매는 성령의 은혜 가운데서 우리가 맺어가야 하는 아름다운 품성이요 미덕이다. 이는 또한 우리가 목표를 달성하기 위해서 일하는 태도와 품성을 말해주는 것이다. 우리의 복음 사역을 위해서는 성령의 은사와 열매가 모두 필요하다. 은사가 없는 사역은 무능력하고, 열매가 없는 사역은 무가치하다. 그런데 사람들이 실제로 중요시하는 것이 능력과 효율을 의미하는 은사이므로 태도와 품성을 말해주는 성령의 열매는 더욱 중요하다.

맺는 말

모든 그리스도인은 제사장이다. 전임 사역자들인 교역자들은 전문적인 말씀과 성례전 및 영적 지도 사역을 통하여, 평신도들은 직업을 통하여 교회와 세상에서 제사장직을 수행한다. 평신도 지도자들은 교회에서는 그들에게 맡겨진 직분을 통해서, 세상에서는 직업과 일을 통해서 복음을 전하며 하나님 나라를 이루고 하나님께 영광을 돌리기 위해서 그들의 지도력을 발휘해야 한다. 하나님의 나라는 하나님께서 왕이신 나라, 하나님의 의와 평화가 실현되는 나라이다. 이 하나님의 나라는 그리스도를 통하여 세상에 도래했으며, 이 세상 속에서 자라가고 있다. 하나님의 나라는 교회 안에서 교회를 통해 이루어지기도 하지만, 교회를 넘어서서 온 세상에서 이루어진다. 하나님은 온 세상의 주님이시기 때문이다. 이 하나님 나라를 위해서는 전도와 함께 직업적 일을 거룩하고 아름답게 변화시키는 것이 필요하다.

하나님은 각 사람이 세상에서 독특하게 수행할 일들을 위하여 재능을 주시고, 교회에서 수행할 일들을 위해서는 성령의 은사들과 그에 따른 직분을 주신다. 그리고 재능과 은사들을 바르게 사용하도록 우리 안에서 성령의 열매를 맺게 하신다. 우리는 나눔과 섬김으로 우리에게 주어진 사명을 이루어 가야 하겠다. 기독교적 리더십의 발휘는 이와 같이 기독교적 세계관과 가치관을 우리의 목표 설정과 그것을 수행하는 방법 및 태도에 적용해야 한다. 이 모든 일을 위해서 실로 많은 기도와 자기 성찰이 필요하다. 기독교적 리더십은 이러한 영성을 가진 리더십이요, 기도하는 리더십이다.

요즈음 리더십에 대한 이야기가 홍수를 이루고 있다. 그러나 애석하게도 정말로 따르고 싶은 지도자는 잘 보이지 않는다고들 한다. 오늘 우리 시대에 진실한 평신도 지도자들이 사회 곳곳에 필요하다. 그런데 종종 신실한 평신도들이 신학교로 와서는 결국 교역자가 된다. 전임 교역자가 되는 것이 좋은 일이기는 하지만, 사실 지금 전임 교역자는 너무 많다. 지금 우리 사회는 진실한 평신도 지도자를 요구하고 있다. 신학을 공부하더라도 다시 자기의 현장에 돌아가 봉사하는 평신도 지도자가 필요하다. 오늘날 세계는 주님의 복음을 전파하며 복음으로 세상을 변혁시키는 평신도 지도자들을 간절히 원하고 있다.

제7장 생명 존중의 신학적 기초[1)]
신정론적 질문에서 인정론적 질문으로

　2014년 4월 16일 세월호 참사가 일어난 후 3년이 지났는데, 세월호 참사는 아직도 현재 진행형이다. 3년 만에 어렵게 선체를 인양하였으나, 아직도 찾지 못한 실종자들이 있고, 선체 인양과 미 수습자 수색 과정에서 선체가 많이 훼손되어 진상 규명이 어려워졌다는 말도 들린다. 세월호 진상규명을 위한 특별법은 우여곡절 끝에 통과되었지만, 진상규명위원회는 파행을 거듭하다 중단되었다.

　그동안 속속 밝혀졌듯이, 이 사건은 자신들의 이익을 위해 승객들의 안전을 무시한 채 선박을 증축하고, 과적, 평형수 배출, 무리한 운행 등을 일삼아 온 해운회사, 승객들의 안전은 아랑곳없이 자신들만 탈출한 선장과 선원들의 문제인 동시에, 생명의 안전이 걸린 선박 운항 통제를 제대로 하지 않은 해양경찰, 이런 모든 일들을 사전에 올바르게 감독하고 시정하지

---

1) 이 글은 필자가 2014년 10월 26일 포항제일교회에서 열린 '포항성시화운동 신학 세미나'에서 발표한 글을 수정한 것임을 밝힌다.

못한 정부 당국과, 사고 직후 구조 활동을 제대로 하지 못한 당국 등의 문제가 뒤엉킨 사건이며, 또한 우리 사회 곳곳에 만연된 부패한 관행과 생명경시 풍조와 안전불감증을 여실히 보여준 사건이었다. 또한 세월호 참사 이후에도 계속 이어지는 대형 건물과 지하철 화재, 도처에서 속속 발생하는 싱크 홀들, 그리고 군대에서 계속 일어나는 폭력과 총기 난동 사건들, 계속되는 학교 폭력 사건들, 늘어나는 자살자들… 이 모든 것들이 우리 마음을 고통스럽고 어둡고 안타깝게 한다. 생명의 존엄성과 가치가 땅에 떨어졌고, 사람들은 자신들의 탐욕을 채우고, 자기만의 안전을 지키느라 남의 생명과 안전 따위는 아랑곳 하지도 않는다.

우리 사회는 자기중심적이고 이기적이며, 각박한 물질주의와 맘몬에 미혹되어 있다. 우리 사회는 삭막하고, 냉혹한 경제지상주의, 성장제일주의, 무한경쟁의 늪에 빠져 있다. 우리 사회에는 생명 경시 풍조가 만연해 있다. 오늘을 살아가는 사람들은 하나님과 이웃을 상실하고 익명성의 바다 안으로 도피한 작은 섬들과 같다. 그들은 마을과 공동체를 상실하고, 도시와 인터넷 세상의 익명성 안으로 숨어버린 고독한 도피자들이다. 어쩌면 이것은 하나님을 떠나 세속화된 세상이 겪는 당연한 귀결인지도 모른다.

문제는 안타깝게도 이 시대의 교회마저 이러한 세상에 빛을 비추지 못하고, 거기에 함몰되어 있거나 주저앉아 있다는 것이다. 이제 우리는 어떻게 해야 하는가? 우리는 다시 한 번 정신을 차리고, 각성하여, 신앙을 바로 세우고, 남의 생명과 나의 생명 모두를 귀히 여기는 새로운 파도, 생명 사랑의 거룩한 파도를 일으켜야할 사명 앞에 서 있다. 우리가 다시 생명의 존엄성을 회복할 수 있는 신학적 기초는 무엇인가?

1. 생명 존중의 창조론적 기초

1) 세계와 생명들은 하나님의 창조물이요 소유이다

하나님을 창조주 하나님으로 믿는 것은 기독교 신앙의 기본적인 내용이다. 하나님은 천지를 창조하신 창조주이시다(창 1:1). 여기서 '천지'라고 함은 단순히 저 하늘과 이 땅을 가리키는 것이 아니라 천지와 더불어 그 안에 존재하는 온 우주 만물을 가리키는 문학적 표현이다. 하나님의 창조에는 정신적, 영적 존재들뿐만 아니라, 물질적, 신체적 존재들도 포함된다. 그래서 전 세계 교회가 공유하고 있는 니케아-콘스탄티노플 신조(381년)의 첫 머리는 이렇게 시작된다.

> "우리는 한 분 하나님을 믿습니다. 그분은 전능하사 천지를 창조하시고, 보이는 것과 보이지 않는 모든 것을 지으신 아버지이십니다."

초기 교회에서 어떤 이들은 주변 세계의 너무나도 강력한 이원론 때문에 내면적인 영은 선하고 물질적인 육은 악하다는 생각에 빠졌다. 언뜻 들으면 그럴 듯하게 생각되고, 그래서 지금까지도 그런 식으로 생각하는 사람들이 있지만, 이것은 매우 비성서적, 비기독교적인 생각이다. 물질이 악하고, 물질적 신체가 악하다고 생각하면, 물질세계를 창조한 신은 악신이라고 생각하게 된다. 실제로 초기 교회는 이런 식의 이단들(영지주의, 마르키온 등) 때문에 매우 어려움을 겪었다. 물질 자체는 악하지 않다. 그것은 연약한 것이요 썩어 없어질 것이기는 하지만, 악한 것은 아니다. 하나님은 물질세계를 포함한 천지를 창조하시고 "보시기에 좋았다"고 하셨다. 하나님의 창조 세계는 선한 것이다. 오히려 악한 것은 정신이요 마음이다. 예레미야 17장 9절은 이렇게 말한다.

> "만물보다 거짓되고 심히 부패한 것은 마음이라."

악하고 거짓되고 부패한 것은 물질이나 육체가 아니라 마음이다. 예수님도 말씀하셨다.

> "이 모든 악한 것이 다 속에서 나와서 사람을 더럽게 하느니라"(막 7:23).

하나님의 창조 세계는 아름답고 좋은 것이었다. 이렇게 좋게 만드신 창조 세계는 그것을 만드신 하나님의 소유이다. 다른 어느 누구도 이 창조 세계의 소유권을 주장할 권리가 없다. 창세기 1장에 의하면, 하나님은 이 세계 안에 여러 생물(nephesh haya, נֶפֶשׁ חַיָּה)을 창조하셨다(창 1:21, 24). 창세기 2장 7절에 "여호와 하나님이 땅의 흙으로 사람을 지으시고 생기를 그 코에 불어넣으시니 사람이 생령이 되니라"고 하였는데, 여기서 '생령'이라는 말은 창세기 1장에 여러 번 나오는 '생물'과 동일한 nephesh haya이다.[2] 사람도 역시 그 nephesh haya 중 하나인 셈이다. 이 모든 생물들의 소유주는 역시 하나님이시다. 당연한 말이지만, 사람의 생명이나 생물들의 생명이 소중하고 존귀한 이유는 그것이 하나님께서 목적을 가지고 창조하신 하나님의 소유이기 때문이다.

하나님의 창조 세계는 하나님의 동산, 하나님의 정원이었다. 창세기 2장 4절 이하에 나오는 제2 창조 기사에는 하나님이 동방의 에덴에 동산을 창조하셨다고 하였다(창 2:8). 여기서 동산이라는 말 gan(גַּן)은 "정원, 둘

---

2) 창 2:7의 히브리어 본문에 흔히 생각하는 것과는 달리 영, ruach라는 단어가 나오지 않는다. 숨이라는 말도 neshama라는 단어를 쓴다. 창세기 6장에서 ruach와 neshama를 교차해서 쓴 적이 있지만, 그럴 경우에는 영을 의미하기보다는 단순히 숨, 호흡을 의미한다.

러싸인 공간"을 의미한다. 하나님의 창조 세계는 하나님의 정원이기도 하다. 그런데 흥미로운 것은 하나님은 정원을 만드셨는데, 집을 만드셨다는 말은 없다. 사람들이 하나님을 위하여 하나님의 집, 성전을 만든다고 하였지만, 무한하신 하나님을 그 집 안에 가두듯이 모셔둘 수는 없는 노릇이다. 솔로몬도 성전 낙성식에서 다음과 같이 말하지 않았는가?

> "하나님이 참으로 땅에 거하시리이까 하늘과 하늘들의 하늘이라도 주를 용납하지 못하겠거든 하물며 내가 건축한 이 성전이오리이까?"(왕상 8:27)

오히려 하나님은 그의 백성들 안에 거하기를 원하시고, 그의 백성들과 함께하시기를 기뻐하신다(사 41:10). 이제 그리스도 안에서는 세상에 있는 어떤 건물이 아니라, 하나님의 백성 공동체가 하나님의 집이요 성전이다(고전 3:9, 16; 딤전 3:15). 오늘날 어떤 신학자들은 세계의 소중함과 그 생명 세계의 신성한 가치를 주장하기 위하여, 세계를 '하나님의 몸'이라고 말하는 이들이 있지만, 이는 성경이 가르치는 바, 무에서 유를 창조하신 하나님에게는 어울리지 않는 생각이다.

아무튼 하나님은 그 정원에 역시 하나님의 피조물인 사람을 두셨다고 한다(창 2:8). 두셨다는 말 sum(םוש)은 공간적으로 위치를 정해 준다는 의미도 있지만, 어떤 지위를 부여하여 임명한다는 의미도 있다. 정원을 만드신 이가 거기에 사람을 두셨다는 말은 사람에게 그 정원 관리를 맡기셨다는 의미이다. 사람은 생명들의 낙원인 하나님의 정원의 정원사이다. 흔히 사람들이 말하기를 "인간은 만물의 영장이다"라고 하며 사람이 이 만물의 주인인 것처럼 생각하지만, 실상 만물의 주인은 하나님이시다. 인간은 하나님의 소중한 정원의 정원사요, 하나님의 청지기일 뿐이다.

그런데 그동안 인류는 이 창조 세계를 자기가 마음대로 할 수 있는 '자연'(自然)이라고 생각하고 남용하고, 착취하고, 오염시켰다. 그로 인하여 생태계는 파괴되어 가고 있고, 수많은 생물들이 멸종되고 있으며, 그 결과 인류도 멸종을 염려할 형편에 이르고 있다. 인류가 배출한 온실가스 때문에 대기의 온도가 상승하고 지구온난화가 이루어지고 있으며, 그 결과 상상을 초월하는 기상이변이라는 가공할 위기에 처하게 되었다.

생각해 보면, 이 모든 것들이 인간이 주제 넘게도 하나님이 주인이신 이 창조 세계에서 제멋대로 주인 노릇하며, 자기의 욕심을 따라 이 창조 세계, 생명 세계를 오염시키고 파괴한 죄악 때문이다. 이제 와서야 우리는 우리 인간의 생명이 소중할 뿐만 아니라, 온 생태계와 그 생명들이 모두 귀중함을 깨닫게 되었는데, 만시지탄(晩時之歎)이요, 이제 사태를 돌이키기조차 어려운 형편에 이르렀다. 우리는 이제라도 돌이켜 우리의 무지함과 죄악을 회개하고, 친생태계적인 생활 방식을 추구해야 할 것이고, 이제는 인간의 힘으로 돌이키기 어렵게 파괴된 이 창조세계의 회복을 위한 하나님의 은혜를 간구해야 할 것이다.

2) 인간은 하나님의 형상을 따라 창조된 존재이다

하나님이 창조하신 만물 중에서도 인간의 위치는 특별하다. 이미 지적하였듯이 인간이 하나님 정원의 정원사로 임명되었다는 사실 외에, 인간은 하나님의 형상을 따라 창조되었다는 특별함이 있다(창 1:26-28). 그런데 성경에 인간이 하나님의 형상을 따라 창조되었다는 말은 있지만, 그 하나님 형상됨의 의미가 무엇인지에 관하여는 분명하게 제시되지 않았다. 그래서 역사적으로 이에 대한 여러 가지 다양한 해석들이 있어 왔다. 과거에는 하나님 형상 개념을 주로 실체론적으로, 즉 인간이 소유하고 있는 어떤 실체 혹은 그 실체의 중요한 특성으로 이해하는 경향이 많았다. 이러한 특징으로서 많이 사용된 개념은 인간이 영혼을 가지고 있다는 점, 인간의 영혼의 합리성이나 자유의지, 하나님 인식 능력, 거룩한 행실을 할 수 있는 능력, 자기초월 능력 등이다. 문제는 인간이 타락하여 하나님을 바로 알지 못하고, 하나님과 교류하며 거룩한 삶을 살지 못하고 있다는 것이다.

근래에는 하나님의 형상을 관계적으로 이해하려는 경향이 많다. 인간 개인이 가진 실체적이 특징이 아니라, 인간들의 관계가 하나님 안의 내적 관계를 반영한다는 것이다. 인간은 하나님과 인간의 관계를 전제하고, 인간과 인간이 서로 사랑하는 관계를 형성하도록 창조되었다는 것이다.[3] 하나님 자신이 삼위일체로서 그 자신 안에 공동체적인 사랑의 관계를 내포하는데, 인간도 하나님을 본 받아 그 안에 이러한 사랑의 관계를 형성하여 살도록 창조되었다는 것이다. 이는 하나님이 애초에 인간을 하나님의 형상을 따라 창조하실 때, 개인이 아니라 "남자와 여자"로, 즉 사랑의 관계를 가지는 존재로 창조하셨다는 사실에서 나타난다. 창세기 1장 27절의 세 문장은 다음과 같은 운문체로 되어 있다. 우리말 번역에는 이것이 잘 나타나지 않아서 히브리어 문장을 직역한 영어 성경(NAU)으로 옮겨 본다.

> God created man in His own image,
> in the image of God He created him,
> male and female He created them.[4] (밑줄은 필자의 강조).

---

3) 본회퍼는 하나님과 인간 존재 사이에 어떠한 유비도(analogia entis) 없다고 본다. 피조물은 한 피조물이 다른 피조물과의 관계 속에 존재하며, 한 사람이 다른 사람을 위하여 자유롭다는 점에서 자유롭다. 하나님은 인간을 홀로 있게 하지 않으시고 남자와 여자로 지으셨다. 인간의 피조물성이란 이렇게 서로에게 맞서 있음, 서로 함께 함, 서로에게 의존함을 의미한다고 할 수 있다. 인간이 하나님과 어떤 유사함이 있다면, 그래서 하나님의 형상일 수 있다면 바로 이러한 관계성에 있다는 것이다. Dietrichh Bonhoeffer, *Creation and Fall*, trans. by Douglas Stephen Bax (Minneapolis: Fortress Press, 1997), 64-65.

4) וַיִּבְרָא אֱלֹהִים אֶת־הָאָדָם בְּצַלְמוֹ
בְּצֶלֶם אֱלֹהִים בָּרָא אֹתוֹ

이 세 문장의 내용은 실질적으로 동일하다. 둘째 문장에서는 "하나님의 형상대로"라는 말이 앞으로 나와(도치) 강조되어 있고, 셋째 문장에서는 "하나님의 형상대로"에 상응하는 말이 바로 "남자와 여자"이다. "남자와 여자로" 창조하였다는 말은 앞에 나온 "하나님의 형상대로" 창조하였다는 말을 다시 풀어 쓴 것으로 볼 수 있다. 이것은 하나님 형상에서 여성이 제외되어 있지 않음을 보여준다.[5] 또한 하나님의 형상을 남자와 여자만이 아니라, 사람과 사람이 함께하는 공동체적 관계를 의미하는 것으로 해석할 수도 있다.[6] 문제는 인간이 타락하여 이 관계를 올바로 맺지 못하고 서로 상처를 주고받으며, 관계를 파괴하고 있다는 것이다.

　　하나님의 형상론에서 어떤 입장을 취하든지, 중요한 것은 인간이 개인으로서든, 공동체적 관계로서든지 무언가 하나님을 닮은 특징이 있다는 것이요, 하나님과 사랑으로 교류할 수 있다는 것이다. 그러므로 인간이 하나님의 형상대로 창조되었다는 것은 서술적(indicative) 의미에서 인간됨의 복이요 특권이며, 또한 지시적(imperative) 의미에서는 그 형상답게 살아야 한다는 사명을 나타내기도 하다. 비록 이것이 인간의 타락과 죄악으로 훼손되었다 할지라도, 그래서 인간 스스로는 본래적인 모습을 회복할 힘이 없고, 그 형상된 사명을 완수할 힘이 없다고 할지라도, 여전히 인간은 하나님이 귀중히 여기시는 사랑의 대상이요 그리스도의 구속의 은혜로 말미암아 그 본래적 형상을 회복할 수 있는 존재이다. 인간이 이러한 존재라는 사

זָכָר וּנְקֵבָה בָּרָא אֹתָם

5) Gordon J. Wenham, *Word Biblical Commentary Genesis 1-15* (Waco, Texas: Word Books, 1987), 33.
6) 칼 바르트는 그의 하나님의 형상론을 전개함에 있어서, 본회퍼가 제안한 관계유비라든지 남녀를 창조하심 등 본회퍼의 통찰을 매우 높게 평가하면서, 응용 발전시킨다. 남녀의 관계성에서 나타나는 관계성은 바르트의 하나님의 형상 이해에 매우 중요하다. Karl Barth, *Church Dogmatics* vol. III/1 (Edinburgh: T. & T. Clark, 1958), 194-196.

실은 인간 생명이 얼마나 존엄하고 고귀한 존재인지를 나타내 준다. 이는 이것을 믿는 사람에게나 믿지 않는 사람에게나 모두 적용되는 사실이다.

3) 안식일, 면제년, 희년

우리가 생명을 존중히 여겨야한다는 사실은 십계명 중 하나인 안식일 계명에서도 나타난다. 십계명은 출애굽기 20장과 신명기 5장에 나온다. 출애굽기 19장 8절은 안식일을 기억하여 거룩하게 지킬 것을 명령하였고, 20장 10절은 안식일 준수의 방식을 좀 더 자세하게 명하였다.

> "일곱째 날은 네 하나님 여호와의 안식일인즉 너나 네 아들이나 네 딸이나 네 남종이나 네 여종이나 네 가축이나 네 문안에 머무는 객이라도 아무 일도 하지 말라."

이것은 생명 유지를 위해 땀 흘려 일해야 하는 모든 사람에게 정기적으로 휴식을 주어 노동의 피로에서 회복하게 해줌으로써 그 생명을 계속 유지할 수 있도록 돕는 제도적 장치라고 할 수 있다. 이 휴식에는 집 주인 뿐만 아니라, 그 집의 종들과 가축들과 나그네까지 차별하지 않고 모든 사람들이 참여하도록 배려하고 있다. 출애굽기 20장 11절은 이러한 안식일 준수의 신학적 의미를 다음과 같이 설명한다.

> "이는 엿새 동안에 나 여호와가 하늘과 땅과 바다와 그 가운데 모든 것을 만들고 일곱째 날에 쉬었음이라 그러므로 나 여호와가 안식일을 복되게 하여 그 날을 거룩하게 하였느니라."

세속적인 현대인들에게는 이것이 신의 안식을 빙자하여 억지로 인간들에게 종교적인 굴레를 씌우는 것처럼 보일 수도 있을 것이다.

 그러나 안식일은 후대 유대교에서 율법주의화 되어, 안식일에 하면 안 되는 수십 가지 일들을 세세히 규정하고 그것을 지키지 않으면 안 되게 만든 것처럼, 어떤 종교적 굴레가 아니다. 하나님이 제 칠일에 쉬셨다는 것은 하나님이 피곤해서 쉬었다는 말이 아니라, 엿새 동안 천지를 창조하시고 일곱째 날에 안식하시며 그 모든 창조물과 함께 즐거워하시며 그 생명을 향유하신 것을 의미한다. 그러므로 피조물이 안식일을 준수하라는 것은 하나님의 생명의 잔치와 휴식에 동참하라는 위대한 초청이다. 이것은 인간이 감히 그 창조주 하나님의 안식과 생명의 축제에 초대받는 것이요, 그리하여 살아갈 힘을 새롭게 재충전하는 것이기도 하다. 이것은 안식일의 창조론적 의미이다.

 그런데 안식일은 창조론을 넘어서 구속론적인 의미를 지니기도 한다. 십계명은 신명기 5장에 다시 반복된다. 출애굽기의 십계명이 출애굽 1세대와 맺은 시내산 언약으로 주어진 것이라면, 신명기의 십계명은 출애굽 1세대가 광야에서 모두 죽고, 그 뒤에 태어난 출애굽 2세대와 모압 평지에서 맺은 언약으로 묘사되어 있다. 신명기 5장 12절은 역시 안식일을 명령하였고, 14절은 그 안식을 함께 할 사람들을 제시하고 있다. 그런데 5장 15절에서는 안식일의 의미를 출애굽기와는 다르게 설명하였다.

> "너는 기억하라 네가 애굽 땅에서 종이 되었더니 네 하나님 여호와가 강한 손과 편 팔로 거기서 너를 인도하여 내었나니 그러므로 네 하나님 여호와가 네게 명령하여 안식일을 지키라 하느니라."

 여기서는 안식일의 신학적 근거가 천지창조 당시의 안식이 아니라, 애굽의 종살이에서 이스라엘을 해방시키신 하나님의 구원 사건으로 되어 있다. 이것은 안식일의 구원론적인 의미라고 할 수 있다. 신약성경의 예수님은 안식일에 병자를 고치시는 등 유대인들과 갈등을 일으키셨는데, 예수님 역시 구원론적 의미에서 안식일을 이해하셨다고 볼 수 있다. 안식일에 병자를 고쳐 그를 질병의 고통에서 풀어주는 것이나, 안식일에 구덩이에 빠져 위태롭게 된 양을 구해내는 것이나(마 12:10-12) 모두 그들이 상실한 진정한 안식을 되찾아 주는 것이라고 할 수 있다. 결국 중요한 것은 생명이요, 위기에 빠진 생명을 구해내는 것이다(막 3:4). 예수님은 당시 율법주의자들이 생명을 살리는 일보다 형식적인 종교적 계율에 얽매어 사람을 괴롭게 만드는 것을 책망하셨고, 당시 바리새인들로서는 용납하기 어려운 혁명적인 발언을 하셨다: "또 이르시되 안식일이 사람을 위하여 있는 것이요 사람이 안식일을 위하여 있는 것이 아니니, 이러므로 인자는 안식일에도 주인이니라"(막 2:27-28).

레위기 25장에는 안식년과 희년에 관한 법이 나온다. 레위기 앞부분에는 하나님 앞에서 죄를 씻는 제사법과 하나님 앞에서 거룩하게 사는 정결예법들이 나온다. 그리고 그에 이어서 25장에 안식년과 희년법이 나온다. 제사법이 하나님과의 잘못된 관계(죄)를 바로잡는 제도적 장치였다면, 안식년과 희년법은 하나님의 백성과 그들이 사는 땅의 관계 그리고 그 땅 위에서 사는 사람들 사이의 사회적 관계를 바로 잡는 제도적 장치라고 할 수 있다.

레위기 25장 1-7절은 안식년 규례를 보여준다. 안식년은 6년 동안 경작했던 땅을 쉬게 하는 해이다. 땅은 그 위에서 생명을 이어가는 모든 생물들과 인간의 생명의 터전이다. 그 땅도 쉬어야 지력을 회복할 수 있다. 생명의 주 하나님은 이런 일까지 세심하게 배려하신 것이다. 신명기 15장은 이를 '면제년'(shemittah, שְׁמִטָּה)이라 하여 보다 사회적인 관점에서 해석한다. 면제년에는 채권자가 채무자에게 빚을 탕감해 주라고 하였고(신 15:1-3), 채무 대신 자기 몸을 팔아서 종이 된 사람들을 해방시켜 주되, 심지어 쓸 것을 챙겨 주어서 내보내라고 하였다(신 15:12-14). 이것은 경제적 힘이 없어서 감당할 수 없는 빚을 졌거나 종이 된 사람을 다시 자유롭게 하고, 다시 새롭게 시작할 수 있게 하는 제도이다.

희년은(yowbel, יובל) 일곱 안식년을 지낸 후에 오는 제50년이다. 희년은 자유를 선포하는 해이다. 희년에는 어떤 문제가 생겨서 타인에게 자기의 삶의 터전인 기업(토지)을 판 사람이 무상으로 그 기업을 되돌려 받아 그 기업으로 돌아가는 해이다. 본래 토지는 모두 하나님의 것이요, 이스라엘은 그 토지를 분배 받아서 이것을 기업으로 삼아 경작하여 생활을 유지하게 되어 있다. 문제가 생겨 부득이하게 토지를 팔아야 할 경우, 토지의 가격은 토지 자체의 가격이 아니라 다음 희년까지 남은 해 수 동안 그 땅에서 나올 소출의 값이다(레 25:13-17). 그러므로 희년이 되면 무상으로 본인이나 그 상속자에게 돌아가게 된다. 희년이 돌아오기 전이라도 본인이 경제적으로 회복되거나 가까운 친척이 힘이 있으면, 우선적으로 토지를 되사올 수 있는 권리가 있었다(레 25:23-28).

이것은 토지가 어떤 특정인들의 소유로 집중되는 것을 막아서 경제적 불평등이 대물림되고 영속화되는 것을 막아 준다. 동시에 이것은 공산주의처럼 토지가 국유화되어 사유재산이 사라지고 사람들이 자유가 없어지며, 일할 의욕을 상실하는 것도 막아 준다. 자기 기업인 토지에서 생산한 것은 온전히 자기의 소유가 되기 때문이다. 이 희년법이 이스라엘에서 제대로 실천되었는지는 분명하지 않지만, 이것은 본래 하나님께서 의도하신 제도였음은 분명하다. 이것은 사회-경제적 평등과 자유를 함께 보장하는 제도였고 그 위에서 살아가는 사람들의 생명을 보장하는 제도였다.

면제년과 희년의 법은 땀 흘려 열심히 일하기보다는 불로소득으로 재산을 축적하며, 그것을 힘으로 삼아 탐욕과 이기심으로 다른 이들의 생명을 억압하고 착취하는 것을 제도적으로 차단하는 법이었다. 후에 예수님은 그 공생애 사역을 시작하면서 나사렛 회당에서 설교하실 때 이사야 61장 1-2을 인용하시면서 "이 글이 오늘날 너희 귀에 응하였다"고 선언하셨다.

그 말씀은 바로 희년의 선포와도 같다.

> "주의 성령이 내게 임하셨으니 이는 가난한 자에게 복음을 전하게 하시려고 내게 기름을 부으시고 나를 보내사 포로된 자에게 자유를, 눈먼 자에게 다시 보게 함을 전파하며 눌린 자를 자유롭게 하고 주의 은혜의 해를 전파하게 하려 하심이라 하였더라"(눅 4:18-19).

4) 일상생활에서 생명과 안전에 대한 율법

신명기 율법에는 일상생활에서 생명과 안전에 대한 법들이 포함되어 있다. 신명기 22장 1절에는 "네 형제의 소나 양이 길 잃은 것을 보거든 못 본 체하지 말고 너는 반드시 그것들을 끌어다가 네 형제에게 돌릴 것"이라고 하였으며, 2절에는 "네 형제가 네게서 멀거나 또는 네가 그를 알지 못하거든 그 짐승을 네 집으로 끌고 가서 네 형제가 찾기까지 네게 두었다가 그에게 돌려 줄지니"라고 하였다. 또한 4절에는 "네 형제의 나귀나 소가 길에 넘어진 것을 보거든 못 본 체하지 말고 너는 반드시 형제를 도와 그것들을 일으킬지니라"고 하였다.

또한 6절에는 "길을 가다가 나무에나 땅에 있는 새의 보금자리에 새 새끼나 알이 있고 어미 새가 그의 새끼나 알을 품은 것을 보거든 그 어미 새와 새끼를 아울러 취하지 말고 어미는 반드시 놓아 줄 것"이라고 하여, 야생 동물을 취할 때에도 생명의 보존을 위한 배려를 잊지 않도록 명령하고 있다. 그리고 8절에는 "네가 새 집을 지을 때에 지붕에 난간을 만들어 사람이 떨어지지 않게 하라 그 피가 네 집에 돌아갈까 하노라"고 하였다. 고대 유대인들의 가옥의 지붕은 평평하여, 그 위에서 휴식을 취하거나 기도를 하기도 하였는데, 지붕에 난간이 없으면 추락 위험이 있을 것이다. 율법은 이처럼 사람이 지은 집에 난간을 반드시 갖출 것을 명령하고 있다. 이 율법의 정신은 단지 지붕의 난간만이 아니라, 인간이 만드는 모든 시설물에 안전시설을 반드시 갖추어야 함을 의미한다고 볼 수 있다. 이러한 율법 조항들은 율법이 단지 엄한 종교적 계율인 것만이 아니라, 사람과 여타 생명들에 대한 존중과 배려를 담고 있음을 보여 준다.

2. 생명 존중의 구속론적 기초

예수 그리스도의 복음은 하나님의 사랑과 은혜의 복음이다. 이 복음은 인간의 죄를 용서해 주고, 영생을 얻게 해 주며, 인간을 그 본래적 하나님의 형상으로 회복시켜서, 하나님의 형상된 존재로서 그 사명을 완수할 수 있는 힘을 준다. 하나님은 인간과 인간이 속한 세상을 사랑하셔서 구원하시는 하나님이시다.

> "하나님이 세상을 이처럼 사랑하사 독생자를 주셨으니 이는 그를 믿는 자마다 멸망하지 않고 영생을 얻게 하려 하심이라"(요 3:16).

이것은 인간이 하나님께서 소중히 여기시고 사랑하셔서 다시 살리시고 영생을 주시기 원하시는 귀중한 대상임을 뜻한다. 여기서 생명은 zoe (ζωη)로서 앞서 우리가 살펴 본 nephesh나 psyche보다 고차원적이며 고상한 것이다. 이는 창조시에 우리에게 부여된 생명이 아니라, 예수 그리스도를 통하여 새로이 주어진 생명이며, 거듭난 생명이다(요 3:3). 그러므로 우리는 예수 그리스도의 복음을 믿어 영혼의 구원을 얻는다(히 10: 39; 벧전 1:9). 그런데 예수 그리스도의 복음은 우리 죽을 몸도 살리시는 부활의 복음이며, 우리는 생명의 부활에 참여하게 된다(요 5:29). 그러므로 그리스도의 구원은 궁극적으로 단지 영혼의 구원만이 아니라 영혼과 몸이 모두 포괄되는 전인적 구원이라고 할 수 있다. 더 나아가 그리스도께서 종말에 완성하실 새 하늘과 새 땅은 만물을 새롭게 하는(계 21:5) 새 창조이며 새로운 생명으로 약동하는 하나님 나라이다.

빌립보서 2장 5절 이하에 나오는 노래는 하나님의 아들이 우리를 사랑하시어 우리에게 생명을 주시기 위해서 얼마나 자신을 희생하셨는지를 여실히 보여준다.

> 너희 안에 이 마음을 품으라 곧 그리스도 예수의 마음이니 그는 근본 하나님의 본체시나 하나님과 동등됨을 취할 것으로 여기지 아니하시고 오히려 자기를 비워 종의 형체를 가지사 사람들과 같이 되셨고 사람의 모양으로 나타나사 자기를 낮추시고 죽기까지 복종하셨으니 곧 십자가에 죽으심이라 이러므로 하나님이 그를 지극히 높여 모든 이름 위에 뛰어난 이름을 주사 하늘에 있는 자들과 땅에 있는 자들과 땅 아래에 있는 자들로 모든 무릎을 예수의 이름에 꿇게 하시고 모든 입으로 예수 그리스도를 주라 시인하여 하나님 아버지께 영광을 돌리게 하셨느니라.

"하나님과 동등됨을 취할 것으로 여기지 아니하셨다"는 말에서 '취할 것'이라는 말은 harpagmos (ἁρπαγμός)인데, 그 뜻은 "붙잡을 것, 간절히 가지고 싶은 것"을 뜻한다. 하나님의 아들 그리스도는 하나님과 동등됨을 가지고 싶은 것으로 여기지 않으셨다는 말이다. 이것은 놀라운 말이다. 세상에 귀한 것, 가지고 있을만한 가치가 있는 것이 많지만, 이 세상 그 어느 것보다도 가치 있고 존귀한 것은 바로 하나님 자신의 존재요, 하나님 자신의 영광스럽고 존귀하신 지위일 것이다. 그런데 놀랍게도 하나님의 아들은 그것을 가질만한 것으로 여기지 아니하셨다고 한다. 그래서 자기를 비워 (ἐκένωσεν), 즉 하나님으로서의 영광과 존귀를 모두 비워내고, 사람의 모양으로 나타나셨고, 자기를 낮추셨으며, 십자가에 죽기까지 고난 당하셨다고 한다. 여기에서 나온 것이 그 유명한 'kenosis' 신학이다.

그런데 무엇 때문에 하나님의 아들은 그렇게 하나님과 동등됨을 harpagmos로 여기지 않으시고, 자신을 비우셨는가? 그것은 바로 죄인된 우리를 사랑하셔서 우리에게 새로운 생명을 주시려고 그렇게 하셨다는 것이다. 이것은 우리 인간으로서는 놀라운 이야기이고, 이해 불가능한 이야기이다. 이것은 지극히 존귀하신 하나님이 자기를 초월하셨다는 이야기이다. 그런데 일반적으로 '자기 초월'이라는 것은 자기보다 높이 올라감을 뜻하지만, 하나님은 반대로 자기보다 낮아지는 초월, 하나님이 하나님이시기를 그만두는 초월, 아래를 향한 초월을 감행하셨다는 것이다. 그런데 이것이 아래를 향한 초월이기에, 역설적으로 더욱 고상하고 높은 초월이다. 이것은 측량할 수 없는 하나님의 신비요, 하나님의 존재와 그 마음의 심오하고, 헤아리기 어려운 속 깊음이다. 이것이 그 어떤 다른 종교나 철학이나 도덕적 교훈을 넘어서는 복음의 놀라움이다.

우리는 하나님이 그렇게까지 사랑하신 존재들이다. 이렇게 소중한 생명들이다. 그런데 우리가 잊고 있는 것은 나뿐만 아니고, 내 이웃, 내 주변의 타자들도 모두 이런 하나님 사랑의 대상들이라는 점이다. 예수님은 말씀하셨다.

"사람이 만일 온 천하를 얻고도 제 목숨을 잃으면 무엇이 유익하리요 사람이 무엇을 주고 제 목숨과 바꾸겠느냐"(마 16:26).

여기에서 생명이라는 말은 psyche($\psi\nu\chi\eta$)인데, 이는 신약성경에서 구약의 nephesh를 번역할 때 흔히 쓰는 말인데, "목숨, 생명, 혹은 영혼"으로도 번역되는 말이다. 사람의 생명은 천하보다도 귀중하다. 그런데 나의 생명만이 그러한 것이 아니라, 내 옆에 함께 살아가는 모든 이들의 생명도 그렇게 귀중하다.

주님께서는 "네 이웃을 네 몸과 같이 사랑하라"로 명령하셨다. 우리는 이 말씀을 하도 들어서 그저 그렇게 흘려들을 때가 많다. 그런데 생각해 보자. 왜 이웃 사랑인가? 주님은 가족이나 친구들을 사랑하라고 하지 않으셨다. 우리는 굳이 명령하지 않아도 대개 그들을 사랑하고 있다. 주님은 우리에게 이 세상 모든 사람들을 사랑하라고 하지 않으셨다. 그러나 "할 수 있거든 너희로서는 모든 사람과 더불어 화목하라"는 말씀이 있다(롬 12:18). 우리는 이 세상 모든 사람들과 평화로운 관계를 유지할 수는 있지만, 모든 사람들을 사랑할 수는 없다. 하나님도 이를 아신다. 그래서 그런 명령은 내리시지 않는다.

이웃은 본능적으로 사랑하게 되는 혈연이 아니고, 어떤 동질성이나 동일한 목적 의식에 기초해서 자연스럽게 사랑하게 되는 친구도 아니다. 아내나 남편감은 선택할 수 있고, 친구도 선택할 수 있다. 그러나 이웃은 선택할 수 없다. 이웃은 하나님께서 내 곁에 보내 주신 사람이요, 사실 나와는 아무 관계도 없는 타자이다. 이웃은 우연히 단지 공간적, 시간적으로 나와 근접해 있는 낯선 타자이다. 아니, 이웃은 어쩌면 하나님의 섭리에 의해서 내 곁에 보내진 하나님의 선물이다. 하나님은 바로 이런 이웃을 사랑하라고 하시는 것이다. 유대인들은 이 '이웃'의 범위를 자기들 마음대로, 단지 동족인 유대인들로 한정하여 해석하였다. 사실은 동족인 이웃도 제대로 사랑하지 못하였지만, 그들에게 이방인들은 애초에 이웃 사랑의 대상이 아니었다.

예수님께서 "내 이웃이 누구입니까?"라고 질문한 어떤 율법사에게 강도를 만나 죽게 된 사람을(아마도 유대인을) 위험을 무릅쓰고 도와준 선한 사마리아 사람의 이야기를 들려주신 것은 그래서 의미심장하다(눅 10:25-37). 그 이야기 끝에 예수님은 그 율법사에게 반문하신다. "네 생각에는 이 세 사람 중에 누가 강도 만난 자의 이웃이 되겠느냐?" 그는 '내 이웃'이 누구냐고 물었지만, 예수님은 누가 '그의 이웃'이 되어 주었느냐고 반문하신다. 그 율법사는 유대인 체면에 차마 "사마리아인입니다"라고 대답하지 못하고 그냥 "자비를 베푼 자입니다"라고 대답한다. 예수님의 결론은 명쾌하다. "가서 너도 이와 같이 하라." 우리가 왜 스스로 선택하지 않은 타자, 낯선 이웃을 사랑해야 하는가? 내가 하나님의 놀라운 사랑의 대상인 것처럼, 그도 동일한 그 하나님의 사랑의 대상이기 때문이다.

주님은 "네 마음을 다하고 목숨을 다하고 뜻을 다하여 주 너의 하나님을 사랑하라"고 명령하셨다(마 22:37). 이렇게 명령하신 이유는 그것이 하나님의 형상을 따라 창조된 인간의 마땅한 도리요, 그렇게 살아감이 인간이 참되게 사는 길이며, 진정한 행복의 길이기 때문이다. 나의 생명이 소중한 이유는 그것이 내 것이기 이전에, 하나님의 아들이 목숨 바쳐 사랑하신 존재이기 때문이다. 시편의 시인은 "주의 인자하심이 생명보다 나으므로 내 입술이 주를 찬양할 것이라"고 노래하였다(시 63:3). 그러므로 주님께서 이렇게 명령하셔도 그것은 전혀 무리한 강요가 아니다. 내 이웃의 생명이 소중한 이유는 그들도 역시 하나님의 형상을 따라 창조된 이들이며, 하나님의 아들이 목숨 바쳐 사랑하신 사람들이기 때문이다.

인간은 그리스도와 성령의 은혜 안에서 개인적으로는 하나님과 교류하여 하나님의 성품에 참여하는 존재가 되도록 초청 받은 귀한 존재요(벧후 1:3-4), 공동체적으로는 하나님의 나라, 하나님의 백성, 정의와 평화의 공동체에 참여하도록 초청 받은 귀한 존재이다(막 1:15). 인간의 생명, 인간의 개인적인 생명과 공동체적인 생명 모두 하나님께서 귀중히 여기시는 것이다.

3. 십자가 신학

1) 예수 그리스도의 십자가

앞서 우리는 하나님의 아들이 하나님과 동등한 위치를 harpagmos로 여기지 않으시고, 자기를 낮추셔서 십자가를 지기까지 고난당하셨다는 사실을 지적하였거니와, 십자가는 하나님의 지극하신 사랑이 계시되는 곳이다. "우리가 아직 죄인 되었을 때에 그리스도께서 우리를 위하여 죽으심으로 하나님께서 우리에 대한 자기의 사랑을 확증하셨느니라"(롬 5:8). 하나님의 아들이 십자가에서 죽는다는 것은 상식적으로 말이 안 되는 이야기요, 어리석고 바보 같은 이야기처럼 들린다. 사도 바울은 십자가의 복음을 전하면서, 유대인과 이방인 모두가 이를 이상히 여기며 어려워 한다는 사실에 부딪쳤다. 그러나 그는 십자가의 복음을 포기할 수 없었다.

> "유대인은 표적을 구하고 헬라인은 지혜를 찾으나 우리는 십자가에 못 박힌 그리스도를 전하니 유대인에게는 거리끼는 것이요 이방인에게는 미련한 것이로되, 오직 부르심을 받은 자들에게는 유대인이나 헬라인이나 그리스도는 하나님의 능력이요 하나님의 지혜라 하나님의 어리석음이 사람보다 지혜롭고 하나님의 약하심이 사람보다 강하니라"(고전 1:22-24).

복음서들을 읽어보면, 예수 그리스도께서 십자가 외에 다른 지혜나 능력을 안 쓰신 것은 아니다. 그분은 바리새인들과 사두개인들이 말로써 놓은 덫을 놀라운 지혜와 언변으로 논박하셨으며, 사람들의 질문에 대하여 그들의 중심을 꿰뚫는 명쾌한 말씀으로 답하셨으며, 사람들의 하나님의 지혜로서 교훈하고 가르치셨다. 그분은 수많은 병자들을 놀라운 능력으로 고

치셨으며, 놀라운 이적들을 행하셨고, 심지어 죽은 자를 살리기도 하셨다. 그러나 막상 자신이 체포되고 십자가에 못박히게 되실 때에는 그런 지혜나 능력을 사용하지 않으셨다. 그분은 조용히 고난의 길을 가셨으며, 당시에 노예들이나 받는 모욕적이고 참혹한 고통을 수반하는 십자가 처형을 감수하셨다. 그분은 그렇게 우리의 죄를 짊어지고 심판을 당하셨다. 그런데 역설적으로 그 십자가는 우리에게 구원의 능력이 되었다.

> "십자가의 도가 멸망하는 자들에게는 미련한 것이요 구원을 받는 우리에게는 하나님의 능력이라"(고전 1:18).

이 십자가의 그리스도는 "하나님의 비밀"이다(골 2:2). 이것은 하나님의 '무능력의 능력'이다. 본회퍼는 십자가에 나타난 하나님의 능력에 대하여 다음과 같이 말한다.

> 하나님은 자신을 세상에서 십자가로 추방하지. 하나님은 세상에서 무력하고 약하며, 오직 그렇기 때문에 그는 우리와 함께 계시고 우리를 돕는다네. 그리스도가 그의 전능하심이 아니라, 그의 약함, 그의 수난으로 도우신다는 것은 마태복음 8장 17절에 분명하게 나타나 있네. 바로 여기에 다른 종교들과의 결정적인 차이가 있지. 인간의 종교성은 인간에게 곤궁에 빠졌을 때 세상에 존재하는 하나님의 능력에 의지하는 법을 가르치지. 그것은 *deus ex machina*이지. 반면에 성서는 인간에게 하나님의 무력함과 수난을 지시하고 있지. 오직 고난 당하는 하나님만이 도울 수 있지.[7]

---

7) Dietrich Bonhoeffer, *Widerstand und Ergebung*, 손규태, 정지련 역 《저항과 복종》(서울: 대한기독교서회, 2010), 681.

본회퍼가 말한 것처럼 오직 고난당하는 하나님만이 우리를 도울 수 있다. 이 고난당하는 하나님이 우리를 다시 살린다. 이 무능력해 보이는 하나님의 사랑이 우리에게 새 생명이 된다. 이처럼 인간의 생명은 하나님의 아들이 자신의 목숨을 바쳐 사랑하신 존엄하고 귀한 존재이다.

2) 상생의 논리와 십자가의 논리

요즈음 많은 사람들이 '상생'(相生)이라는 말을 사용한다. 철학자들이나 신학자들 그리고 정치인들도 이 말을 사용한다. 너도 살고 나도 사는 길을 찾아보자는 것이다. 사실 이 말은 증산도에서 나온 '해원상생'(解寃相生)이라는 말에서 유래한 것으로 보인다. 증산도에서는 남을 죽이고 내가 사는 길, 그래서 서로 원수가 되어서, 원수를 갚고 또 되갚는 원한을 풀고, 너도 살고 나도 사는 상생의 도를 살라고 가르친다. 상생이란 좋은 말이요 합리적인 말이기도 하다. 정상적인 질서가 유지되는 사회, 관계들에 다소 문제가 있어도 그다지 심각하지 않은 사회에서는 상생의 논리도 쓸만하다. 나도 살고, 너도 살자는데 나쁠 것이 없다.

그러나 이미 그런 질서가 깨진 사회에서, 그런 질서가 심각하게 깨진 관계에서는 상생이 사실상 불가능하다. 서로 원수가 된 원한을 풀자고 하지만(解寃), 사실 억울하게 엄청난 피해를 당한 피해자로서는 그 원한을 풀고 용서할 근거와 가능성이 없다. 억울하게 심각한 고통을 당한 피해자에게 단순히 원한을 풀고 용서하라고 요구하는 것은 그의 마음을 더욱 아프게 한다. 그들은 외친다: "네가 내 고통을 조금이라도 알기나 해?" 인간적으로 볼 때 그가 원한을 풀고 용서할 가능성은 없어 보인다. 그가 원한을 풀 가능성은 아무 죄도 없이 십자가에서 못 박혀 죽으신 예수 그리스도의 사랑을 받음에서 나온다. 그 가능성은 그리스도의 영인 "성령으로 말미암아 하나님의 사랑이 우리 마음 가운데 부어짐으로서"(롬 5:5) 나온다. 그 사랑이 원한과 상처를 씻고, 원한을 풀고 용서할 가능성을 열어 준다. 용서한다는 것은 원한을 갚을 나의 권리를 포기하는 것, 원한을 갚을 내가 죽는 것을 의미한다. 그것은 그리스도를 받아들이고, 그리스도를 본 받아 내가 죽고, 내가 희생해서 남을 살리는 일이다. 그러므로 우리에겐 십자가의 논리, 아니 십자가를 통해서 부어지는, 논리 이상의 사랑과 생명과 능력이 필요하다. 그것이 우리의 희망이다. (물론 이것은 가해자를 정당화하고, 가해자가 아무 일도 없었다는 듯이 지나갈 수 있음을 뜻하지 않는다. 가해자로서는 당연히 자신의 잘못을 인정하고 피해자에게 용서를 구해야 한다.)

그런데 안타깝게도 오늘날 교회마저도 그리스도의 십자가의 정신을 잃어가고 있다. 십자가 신앙을 내가 구원 받는 통로로서만 이해하고, 그 십자가의 예수를 본 받아 살아가는 데는 무관심하다. 나를 위한 십자가에만 집착하고, 내가 함께 죽는 십자가, 내가 지고 갈 십자가, 내가 주님과 이웃을 위해 희생하는 십자가에까지 나아가지 못하고 있다. 그 십자가에서 그리스도와 함께 나도 죽고, 그리스도의 생명으로 사는 데까지 나아가지 못하고 있다. 우리는 예수 그리스도의 십자가의 정신으로 돌아가야 한다. 그것이 너도 살고, 나도 살고, 우리 모두가 새롭게 사는 생명 세상의 출발점이다.

맺는 말: 신정론적 질문에서 인정론적 질문으로

지금까지 우리는 생명 존중의 신학적 기초를 성경의 가르침을 토대로 정리해 보았다. 우리는 생명 존중의 창조신학적 기초로서 세계와 그 안의 생명체들이 하나님의 창조물이요 하나님의 소유라는 점, 그것이 하나님이 아끼시는 정원이요 집이라는 점을 확인하였으며, 인간은 하나님의 형상을 따라 창조된 존재라는 점을 확인하였다. 이는 인간의 생명과 여타의 생명을 모두 존중해야할 신학적 이유를 보여준다. 또한 우리는 오경의 율법에 나오는 안식일, 안식년, 희년, 지붕 난간 설치 등의 규례에 담긴 정신이 생명을 살리고, 올바로 누리게 하는 정신을 담고 있음을 확인하였다.

또한 우리는 생명 존중의 구속신학적 기초로서 예수 그리스도의 자기 낮추심과 비우심에 담긴 우리의 생명을 살리기 위한 무한한 사랑, 그리고 그 사랑의 대상이 우리 각 개인을 위한 것일 뿐 아니라, 우리의 곁의 모든 이웃들에게도 향한 것임을 확인하였고, 사랑의 계명에 담긴 생명 사랑, 이웃 사랑의 정신, 예수 그리스도의 십자가 사건에 담긴 용서와 사랑의 능력, 생명 살림의 능력, 그리고 상생의 논리를 능가하는 생명 살림의 능력을 확인하였다. 이러한 구속신학적 기초는 창조신학적 기초를 잘 지키지 못하고, 생명 세계를 오염시키고, 파괴한 우리가 돌이켜 회복될 수 있는 길을 제시한다. 우리는 결국 생명을 살리고, 만물을 새롭게 하시는 예수 그리스도에게로 돌아가야 한다. 이 암울한 재난의 시대, 생명이 짓밟히고 파괴되는 이 시대에서 희망은 어디에 있는가? 생명을 사랑하시고, 생명을 살리시는 예수 그리스도가 우리의 희망이다.

사람들은 재난이 닥칠 때, 흔히 왜 나에게 혹은 우리에게 이러한 재난이 닥치는지를 질문한다. 전능하고 선하신 하나님이 계시다면, 왜 이런 악하고 고통스러운 일들이 일어나는지에 대해 질문한다. 이것은 전통적인 신정론(神正論, theodicy)의 질문이다. 신정론이란 이러한 재난과 고통 가운데서 신이 정말 옳으냐를 논하는 것을 가리킨다. 그런데 이런 질문은 사실 기독교 신학에서 시작된 것이 아니라, 철학에서 이미 시작된 것이다. 'Theodicy'라는 말은 대체로 18세기 철학자인 라이프니츠(Gottfried Wilhelm Leibniz)가 처음 사용한 것으로 알려지지만, 악의 문제에 관한 논리적 질문은 이미 에피쿠로스 같은 고대 그리스 철학자에게서도 찾아볼 수 있다.[8] 기독교 신학에서도 이런 문제들에 대하여 많은 논의를 해 온 것이 사실이며 이것은 아직도 신학적인 난제들 중 하나다.

그런데 오늘날 인간의 잘못으로 인하여 생겨난 숱한 대형 인재(人災)들을 경험하면서, 우리는 하나님이 옳으신지를 질문하기보다, 오히려 인간이 옳은가를 질문해야 하지 않을까? 신정론은 여전히 논할 필요가 있겠지만, 현실적으로는 오히려 인정론(人正論)을 논하는 것이 더 필요하지 않을까? 크리스토퍼 라이트(Christopher J. H. Wright)는 악의 문제에 관하여 변증하면서, 바로 이 문제를 거론하고 있다.[9] 그는 세상에 일어나는 악의 문제로 인하여 사람들이 하나님을 비난할 때, 아마도 하나님이 다음과 같이 말씀하시지 않겠느냐고 반문한다.

> "음, 미안하네. 그러나 누가 무엇을 허락했는지 지금 따지고 있는 것이라면, 자네들의 세상에서 수천 명의 어린이들이 예방할 수 있는 질병으로 시시각각 죽어가고 있다는 사실을 지적하고 싶네. 자네들에게 그 질병을 멈추게 할 수 있는 방법이 있는데도 말이야(그러나 분명히 그럴 의지는 없겠지). 어떻게 자네들은 그것을 허락하나?"
> "자네들 세상에는 수백만 명의 사람들이 서서히 죽어가네. 자네들 중 어떤 이들은 폭식으로 죽어가는데 말이야. 자네들은 어떻게 그런 고통이 계속되도록 허락할 수 있나?"

---

8) 이를테면, 에피쿠로스의 유명한 세 가지 명제들이다. "1. 만일 전능하고(omnipotent), 전지하며 (omniscient), 전선한(omnibenevolent) 신이 존재한다면, 악이 존재하지 않을 것이다. 2. 세계 안에 악이 존재한다. 3. 그러므로 전능하고, 전지하며, 전선한 신은 존재하지 않는다."

9) 크리스토퍼 라이트는 악의 근원에 관한 문제가 합리적으로 설명되기 어렵다는 것을 인정한다. 그러면서 오히려 역설적으로 그런 불가해함이 당연하다고 주장한다. "최종적인 진리에 따르면 악은 말이 안 된다. '의미' (sense)는 합리성의 일부인데, 이 합리성 자체가 하나님의 선한 창조와 우리 안에 있는 하나님의 형상의 일부분이다. 그래서 악은 '의미'를 가질 수 없다. 왜냐하면, 의미 자체는 선한 것이기 때문이다." Christopher J. H. Wright, *The God I Don't Understand: Reflections on Tough Questions of Faith*, 전성민 역, 《성경의 핵심 난제들에 답하다》(서울: 새물결플러스, 2013), 60.

"자네들은 같은 인간들 가운데 수백만 명이, 어떤 사람이 한 잔의 커피를 위해 쓴 돈보다 적은 돈으로 하루를 살아간다는 것을 알면서도 편안해 보이는군. 자네들 중 일부는 어떤 나라 전체보다 더 부유한 개인 재산을 가지고 있으면서 말이야. 자네들은 어떻게 그러한 역겨운 악을 허락하고 그것을 경제 체재라고 부를 수 있나?"

"노예무역 폐지 이전의 가장 열악했던 시대보다 지금 더 많은 사람들이 노예 상태에 있는데, 자네들은 어떻게 그것을 그냥 놔둘 수 있나?"[10]

우리는 지금 대형 재난이 꼬리에 꼬리를 무는 시대를 살아가고 있다. 그러한 대형 재난의 많은 부분이 단순히 자연적인 재난(天災)이 아니라, 인간의 잘못, 인간의 무지, 인간의 탐욕, 인간의 과실로 인하여 야기된 것들이다. 또한 자연적인 재난이 닥쳤다고 하더라도 인간이 충분한 관심과 주의와 노력을 기울였다면, 그 피해를 현저히 줄일 수 있었다는 점에서 많은 사람들은 그것을 인재(人災)라고 한탄한다. 그런데 우리는 다른 사람들이 그러한 부주의와 무관심과 잘못의 책임자일 때는 그것이 인재라고 주장하면서, 그 책임자들을 맹렬히 비난한다. 그러나 막상 일상생활에서 우리 자신들이 다른 이들의 생명과 안전을 귀중히 여기고, 생명을 지키고 살리는 일을 위해서 신중히 고려하고 배려하면서 생활하느냐고 하면, 그렇다고 쉽게 대답할 수 없다. 생명경시 풍조와 물신숭배와 탐욕과 무관심과 이기심, 그리고 안전불감증은 그들만의 문제가 아니라 우리 모두의 문제이기도 하다.

그러므로 우리가 어떤 신앙, 어떤 사상을 가지고, 그것을 어떻게 구체화하며 실천하는지가 중요하다. 그러므로 우리는 다시 생명을 귀중히 여기는 생명신학을 강조해야 하며, 이러한 생명 존중의 신학과 사상을 실현하는 개인적이며 사회적인 구체화와 구조화가 모두 필요하다. 개인적인 면에서 보면 그런 구체화와 구조화는 생명 존엄성의 신앙과 신학을 철저히 내

---

10) 위의 책, 43.

면화하며, 그에 따라 살아가는 내적인 품성의 변화가 이루어져야 한다. 또한 그와 더불어 공동체적으로는 사회적 구조와 관행의 개혁을 이루어 내야만 한다(여기서 고대 이스라엘의 안식일, 안식년, 희년의 법 등은 매우 중요한 참고가 된다).

왜냐하면 이러한 탐욕과 물신숭배와 무관심과 안전불감증은 그들만의 문제가 아니라 우리 모두의 문제이기도하기 때문이요, 그러한 타락한 인간의 부패성은 개인의 노력으로 일시에 다 변화되지는 않기 때문이다. 따라서 일상생활에서 우리 모두를 올바른 방향으로 이끌어 주고 통제할 제도적 장치들이 필요하다. 또한 우리가 아무리 생명 존중의 신학이나 사상을 강조한다고 해도 그것이 구체적인 구조로 체화되지 않으면, 그 신학이나 사상은 한낱 사변에 불과한 허구로 전락할 것이다. 이러한 구조는 교회 안에서도 안전시설들을 충분히 갖추고, 안전 수칙을 지키며, 평소에 안전에 필요한 교육과 훈련을 하는 것에서부터, 우리가 일하는 직장이나 사업장에서도 그렇게 하는 것을 포함하며, 정부나 여러 사회적 기관의 구조와 관행을 생명을 귀중히 여기며 생명의 안전을 최대한 보장하는 방식으로 바꾸어 나가는 것 모두를 포함한다. 그것은 또한 평소에 에너지와 물자를 절약하며, 우리의 생활 방식과 산업 생산품과 그 생산 방식, 그리고 산업 구조를 보다 친 생태계적으로 바꾸어 나가는 일도 포함한다.

제II부

제8장 빈야드 운동에 관하여

제9장 신사도 운동에 대하여

제10장 성화, 성령의 열매 맺기

제11장 평양 대부흥 운동에 나타난 성령의 사역

제8장 빈야드 운동에 관하여[1]

한동안 한국 교회에 '제3의 물결', '빈야드 운동' 혹은 '토론토 축복' 등으로 불려지는 현상이 교회를 어지럽게 한 일이 있었다. 그 운동이 여러 전통적 교단들로부터 정죄 혹은 '교류 금지' 대상이 되고 나서, 다소 수그러들기는 하였지만, 아직도 그 여파는 여러 형태로 한국 교회 안에 남아 있다.

그것이 "빈야드"라고 불리우는 이유는 미국 캘리포니아의 애나하임 (Anaheim, Califonia)에 있는 '빈야드교회' (Vineyard Christian Fellowship)를 이끄는 존 윔버(John Wimber)를 비롯해서 그 운동을 하는 사람들이 형성한 단체가 '빈야드교회연합' (Association of Vineyard Churches) 으로서 일종의 교단처럼 되었기 때문이고, '토론토 축복' 이라 함은 존 아

---

[1] 이 글은 동일한 제목으로 《하나님의 말씀과 우리말 성경》, 나채운 교수 은퇴기념 논문집 편찬위원회 편(서울: 장로회신학대학교출판부, 1997)에 실렸던 글을 수정 보완한 것임을 밝힌다.

노트(John Arnott)가 개척한, 그 교단 소속의 '토론토 공항교회'(Toronto Airport Vineyard)를 중심으로 일어나는 현상에 대하여 언론이 그렇게 불렀기 때문이다.[2] '제3의 물결'이라 함은 20세기 초에 일어난 오순절운동을 제1의 물결로 보고, 1960년대에 일어난 신오순절운동을 제2의 물결이라고 본다면 자기들의 운동은 그 양자와 비슷하면서도 다른 특징을 가진다는 의미에서, 이 운동에 동참했던 풀러신학교(Fuller Theological Seminary)의 피터 와그너(C. Peter Wagner)가 그렇게 부르기 시작했기 때문이다.[3]

새로운 교파로 형성된 오순절운동이나, 그것이 기성교회에 파급된 신오순절운동이나 모두 중생과 구별되는 성령세례를 강조하지만, 제3의 물결은 성령세례 교리나 그에 따르는 방언이라는 표적에 집착하지 않는다. 그러나 이들은 여러 초자연적인 성령의 은사들을 수용해서 전도해야 할 것을 강조하며, 또한 거룩한 웃음, 몸이 떨림, 쓰러짐, 짐승 소리 등의 현상과 함께 성령의 새로운 은혜가 주어진다고 한다. 그런데 기성교회의 많은 목회자들이 이들의 세미나에 참여하여 그런 현상들을 수용함으로써 교회 안에 갈등과 분열을 야기하는 등 많은 문제들이 야기되기도 하였다. 이제 '빈야드 운동'이라는 이름은 한국교회에서 많이 사라졌지만, 거룩한 웃음, 몸이 떨림, 쓰러짐, 짐승 소리, 금이빨 등과 같은 현상들은 아직도 여기저기에서 많은 추종자들을 모으고 있다. 빈야드운동에 관하여 신학적, 목회적으로 비판적 분석을 해보도록 하자.

---

2) 기독교 월간지인 Alpha의 편집자인 Dave Roberts는 The 'Toronto' Blessing (Eastbourne : Kingsway Publications, 1994)을 출판하였다.
3) C. Peter Wagner,《제3의 바람》, 정운교 역, 2판(인천 : 나눔터, 1994). 19. 이 책의 원제목은 How to Have a Healing Ministry Without Making Your Church Sick인데, 이 책의 한국어 번역판은 같은 저자 Wagner의 다른 저서 The Third Wave of the Holy Spirit (Ann Arbor, Michigan: Servant Publications, 1998)와 혼동을 일으키고 있다.

1. 성령에 대한 치우친 이해

필자는 이미 강의와 글을 통해 성령에 대한 사람들의 이해에 있어서 여러 다양한 관점들이 주장되고 있으며, 종종 이러한 관점들이 극단적으로 강조되면서 다른 관점들을 배제하는 경향을 지적한 바 있다. 이러한 관점들은 본체론적, 주지주의적, 주의주의적, 감정주의적, 권능주의적, 공동체적, 종말론적 관점 등이다. 우리는 이러한 관점들을 서로 상호보완적으로 이해하고 포괄적으로 수용해야 한다.[4] 그러나 우리는 빈야드운동에서 이들 중 특히 두 관점, 즉 권능주의와 감정주의가 강조되고 있는 것을 볼 수 있다. 능력전도를 주장하는 존 윔버의 경우는 권능주의적인 측면이 강하고, 감정적 경험을 중시하는 존 아노트는 감정주의적인 면이 강하다고 하겠다.

존 윔버의 성령 이해는 다분히 권능주의적이다. 존 윔버가 얼마나 권능주의자인가는 그와 동료들이 얼마나 자주 권능(혹은 능력)이라는 말을 사용하는가를 보면 즉시 알 수 있다. 그들이 출판한 책들의 제목은 *Power Evangelism, Power Healing, Power Point, Power Encounter* 등으로써 Power, 즉 능력 혹은 권능이라는 말이 자주 쓰이고 있음을 한 눈에 알 수 있다. 그런데 이들이 능력이라는 말로써 강조하는 바는 사실상 초자연적인 능력이요, 초자연적인 성령의 은사들이다. 다시 말해서 병자를 치유한다든지, 귀신을 내어 쫓는다든지, 예언을 한다든지, 혹은 지식의 말씀이라고 하는 은사를 사용해서 전도를 하는 것이다. 윔버는 전통적인 전도 방법, 즉 기독교 교리의 요점을 전달하는 지적인 호소 방법의 유용성을 부정하지는 않지만, 그러나 이런 방법은 능력 전도를 통해서 얻어지는 성과에 비할 바가 되지 못한다고 생각한다.[5]

---

4) 현요한,《성령, 그 다양한 얼굴》(서울: 장로회신학대학교출판부, 1998) 참조.

그는 전도에 있어서 지적인 면과 직관적인 면이 긴장 관계를 이룬다고 보고, 복음주의자들이 전자에만 집착한다고 지적한다. 그는 전도에 있어서 영적인 능력이 필요하다고 주장하는 것이다.[6] 따라서 그리스도인들이나 사역자들은 이러한 초자연적인 은사들을 받아서 전도 사역에 응용해야 한다는 것이다. 윔버는 복음 사역을 위한 능력을 얻기 위해, 성경공부도 중요하지만, 그 외에도 표적과 기사를 나타내는 능력으로 더욱 무장해야 한다고 한다.[7] 그는 또한 교리 지식이나 신실한 인격에 대한 강조도 좋은 것이지만 기적에 대한 믿음이 보다 많은 것을 보강해 준다고 말하였다.[8] 윔버의 동료인 훌러신학교의 피터 와그너도 표적과 기사를 믿는 믿음이 진정한 그리스도인의 필수조건은 아니지만 그리스도인들이 필수적으로 그것을 가져야 한다고 주장하였다.[9]

---

5) John Wimber, 《능력전도》(서울 : 도서출판 나단, 1991). 81쪽 이하.
6) 위의 책, 18-19.
7) 한국어 번역판에는 이 부분을 "그러나 이보다 더 중요한 것-표적 기사를 통해 하나님의 능력을 드러내는 일-이 있음을 깨닫고 나서는"이라고 되어 있다(『능력전도』, 79). 이 부분의 원문은 다음의 밑줄친 부분이다. "I assumed that Bible study, especially as approached in evangelical seminaries, was the key to being equipped and empowered to do God's work. In fact, I was to learn that there was more to being equipped than learning the Bible. I still believe in the importance and necessity of education, but I no longer see it as the sole avenue to being equipped and empowered to do God's work." John Wimber & Kevin Springer, *Power Evangelism* Revised ed.(San Francisco: Harper, 1992), 91. 이러한 차이는 번역자의 의도 때문인지, 아니면 위의 원문이 수정판이라서 초판의 것을 원저자들이 바꾸었기 때문인지 확인이 필요하다.
8) "Emphasis on doctrinal knowledge and character development is good: this other dimension of Christian growth adds much more" *Power Evangelism*, 91. 한국어 번역은 "교리적인 지식을 갖추고 신실한 인격을 길러 나아가는 일은 그리스도인의 삶에 있어서 매우 중요한 것이다. 그러나 기적에 대한 믿음을 갖는 것은 더욱 큰 의미를 지니고 있다"고 하여 기적에 대한 믿음을 훨씬 더 강조하고 있다. 《능력전도》, 80.

토론토 빈야드의 존 아노트는 신앙체험에 있어서 감정을 대단히 중요시한다. 그는 예수님께서 율법의 핵심을 하나님 사랑과 이웃 사랑이라고 말씀하셨을 때, 이 사랑을 다분히 감정적으로 해석한다. "하나님은 너와 더불어 깊고 감정적이며 의미 있는 관계를 가지고 싶어 하시며, 그는 또한 네가 그런 관계를 다른 사람들과 갖게 되기를 원하신다."[10] 그가 하나님을 사랑함은 율법주의적으로 열심히 일하는 것이 아니라, 하나님과 마음으로부터 친밀한 관계를 가지는 것이라고 말하는 점은 옳다.[11] 또한 하나님 사랑에 감정적 요소가 포함되는 것을 굳이 부정할 필요도 없다. 그러나 그는 지나치게 감정적 요소를 강조한다. 그에게 있어서 사랑은 우선 감정적인 것처럼 보인다. 그는 사랑에 관하여 말하면서 빈번히 romance, emotion, feeling 등의 말을 사용한다.[12] 그는 사회학자인 마가렛 폴로마(Margaret Poloma)를 인용하면서 "종교는 단지 특정한 교리들과 예식을 동반하는 객관적인 제도일 뿐 아니라, 주관적이고 감정적인 경험들을 내포한다"고 말한다.[13] 그가 사랑에 있어서 감정을 우선적으로 생각한다는 것은 다음과 같은 말에서 확연히 드러난다.

"우리는 감정적인 욕구를 가지고 있다. 그리고 우리는 감정적으로 사랑을 받을 필요가 있다. 감정은 우리의 창조주로부터 온다. 하나님은 감정을 가지고 계신다. 그는 감정적이시다. 그리고 우리는 그의 형상대로 지음을 받았다. 그는 우리를 감정적으로 사랑하기 원하신다. 그는 우리가 그를 온 마음과 생명을 다해 감정적으로 사랑하기를 원하신다.[14]

---

9) C. Peter Wagner, 《제3의 바람》, 110.
10) John Arnott, *The Father's Blessing* (Orlando, Florida: Creation House, 1995), 14.
11) 위의 책
12) 위의 책, 16, 21, 23, 25, 59, 89쪽.
13) 위의 책, 21.

어떤 사람들은 빈야드운동의 성령이해가 성령을 비인격적으로 이해한다고 비판하기도 한다. 분명히 빈야드운동은 성령의 이적적인 은사들과 감정적인 경험을 중요하게 평가한다. 그러나 이들 자신도 성령을 단순한 기적적 능력으로 치부하지는 않는다. 이들은 삼위일체와 성령의 인격성을 믿는다. 존 아노트의 책 *Father's Blessing*에는 성령의 인격성을 강조하는 것을 역점으로 하는 장이 따로 있다(제2장).

우리는 오늘날도 하나님의 성령님께서 놀라운 은사들을 통해 그 자녀들과 사역자들을 도우신다는 것을 부인할 이유가 없다. 그러나 은사들 가운데는 초자연적인 것같이 보이는 것도 있지만, 그렇지 않은 것들도 있으며 그 둘 모두가 중요하다.[15] 그리고 이런 은사들은 각 사람이 모두 받아야 하는 것이 아니라, 각 사람의 사명과 필요에 따라 하나님께서 나누어 주시는 것이다. 즉 은사들은 다양성이 있다는 것이다. 그러나 빈야드운동에서는 초자연적인 은사들과 능력, 그리고 신비 현상들이 지나치게 강조되고 있다. 특정한 은사들과, 격렬한 감정의 분출 현상들의 이적들이 지나치게 강조되면, 성령의 다른 중요한 측면들(즉 말씀, 사랑의 삶, 공동체 안에서의 교제, 사회에 대한 책임적 행위에 관련된 성령의 역사)이 간과되거나 약화될 수 있다. 와그너 역시 능력과 기사만이 하나님이 역사하시는 유일한 것은 아니라고 인정한다. 그는 이적과 표적 없이 교회가 성장한 사례들도 있음을 알고 있다.[16] 이런 문제에 대한 비난이 많아서인지 아니면 처음부터 그러했는지 모르나, 존 윔버 자신이 나중에는 은사들이나 능력, 신비 체험들보다도 그 다른 측면들이 영적성숙에 더 중요함을 역설하고 있다.[17] 또한

---

14) 위의 책, 26.
15) 로마서 12:4-8에 의하면 예언이나 신유 같은 것만이 아니라, 가르치는 것, 다스리는 것, 구제하는 것, 섬기는 것 등이 모두 성령의 은사로 지적되고 있다.
16) C. Peter Wagner, 《제3의 바람》, 73.
17) 존 윔버, 《영적 성숙을 위한 7가지 제언》, 오교룡 역(인천: 나눔터. 1994).

능력전도의 저자들인 존 웜버와 케빈 스프린저는 1992년의 수정판 서문에서, 초판에 있었던 능력전도와 프로그램 전도를 비교한 부분을 삭제하였다. 이들은 초판에서 그들이 프로그램 전도를 비난하는 인상을 주었던 것을 시인하고, 이것도 수정하였다. 그리하여 수정판에서는 상당히 프로그램 전도도 긍정적으로 묘사하며 자기들도 이것을 실행하고 있다고 주장했다.[18]

웜버가 초자연적 능력과 은사를 남달리 강조하는 것은 사실이지만 그가 초자연 은사들에 대해서만 말하는 것은 아니고, 전통적인 기독교 교리들을 대개 가르치고 있다. 그의 저서 *Power Point*는 전통적인 교리들을 이야기체로 설명한 것이다.[19] 이렇듯이, 웜버는 나름대로 균형을 유지하려고 노력한 것 같다. 그러나 사람들에게 그가 미친 영향은 결국 초자연적인 능력을 매우 강조하는 것이었다. 어떤 면에서 이러한 강조는 과학기술 문명에 찌들은 현대인들에게 하나의 신앙적 도전이었을 것이다. 그러나 사람들이 지나치게 그 방면에 몰입할 때, 건전한 균형을 상실하고 열광주의에 빠지게 된다.

2. 비성경적인 현상들

빈야드운동이 사람들의 혐오감을 유발하는 가장 두드러진 점은 그들 가운데서 많이 일어나는 떨림, 쓰러짐, 거룩한 웃음 등이다. 그러나 실제로 빈야드운동에 참여하는 모든 사람들이 이런 것을 경험하는 것은 아니다. 토론토의 존 아노트 목사 자신도 처음에는 이런 경험을 하지 못하였고, 성

---

18) John Wimber & Kevin Springer, *Power Evangelism* Revised ed. "Introduction," 16.
19) John Wimber & Kevin Springer, *Power Points* (San Francisco: Harper, 1991).

령의 갱신시키는 은혜를 믿음으로 받아들였다.[20] 그는 너무나 자기가 자신에 대한 통제를 잃지 않으려고 했기 때문에 은혜를 받지 못했다고도 한다.[21] 또한 존 윔버 자신도 쓰러짐이나 떨림을 경험하지 못했다고 한다.[22] 그러나 이들은 그러한 체험을 긍정적으로 해석한다. 이들이 집회 참석자들에게 노골적으로 그런 체험을 하도록 요구하는 것 같지는 않다. 그러나 이들의 집회 분위기는 그런 현상들을 암시적으로 격려하는 것으로 보인다.

짐승 소리는 토론토교회 내에서도 드문 현상이라고 한다.[23] 이런 현상들은 그 괴상한 모습 때문에 외부에 더욱 크게 알려지게 되었다. 그러나 존 아노트가 이런 현상들과 특히 짐승 소리를 정당화하는 성경 해석은 억지스럽다. 예를 들어 그는 사자같은 부르짖음을 예수님을 "유다 지파의 사자"라고 묘사한 요한계시록 5장 5절이라든지 하나님이 사자같이 부르짖으신다는 아모스 3장 8절 등을 인용하여 정당화한다.[24] 그러나 이러한 본문들은 하나님과 예수 그리스도를 상징과 은유로 묘사한 것이지 실제적인 짐승 소리나 괴성을 묘사한 것은 아니다.

또한 은혜를 체험하여 몸이 떨리는 현상을 정당화하기 위해 이사야 66장 5절이나 예레미야 5장 22절, 마가복음 5장 33절, 누가복음 8장 47절, 사도행전 16장 29절, 고린도전서 2장 3절, 고린도후서 7장 15절, 빌립보서 2장 12절, 히브리서 12장 21절 등을 인용하지만,[25] 거기에 나타난 것들은 구체적인 하나님의 말씀을 듣고, 혹은 어떤 두려운 사건이 일어난 상황에서, 두려워서 떠는, 의식적이며 자연스러운 현상이지 빈야드운동에서처럼 주

---

20) John Arnott, *The Father's Blessing*, 88-89.
21) 위의 책, 125.
22) 민병길. 빈야드 운동 소개 녹음 테이프.
23) John Arnott, *The Father's Blessing*, 169.
24) 위의 책, 172-173.
25) John Wimber, Kevin Springer. 《능력치유》. 이재범 역(서울: 도서출판 나단. 1991). 356.

체할 수 없는 주관적이며 신비적인 감정이 아니다. 마태복음 28장 4절은 주님의 무덤을 지키던 자들이 떤 것이므로 은혜의 체험이 아니다. 또한 은혜를 체험하여 쓰러지는 현상을 정당화하기 위해, 에스겔 1장 28절을 근거로 내세우지만, 에스겔은 하나님의 위엄 앞에서 스스로 엎드린 것이지, 빈야드의 경우와 같이 몸을 지탱하지 못하고 쓰러지는 체험은 아니다. 또한 다니엘 8장 17절의 경우에도 다니엘이 스스로 엎드린 것이지 신비 현상은 아니다. 또한 예수님을 잡으러 온 군사들이 넘어진 것(요 18:6), 무덤을 지키던 파수꾼이 넘어진 것(마 28:4) 등을 열거하지만,[26] 성경의 이러한 예들은 은혜를 체험했기 때문에 넘어진 것이 아니므로 성서적 근거가 되지 못한다. 물론 사울이 다메섹 도상에서 쓰러진 것이라든지(행 9:4), 요한이 밧모 섬에서 쓰러진 일(계 1:17) 등은 어떤 은혜의 체험으로 볼 수 있으나, 그들은 주님 자신의 직접적인 출현에 직면하여 앞으로 엎드린 것이며, 빈야드운동에서처럼 어떤 사역자들로 인하여 뒤로 넘어지는 것은 아니었다. 또한 거룩한 웃음을 정당화하기 위해 아브라함이나 사라의 웃음(창 17:17; 21:6)과 같은 것을 예로 들지만,[27] 아브라함과 사라는 불신의 마음에서 스스로 웃은 것이지 주체할 수 없는 신비적 감정 때문에 웃은 것이 아니다. 이런 예들은 격렬한 감정적 체험을 억지로 정당화하려는 잘못된 성서 해석이다.

물론 하나님의 은혜를 체험하는 중에 격렬한 감정이 수반되고 그에 따라 어떤 현상이 수반될 수도 있을 것이다. 그러나 위와 같은 경험들은 성경에서 그리스도인들이 꼭 경험해야만 하는 것으로 요구되거나 정당화되지는 않는다. 그럼에도 불구하고 이런 현상들을 강조하고 격려하는 것은 좋지 않다. 그리스도의 복음에 대한 신앙 자체가 아니라 특정한, 더구나 괴기한 감정적 경험이 강조되는 것은 건전하지 못하며 위험하기도 하다. "색다

---

26) 위의 책, 359.
27) 위의 책, 362.

르고 성경에 나타나지 않는 경험들"(아마도 짐승 소리와 같은 것?)에 관하여는 빈야드운동 내부에서도 의견 차이가 생겨서 존 윔버의 빈야드 이사회 측은 이제 토론토 측과 입장을 달리하며 공식적으로 토론토 측의 성경 해석에 반대하게 되었다. 빈야드 이사회 측은 토론토 측이 이런 경험들을 강조하며 부흥 사역의 필수적인 부분처럼 여기거나 암시하는 것에 대하여 반대하고, 이런 경험들을 잘 통제하고, 지도하고, 목회적 지도를 해야 한다고 주장한다.[28]

　　빈야드운동에 조심스런 지지를 표하는 정신과 의사 존 화이트(John White)는 이런 현상들을 종교적 부흥이 일어날 때 동반하는 '감정의 분출' 현상으로 이해하고 있다. 하나님의 임재를 경험하면서 격렬한 감정을 느낄 수 있고, 억압되어 있던 감정이 분출되는 것일 수도 있다는 것이다.[29] 그는 "두려워해야 할 것은 감정 그 자체가 아니라, 육체적인 또는 사악한 감정을 일으키는 근원 및 자신의 믿음을 하나님의 말씀이 아니라 감정에 바탕을 두려는 경향"이라고 주장한다.[30] 그는 또한 이런 감정을 교묘하게 조작하는 행위에 대하여 경계한다.[31] 그러면서 그는 존 웨슬리, 조지 화이트필드, 조나단 에드워즈 등의 부흥운동에서도 그 비슷한 감정의 분출 운동이 있었음을 소개한다. 그리고 그는 빈야드운동에서 일어나고 있는 현상들도 그러한 류의 것이며 크게 잘못된 것은 아니라고 생각한다. 그러나 그도 마귀의 역사를 분별해야 할 필요성과 영적인 능력이 남용되거나 도용될 수 있으며 마귀의 시험에 빠질 수 있음을 경고한다.[32] 그러므로 몸을 떨거나 쓰러지는 현상 등을 '원하는 것'은 잘못된 것이며 위험스럽다고 경고하고 있다.[33] 성

---

28) 공개서한 "존 윔버와 타드 헌터 목사가 빈야드 교회회 연합회를 대표하여 빈야드 목회자들에게", 1995년 12월 13일, 〈빛과 소금〉 131호. 1996년 2월. 94-96.
29) 존 화이트. 《능력표적》, 나단 편집부 역(서울 : 나단, 1994). 61ff.
30) 위의 책, 67.
31) 위의 책, 64.
32) 위의 책, 157-206.

령의 은혜를 경험하고 감동된 사람들이 격렬한 감정 속에서 이러한 현상이 수반되어 나타날 수도 있을 것이다. 그러나 이런 현상들이 격려되고 장려되어, 마치 이것이 은혜를 받은 표적으로 정형화되는 것은 바람직하지 않으며 위험스럽다. 조나단 에드워즈는 일찍이 이런 문제에 대한 의식을 가지고 참된 종교적 정의(religious affections)를 분별하는 기준을 제시한 바 있다.[34] 이런 감정적 현상 자체들은 성령의 은사가 아니다. 성령의 은사들은 우리가 복음을 전하며 다른 사람들을 섬기는 데 소용되는 성령의 선물이며 능력이다. 은사들은 구체적인 유익, 특히 타자를 위한 유익을 가져온다(고전 14장; 엡 4:11).

---

33) 위의 책, 203.
34) 조나단 에드워즈는 제1차 대각성 운동으로 알려진 부흥운동에서 일어나는 수많은 현상들을 보면서, 일방적으로 그런 경험들을 부정하지도 않았지만, 무조건 그런 경험들을 가치 있는 것으로 여기지 않았다. 그는 신앙에 있어서 어떤 情意적 요소, 즉 그가 religious affection이라고 부른 요소가 중요함을 역설하였다. 그러나 그는 모든 종교적 정의(religious affection)가 다 참된 것이라고 보지 않았으며, 참된 종교적 정의를 가려내는 표준을 제시하기 위해서 유명한 *Religious Affection*을 썼다. 그 책의 제3부에서 그가 제시하는 바, 성령과 은혜로 말미암은 참된 종교적 정의를 분별하는 열두 가지 표징들은, 1) 그것이 영적, 초자연적, 신성한 것인가; 2) 자기 사랑에서 나온 것이 아니라, 하나님 자신의 선하심에 대한 사랑에서 나온 것인가; 3) 하나님의 도덕적 탁월성에 대한 사랑에서 나온 것인가; 4) 무지가 아니라, 영적인 이해에서 나온 것인가; 5) 확신을 동반한 것인가; 6) 율법적이 아닌, 복음적 겸손을 나타내는가; 7) 우리의 타락한 본성의 변화를 일으키는가; 8) 그리스도를 닮은 인격(성령의 열매)을 나타내는가; 9) 부드러운 마음인가; 10) 여러 정의들의 균형과 조화를 이루는가; 11) 하나님에 대한 점증하는 갈망을 일으키는가; 12) 거룩한 행실을 낳는가 등이다. 여기서 가장 중요하게 드러나는 것은 도덕적 거룩성과 하나님의 아름다움에 대한 심미적 관심이다. Jonathan Edwards, *Religious Affection,* ed. by John E. Smith (New Haven : Yale University Press, 1959), part 3.

3. 감추고 절제할 것을 드러내는 문제

빈야드 지도자들은 간혹 위에서 말한 격렬한 감정적 현상들이 일어나느냐 아니냐는 관건이 아니라고 스스로 말하기도 한다. 그들에 의하면 문제는 성령의 은혜로 삶이 갱신되고, 새롭고 뜨겁게 주님을 사랑하며, 새로운 사역의 능력을 받는 것이 중요하다고 한다.[35] 그러나 이들이 실제로 각 사람을 위해서 기도할 때는 무언가 그런 일이 일어날 때까지 오래동안 집중적으로 기도를(그들은 이런 것을 soaking prayer라고 부른다) 하는 경향을 보인다.[36] 그럴 경우 사람들이 자기 스스로를 통제하지 말고 온전히 수동적이 되기 위해 심지어 방언도 하지 말도록 권하고 있다.[37] 이런 경향은 암암리에 사람들로 하여금 그런 현상 자체를 중요하게 생각하고 사모하는 분위기를 조장한다. 이렇게 되면 그런 체험이 있는 사람과 없는 사람 사이에 차별이 생기게 되고, 특정 체험이 표준화되며, 오히려 성령의 포괄적인 역사를 제한하게 된다. 위에서 지적하였듯이 이점에 관하여는 토론토 측이 더욱 문제가 된다.

이러한 극단적인 감정의 분출 현상이 어쩔 수 없이 일어나는 경우에라도, 드러내고 공개하고 격려할 문제가 아니다. 이런 현상들은 사람들에게 의구심과 혐오감을 일으키기 쉽다. 바울이 고린도전서 14장에서 방언의 가치를 인정하면서도 공개석상에서 방언하는 것에 대하여는 교회의 덕을 세우기 위한 배려를 하는 조심스러운 태도를 취한 것처럼 주의해야 한다. 이런 현상을 체험한 사람들은 개인적으로 유익을 경험했을지라도, 그것은 다른 이들에게 특히 불신자들에게 덕이 되지 않고, 오히려 혐오감을 주게

---

35) John Arnott, *The Father's Blessing*, 166; Wimber & Springer, 《능력치유》, 358.
36) 위의 책, 96.
37) 위의 책, 96.

될 우려가 있다. 그런데 빈야드운동에서는 특히 토론토 측에서는 이런 현상을 드러내고, 심지어 집회시 강단에서 간증할 때에도 나타나도록 하는 것은 바람직하지 않다.[38] 그리고 이런 식으로 드러내는 것은 빈야드 이사회 측에서도 좋게 보지 않는 듯 하다.[39]

4. 대중 조작의 위험

빈야드운동에 이상한 감정적 분출 현상들이 나타나며 이것이 많은 사람들의 혐오감을 일으키는 것은 사실이다. 그러나 이들이 의도적으로 최면술이나 대중 조작을 사용하는 지에 관하여는 공개적이고 객관적이며 전문적인 연구가 요구된다. 이 점에 관하여 빈야드 운동에 대한 조심스런 지지자인 존 화이트는 그의 《능력 표적》에서 빈야드운동에서 일어나는 현상이 최면이나 대중 조작 같은 것이 아니라고 한다. 그는 빈야드 지도자들이 집회를 인도하는 과정에서 세뇌나 조작의 모습이 발견되지 않는다고 하였다.[40] 그러나 의도적은 아닐지라도 그 집회의 분위기에 의하여 사람들이 어떤 암시를 받거나, 그런 경험에 대한 갈망이 내적으로 심리적 프로그램을 유발하여 사람들로 하여금 감정적 흥분에 휩싸이게 할 가능성은 있다. 이 점은 존 화이트도 지적하며 경고하고 있다. 그는 일어나는 현상들이 처음에는 성령 안에서 자연스럽게 일어나지만, 이후에는 사람들의 심리기재를 통하여 새로 학습된 행동유형을 창출하고 이것이 자동화되어 하나의

---

38) 비디오 테이프 "Catch the Fire: God's Love, Bottom Line" by John Arnott, Toronto Airport Vineyard.
39) 공개서한 "존 웜버와 타드 헌터 목사가 빈야드교회회 연합회를 대표하여 빈야드 목회자들에게", 1995년 12월 13일, 〈빛과 소금〉, 131호. 1996년 2월. 95.
40) 존 화이트, 《능력 표적》, 152.

subroutine처럼 반복될 수 있다고 경고한다.[41] 피터 와그너 역시 거짓 기적이 있을 수 있음을 인식하고, 거짓된 기적을 분별하려고 노력한다.[42] 그들은 자기 자신들이 기적을 조작할 가능성에 대하여 경고하며 그렇게 되지 않도록 나름대로 지침을 세우고 있다.[43] 빈야드운동의 집회에서 명시적으로는 이런 체험들을 요구하지는 않는다 할지라도, 이런 체험들의 가치가 중요하게 평가되는 분위기 속에서는 대중이 이런 경험들을 암시적으로 격려 받게 되고, 사모하게 되며, 조작에 노출될 위험도 있다. 빈야드운동에서 일어나는 일들이 최면술이나 대중 조작인지 아닌지에 관하여는 전문가들에 의한 공개적이고도 객관적인 연구가 필요하다.

5. 예배의 질서와 문화

빈야드운동에서는 형식이 없는 예배를 드린다. 찬양과 예배의 갱신은 그들이 강조하는 또 하나의 요점이기도 하다. 이들은 형식에 얽매여 역동성을 상실한 예배를 자유롭고 무형식적인 예배를 통해 갱신하려고 하는데, 무형식적인 예배는 성령의 자유로운 역사를 따르기 위한 것이라고 한다. 어떤 면에서 항상 똑같고 형식적인 예배에 식상한 사람들에게 신선한 충격을 줄 수 있다. 더구나 현대문화에 익숙한 젊은이들에게 다가가는 데는 이러한 방식이 유용할 수도 있다. 그렇지만 전통적인 형식도 존중할 필요가 있다. 이러한 형식들이 생긴 것은 과거에 그런 형식으로 표현되는 경험들이 있었기에 그런 것들이 생겼을 것이다. 문제는 이 내용과 생동성을 상실한 채 형식만 남은 것이지, 형식 자체가 아니다. 또한 빈야드가 아무리

---

41) 위의 책, 152-153.
42) Wagner, 《제3의 바람》, 257 이하.
43) 위의 책, 262-3.

무형식이라고 해도 시간이 지나다 보면, 나름대로의 형식이 자리 잡게 된다. 자유로운 분위기의 긴 찬송시간, 설교, 각 사람을 위한 기도시간, 이것은 이미 하나의 형식이다. 사실상, 윔버 자신도 어느 정도 질서와 조직의 필요성을 인정하고 있다.[44] 전통적인 형식들도 많은 경우 그 근원에 있어서 고대의 성령의 인도하심을 따라 자연스럽게 나타난 현상에 근거한 것이라고 볼 수 있다. 각 사람이 무질서하게 각각 자기 원하는 식으로 찬송하고 기도하는 것은, 여럿이 모여 각각 자기 문제를 기도할 때에는 문제가 없지만, 예배는 개인만이 아니라 공동체가 함께 교류하며 드리는 것이기 때문에 질서가 유지되어야 한다. 예배는 엄숙하고 질서 있게 드리고, 기도가 필요한 사람들은 따로 기도하는 시간을 마련하면 좋을 것이다.

한국교회 목회자들이 빈야드운동을 받아들임에 있어서는 수용하는 이들의 신학적, 목회적 비성숙성도 한몫 하는 것 같다. 우리나라의 많은 목회자들이 빈야드 세미나에 참석하고 돌아와서는 자기 교회에서 동일한 방식으로 시도하는 경우들이 많이 있었다. 이런 경우 기존 신앙생활의 모습을 고수하려는 이들과의 사이에 마찰과 분열이 야기되곤 한다. 그리하여 애초에 목적하였던 것과는 달리 교회가 성장하지 않고 오히려 위축되는 경우도 있는데, 이것은 대단히 바람직하지 못하다. 신앙운동은 그 외적인 모습에 있어서 다른 사람들이 한다고 하여 나도 따라 해서 되는 것은 아니다. 이를테면 빈야드 집회에 참석하고 돌아온 목회자가 갑자기 빈야드 집회 인도자처럼 청바지에 티셔츠 차림으로 등장한다든지, 전통적인 찬송을 폐지하고 갑자기 전자악기와 드럼을 강대상에 올리고 현대적인 찬송을 부르는 것 등이다. 목회자들은 자신의 목회 현장의 사정과 형편, 자신의 문화 환경 등을 충분히 고려해서 새로운 것들을 도입해야 한다.

심지어 빈야드 측에서조차, 이미 조직된 기성 교회 목회자는 자기들을

---

44) Wimber & Springer, 《능력전도》, 57-58.

그대로 모방하지 말고 각자의 상황 속에서 성령께서 자기에게 시키시는 대로 하는 것이 좋다고 권면할 정도이다.[45] 목회자들은 성숙한 신학적 목회적 분별력을 갖고 살펴야 한다. 빈야드 스타일의 신앙이나 목회가 절대적이라면 모르거니와 그렇지 않은데도 불구하고 그런 식을 무비판적으로 따라 함으로써 교회를 어지럽히는 것은 좋지 않다.

6. 그리스도인의 고난에 대한 인식

빈야드 지도자들은 치유의 은사와 능력을 강조하면서, 질병이나 고난이 유익이 되는 경우도 있지만, 그것은 일부에 불과하다고 한다.[46] 와그너는 질병이 궁극적으로 사탄에게서 온 것이라고 하면서도, 하나님께서는 어떤 질병의 결과를 유익하게 사용하신다고 말하기도 한다. 그도 이런 문제들에 대한 풀리지 않는 의문점을 인정한다.[47] 이들은 질병으로 인한 고난이 가져다 줄 수 있는 영적 유익을 전적으로 부인하지는 않지만, 대개의 경우 질병은 능력으로 고쳐져야 할 것으로 이해한다. 사실 하나님은 오늘날에도 사람들의 질병을 놀라운 능력으로 고쳐 주신다. 이러한 성령의 능력과 은사들은 중요하다.

그러나 그것이 필요 이상으로 강조되면 그리스도인들이 기꺼이 지고 가야할 고난과 희생은 무의미하고 무기력한 것으로 치부되고 무시될 우려가 있다. 주님은 놀라운 능력의 주님이셨지만, 십자가에 임하여서는 그 능력을 사용하지 않고 희생의 길을 가신 것을 기억해야 한다. 이러한 문제에 관한 비판을 의식하였기 때문인지 존 윔버는 근년에 《영적 성숙을 위한 7

---

45) 민병길, 빈야드 운동 소개 녹음 테이프.
46) C. Peter Wagner, 《제3의 바람》, 268.
47) 위의 책, 113-14.

가지 제언》이라는 책에서 5번째의 제언으로 십자가를 지고 따르는 희생적인 삶을 강조하고 있다.[48]

7. 교리적인 문제

빈야드운동은 이단이라는 비판을 받기도 한다. 이단의 문제는 교리의 문제이다. 그런데 빈야드운동은 애초부터 새로운 교리를 주장하는 운동이 아니었다. 그들이 추구하는 것은 새로운 교리가 아니라 새로운 체험과 능력으로 인한 갱신이었다. 어떤 의미에서 이 점은 경직된 교리 체계와 조직 체계만 남은 채 본래 그것들이 담았던 성령의 역사와 그에 대한 감격을 상실한 현대교회에 대한 도전이요, 충격일 수 있다. 그러므로 그들에게 문제가 있다면 이것은 교리적이기보다는 체험적이고 실천적이다. 교리적인 문제가 있다면 교리 자체에 집착하지 않는 '느슨한 교리'가 교리를 소홀히 하는 나머지 나중에는 아무 교리나 용납할 우려가 있다는 것이다.[49] 이들은 현재로서는 전통적인 기독교교리들을 대개 그대로 따르고 있다.[50] 이런 점에 있어서는 오순절 교파보다 더 전통적이다. 이들은 오순절 계통의 교파들처럼 중생과 구별되는 성령세례 교리를 따르지 않기 때문이다.[51]

빈야드운동에 교리적 문제가 있다면, 가장 중요한 것은 계시론에 관한 것이다. 이들 역시 성경이 영감된 하나님의 말씀임을 믿는다. 그리고 이들도 기록된 말씀을 읽고 공부하고 설교한다. 다른 점이 있다면, 이들은 성경

---

48) John Wimber, 《영적 성숙을 위한 7가지 제언》, "제언 5".
49) 이광희, "실천신학적 입장에서 본 빈야드 운동", 《빈야드 운동 무엇이 문제인가?》, 100.
50) 제3의 물결의 교리적 입장에 관하여는 Wagner, 《제3의 바람》. 26 이하 ; Wimber & Springer, 《능력전도》, 제9장 187 이하.
51) Wimber & Springer, 《능력전도》. 제9장 187 이하.

이외에도 어떤 계시가 있다고 하는 점이다. 이점은 전통적인 교회로서는 받아들이기 어려운 점이다. 이들은 전도를 위해, 치유기도를 위해, 혹은 목회를 위해 때때로 하나님이 각 사람에게 친히 말씀하시며, 어떤 사람들에게는 예언의 은사 혹은 지식 말씀의 은사를 주신다고 한다. 여기서 지식 말씀의 은사는 초자연적으로 어떤 사실을 알게 되는 것이라고 본다. 이에 반하여 전통적인 개혁신학에서는 하나님의 계시는 이미 예수 그리스도 사건과 사도들의 시대로 완결되었고, 그 계시는 오늘날 성경으로 보존되었기 때문에 더 이상의 계시는 없다고 본다. 그러므로 빈야드운동의 계시관은 상당히 문제가 있다.

그런데 여기서 우리는 그들이 '오늘날에도 있는 계시' 혹은 '개인적인 계시' 라는 말로서 뜻하는 것이 무엇인지 이해할 필요가 있다. 그들이 말하고자 하는 것은 그리스도인이 성령의 인도하심을 따라 살기 위해서, 혹은 사역자가 효과적으로 일하도록 인도하는 성령의 구체적인 지시를 의미한다. 즉 전도 대상자나 치유기도를 필요로 하는 이의 구체적인 문제를 초자연적으로 알게 된다든지, 누구에게 필요한 구체적인 권면의 말씀이 무엇인지를 초자연적으로 알게 된다는 등의 것이다. 이것을 앎으로써 효과적인 사역을 할 수 있다는 것이다. 윔버는 이런 능력을 사용하여 전도하는 것을 능력전도라고 부른다. 그들은 이런 계시나 은사들이 성경을 대치하거나 성경과 동등한 권위를 가지는 것으로 여기지는 않는다. 그런 은사들은 이미 성경에 주어진 말씀에 의해 판단되어야 한다고 한다.[52] 그렇다면 이들은 하나님에 대한 새로운 계시나 새로운 구원의 도리를 주장하는 것은 아닌 것 같다.[53] 존 아노트도 성령을 부어주심은 새로운 교리를 위한 것이 아니라고

---

52) 그들은 '지식의 말씀의 은사' 를 계시적 은사라고 하며, 성경외적인 은사로 간주한다. 그러나 그것은 성경과 같은 수준의 것이 아니며, 성경에 의해 판단되어야 한다고 한다. Wagner, 《제3의 바람》. 240; John Wimber, 《영적 성숙을 위한 7가지 제언》, 오교룡 역(인천 : 나눔터. 1994, 68).

하였다.[54]

실상 우리는 하나님께서 그의 백성, 그의 사역자들에게 어떤 '신비한 방법으로 인도하심'을 베풀어 주심을 경험할 수 있으며, 이것을 전적으로 부정할 필요는 없다고 본다. 그러나 필자는 이런 것은 엄밀한 신학적 의미로 볼 때, 계시의 성격을 지닐 수 없다고 본다. 왜냐하면 이런 인도하심은 하나님 자신이나 하나님의 구원에 관하여 감추어져 있던 어떤 진리를 드러내는 것이 아니기 때문이다. 그럼에도 불구하고, 이런 것을 '직접 계시'라는 이름하에 격려하는 것은 위험하다. 이런 것을 격려하는 분위기는 자칫 사람들로 하여금 그것에 몰입하여 성령의 은혜 가운데 성경 말씀을 적용하며 살아가는 일상적이고 건전한 삶을 도외시 할 우려가 있기 때문이다. 또한 개방적인 계시 개념은 결국 사람들로 하여금 성경까지 무시하게 되는 지경에 이르게 할 수 있다. 이 점에 있어서는 빈야드 이사회 측보다 토론토 측이 더 심각한 것 같다. 빈야드 이사회 측의 편지는 토론토 측이 "제2의 오순절을 예고하는 새로운 종류의 황홀경적 예언"을 강조하는 데 대하여 우려를 나타내고 있다.[55]

이들의 주장하는 바, 성경보다도 성경을 주신 성령이 더 중요하다고 하는 말은 옳지만,[56] 하나님의 계시가 기록된 성경을 매개로 주어진다는 것을 무시해서는 안 될 점이다. 이런 점에서 그들이 성경 외부의 계시를 주장하는 것은 위험스럽다. 우리는 살아 계신 하나님께서 오늘날도 놀랍고 신비로운 방법으로 자녀들의 삶과 사역을 인도하실 수 있음을 부정할 수 없다. 빈야드운동을 하지 않는 전통적인 목사들도 간혹 이런 일들을 경험하

---

53) 존 윔버도 이런 면에 있어서는 성경의 "충분성"을 인정하고 있다. Wimber,《영적 성숙을 위한 7가지 제언》. 66.
54) John Arnott, *The Father's Blessing*, 37.
55) 공개서한 "존 윔버와 타드 헌터 목사가 빈야드 교회 연합회를 대표하여 빈야드 목회자들에게", 1995년 12월 13일, 〈빛과 소금〉 131호. 1996년 2월. 96.
56) 민병길, 빈야드 운동 소개 녹음 테이프.

는 경우들이 있다. 그러나 이런 은사들이 열광적인 분위기 속에서 '직접 계시'라는 이름으로 무절제하게 추구될 때에는 결국 새로운 신관, 새로운 구원의 도리에 대한 주장이 나타날 위험이 따르게 되며, 사람들이 성경 말씀에 따르는 건전한 일상적 삶을 도외시하고 직접 계시만을 추구하는 열광주의에 빠질 우려가 있다. "신비 체험이나 기적 등이 신앙에 도움이 될 수는 있으나 그 근거는 될 수 없다."[57] 신앙의 근거와 표준은 성경 말씀이기 때문이다.

이 문제와 관련된 중요한 쟁점은 오늘날에도 초자연적인 은사들이 있는가 하는 점이다. 빈야드운동의 지도자들은 과학적 합리주의에 바탕하여 초자연적 기적을 부정한 서구인들의 폐쇄적인 세계관을 비판하면서 그것을 수정할 것을 강력히 주장한다.[58] 이들의 비판은 기적을 부인하는 세속적 현대사상 뿐만이 아니라, 이제 더 이상 초자연적인 은사는 없다고 보는 Benjamin B. Warfield를 비롯한 정통주의적인 신학자들에게도 해당된다.

기적적인 은사가 중지되었다는 이론은 대개 세 가지 정도로 정리될 수 있다. 첫째, 이적들이 사도들에게 주어진 일종의 신임장과 같은 것이어서 사도들의 시대가 지나간 지금은 필요 없다는 것이다. 둘째, 이적적인 은사들은 교회가 지상에 처음 세워질 때, 교회 설립을 돕기 위한 것이었으므로, 이미 교회가 설립된 지금에는 더 이상 필요 없다는 것이다. 셋째, 이적적인 은사들은 성경 이전과 성경 형성, 당시 계시를 위한 것, 혹은 성경 계시를 보증하기 위한 것이었으므로 성경이 완결된 지금에는 더 이상의 계시가 필요없다는 것이다.[59] 빈야드운동가들은 이러한 생각에 반대하고 하나님께서 오늘날에도 놀라운 이적적 은사들을 주셔서 역사하신다고 주장한다. 그

---

57) "대한예수교장로회 총회 신앙고백서"(1986) 제1장 제1절.
58) Wagner, 《제3의 바람》. 147 이하; Wagner, *The Third Wave of the Holy Spirit*, 75ff. ; Wimber & Springer, 《능력전도》, 제5장, 108 이하.
59) Cf. Wimber & Springer. 《능력전도》, 166-7, 181 이하.

러므로 그들은 성서시대 이후에도 이적적인 은사들이 있었음을 증명하기 위해 교회사를 조사하여 많은 사례들을 수집하려고 노력한다.[60]

이에 관련하여 어떤 신학자들은 이적적인 은사들이 중지되었다는 생각을 철두철미하게 지킨다. 또 어떤 학자들은 원칙적으로는 하나님께서 주권적으로 언제 어떤 일이든지 하실 수 있지만, 위와 같은 이유들로 인하여 실제적으로는 이적을 거의 일으키시지 않는다고 생각한다. 필자는 오늘날도 이적적인 은사들이 일어나고 있음을 부인할 수 없다.[61] 또한 이적들이 반드시 사도들에게만 주어졌다거나 교회를 처음 설립할 때만 주어졌다는 생각은 성경 자체의 기록에도 일치하지 않는다고 본다. 사도행전에서 아가보라든가 빌립의 딸들은 사도들이 아니었지만, 예언의 은사를 받은 초대교회의 선지자들이었다(행 21:8-14). 또한 고린도교회에는 이미 설립된 후에도 수많은 은사들이 나타났음을 볼 수 있다(고전 1:7; 12장; 14장). 그리고 이런 은사들이 성경 계시의 보증으로 사용되지도 않았다. 또한 이적들이 반드시 계시적이기만 하다고 볼 수도 없다. 예를 들어 병고침과 같은 것은 새로운 구원의 진리를 우리에게 제시하지는 않는다.

분열 이전, 한국 장로교회는 1923년 제12회 총회에서 김익두 목사의 부흥운동에서 나타나는 이적들을 인정하여, 황해노회에서 제출한 안건, 즉 당시 헌법 정치 제3장 제1조 말미에 "금일에는 이적 행하는 권능이 정지되었느니라"는 조항을 삭제해 달라는 것은 신경과 성경에 위반되지 않는다고 보고 각 노회에 수의하여 개정하기로 결의한 바 있다.[62] 후에 박형룡

---

60) Wimber. 《능력전도》, 부록 A. 기적종료 이론에 대하여는 대표적으로 Benjamin B. Warfield, 《기독교 기적론: 사이비 기적과 성경적 기적의 구분》, 이길상 역(서울: 나침반, 1991)을 보라.
61) 이에 관하여는 필자의 저술, 《성령 그 다양한 얼굴》, 314-321을 보라.
62) 《죠선예수교쟝로회총회데십이회회록》(신의주, 1923), 13, 35. 이러한 결정의 배후가 된 것은 김익두 목사의 부흥운동과 이적들인데, 그 이적들을 조사하여 펴낸 책이 남아 있다. 임권택 편, 《죠선예수교회 이적명증》(경성: 죠선야소교서회, 1921).

은 이 조항이 사라진 것에 대하여 아쉬움을 가지고 지적하였다.[63] 그는 사도시대 이후, 성경 계시가 완료된 이후에는 계시의 통로나 확증의 수단으로서 이적이 중지되었음을 강력히 주장하였다. 그러나 그도 계시와 무관한 신앙치병(신유)는 인정하였다.[64] 그는 이러한 치병을 이적이라고 부르지 않고, 신유(神癒)라고 불러야 한다고 주장하며, 이것은 이적이 아니라, 하나님의 특별섭리에 의한 기도 응답의 성격을 가지고 있다고 보았다. 그리고 치유의 정도나 범위가 성경에 나타난 것들보다 낮고 좁다고 보았다.[65] 아무튼 계시와 무관한 신유는 그도 인정한 셈이다. 김지찬은 "치유라는 기적이 중지된 것이 아니라 '사도적 치유'가 중지되었음"을 강조하였다. 오늘날에도 은사가 있지만 어떤 은사도 사도성이나 계시성을 가지지 못한다는 것이다.[66]

그러나 부흥운동의 열기 속에서는 많은 사례들이 과장되고 성급히 판단되기도 한다는 것을 유념할 필요가 있다. 또한 대중은 이적의 신기함에 몰입하여 광적으로 이적만을 추구하게 될 우려도 있음에 주의해야 한다. 그럴 경우 복음의 말씀과 그에 따라 살아가는 일상적 삶의 중요성이 무시되는 위험에 빠질 것이다. 우리는 예수님께서 많은 표적과 이적을 행하셨지만, 그것을 강조하지 않으셨다는 점을 기억할 필요가 있다.

이 내용에 관하여, 민경배, 《한국기독교회사》, 신개정판 2쇄(서울: 연세대학교 출판부, 1994), 398-99를 참조하라.
63) 박형룡, "우리 교회와 이적치병," 〈신학지남〉 1958년 제1집, 40.
64) 같은 책, 43.
65) 같은 책, 45-46.
66) 김지찬, "손기철 장로의 신비주의 은사(치유) 집회, 어떻게 볼 것인가?" 총회신학부 편, 《바른 영성에 대한 개혁주의 신학적 조망》(서울: 대한예수교장로회총회신학부, 2011), 309-10.

8. 빈야드운동에 대한 몇 가지 의혹

빈야드운동이 많은 문제점을 가지고 있는 것은 사실이지만, 불필요한 오해도 많이 받고 있는 것 같다. 오해에 근거한 비판은 표적을 상실하게 되고, 설득력을 잃게 될 것이다. 몇 가지 흔히 나타나는 비난과 질문들을 살펴보자.

빈야드운동은 신비주의 운동인가? 빈야드운동에서 여러 신비하고 심지어 괴상한 현상들이 많이 일어나는 것이 사실이다. 주종을 이루는 것은 신체와 정신적 치유, 예언, 초자연적인 은사들을 사용하는 전도, 떨림, 쓰러짐, 웃음, 짐승소리 등이다. 이러한 현상들의 문제점은 지적하였지만, 이런 것이 전통적으로 말하는 신비주의운동은 아니다. 전통적인 의미에서 신비주의는 예를 들어 아씨시의 프란시스, 십자가의 요한, 아윌라의 테레사 등에서 보듯이 어떤 수도과정을 통해 하나님 사랑의 극치에 이르러 결국 하나님과의 신비적 합일에 도달하려는 것이었다. 그러나 빈야드운동은 하나님과의 신비적 합일에 도달하는 어떤 수도과정을 주장하지 않는다. 빈야드운동은 평범한 사람들이 단지 믿음으로 기도함으로써 성령의 은혜와 은사들을 받을 수 있다고 주장한다. 그들에게서 여러 가지 의심스러운 신비현상들이 일어나며, 그런 것들이 종종 물의를 일으키는 것은 사실이지만, 전통적인 의미로 말하는 신비주의와는 다른 것 같다.

어떤 사람들은 빈야드운동의 지도자들 중 한 사람인 존 윔버가 퀘이커적인 신비주의자라고 비판하기도 한다. 윔버가 한 때 퀘이커교에 속했던 것은 사실이다. 그러나 오늘날 퀘이커는 옛날과 많이 다른 모습을 가지고 있다.[67] 또한 그는 퀘이커에서 나왔으며, 그가 은사를 체험하고 사용하게

---

67) 사실상 퀘이커 교도들도 이미 George Fox가 일으켰던 17세기의 퀘이커와는 상당히 다른 면을 가지고 있다. 본래 퀘이커들은 신조도, 성례전도, 목사도 없고, 준비된 설교도 없었다. 그들은 정적 가운데 하나님의 내적 음성을 기다렸고, 그에 의하

된 것은 그곳에서 나온 다음의 일이다. 오늘날 빈야드에서 일어나고 있는 현상들은 퀘이커교에서 온 것이라기보다는 오순절운동에서부터 더 발전된 것이라고 보아야 한다. 옛 퀘이커 교도들은 정적 중에 하나님의 내적 음성을 기다렸고, 그 하나님의 음성 앞에서 떨었다고 하지만, 빈야드 운동가들은 능동적인 기도를 통해 성령의 은혜를 구하며, 내적 음성의 유무와 관련 없이 신비한 감정으로 떠는 것 같다. 또한 퀘이커 교도들은 능력치유나 능력전도같은 것에 관심이 없었으나 빈야드 운동가들은 이런 것에 관심이 많다. 또한 빈야드 지도자들 중에 존 윔버를 포함한 대부분의 사람들은 퀘이커 교도들의 영향이 아니라 은사주의 운동이나 오순절 운동의 영향으로 은사들을 체험하고 실행하게 된 것이 사실이다.

빈야드운동은 몰아적인 황홀경을 조장하는가? 그런데 여기서 황홀경이 무엇을 뜻하는지가 문제이다. 황홀경이란 말은 ecstasy라는 말에서 온 것으로써 이 말은 사용하는 이에 따라서 여러 의미를 가진다. 어떤 이들은 이 말로써 단순히 어떤 광범위한 신비체험을 가리키며, 어떤 이들은 자신의 의식을 잃는 몰아적 경험을 의미하며, 또 어떤 이들은 사람이 인간의 이성을 포기하지 않으면서도 이성의 한계를 넘어가는 계시를 받아들이게 되는 상태를 가리킨다(틸리히). 빈야드운동에서 일어나는 웃음, 떨림 쓰러짐 등은 어떤 종류의 신비 현상이다. 그런데 이런 경험을 이야기하는 사람들

여 아무나 설교할 수 있다고 여겼다. 그런데 18세기에 이르러 본래의 정적주의적인 경향과 함께, 웨슬리의 열정 및 신학과 복음주의 운동의 영향을 받게 된 것이다. 19세기에 이르러는 부흥운동의 영향을 받아들여서, 회중찬송과 준비된 설교, 급료를 받는 목사를 도입하는 등 새로운 면모를 갖게 되었다. 그리하여 자신들의 전통에 충실하려는 사람들과 새로운 복음주의적 영향을 받은 사람들 사이에 긴장과 갈등이 일어났고 그들 안에 분열이 일어났다고 한다.《브리태니커세계대백과사전》(서울: 한국브리태니커 회사, 1994). s.v. "퀘이커교." 존 윔버가 퀘이커 교도로서 목사가 되었다는 사실은 그가 바로 이 복음주의 계열에 속했음을 뜻하는 것 같다.

은 주체할 수 없는 큰 기쁨, 사랑, 평안 등을 느꼈다고 한다. 어떤 사람들은 이런 경험을 다른 사람 앞에서 간증하는 중에도 다시 경험하고, 어떤 이는 그것을 절제하며 말하려고 애쓰기도 하고, 어떤 이는 말을 맺지 못하고 결국 쓰러지기도 한다.[68] 그런데 이들은 대개 자기의식을 잃지 않은 상태에 있었다고 한다. 이들은 통제할 수 없을 만큼 강렬한 감정의 분출 때문에 스스로 몸을 가누지 못하고 쓰러지거나 떨거나 웃거나 한다는 것이다. 그렇게 본다면 이들의 경험을 황홀경이라고 부를 수는 있지만 자의식을 상실하는 몰아경이라고 부르는 것은 옳지 않은 것 같다. 왜냐하면 이들은 그런 경험 중에도 자기의식과 사고력을 여전히 유지하고 있기 때문이다.[69] 문제는 이런 감정을 자제하기 어렵다는 점이다. 이점은 많은 사람들로 하여금 그것이 마귀의 역사가 아닌가 하는 의구심을 갖게 한다. 또한 이런 감정들이 과장되고, 자극되고 격려되며, 그런 것을 갈망하는 분위기는 바람직하지 않다.

빈야드운동에서 일어나는 많은 현상들은 열광적인 개인적 종교 경험이다. 그러나 아직 이들에게서 일반적인 그리스도인들과 다른 특별한 부도덕성은 발견되지 않는 것 같다. 존 웜버는 이런 점에 주의하며 가난한 사람들에 대한 구제와 봉사 그리고 사회에 대한 책임 등을 강조하고 있다. 이들은 특히 가난한 자들, 마약중독자, 알콜중독자, 가정이 파탄 당한 자들을 돕는 일을 중요하게 여기고 있다.[70] 그러나 이들이 경제, 정치, 사회의 구조적 문제에까지 의식하고 있는 것 같지는 않다.

빈야드운동은 모든 질병이 귀신들린 것이고 주장하는가? 빈야드운동이 영적 전쟁을 강조하며 신자들의 삶의 모든 부분에서 마귀와의 싸움을

---

(68) 존 아노트의 비디오 테이프, "Catch the Fire : God's Love, Bottom Line".
(69) Wimber & Springer,《능력치유》, 356-358 ; John Arnott, *The Father's Blessing,* 67ff.
(70) 존 윔버《영적 성숙에 이르는 7가지 단계》, 250ff.

일깨우는 것은 사실이다. 와그너는 질병은 하나님의 뜻이 아니라고 한다. 심지어 와그너는 모든 질병을 궁극적으로 사탄에게서 오는 것이라고도 하였다. 그렇다고 모든 질병이 귀신들린 것은 아니고, 인간 타락의 간접적 결과들, 영양실조, 사고, 박테리아 등을 사탄이 사용한다고 한다.[71] 이런 의미에서 와그너는 모든 질병이 귀신의 활동으로 인한 것은 아니라고 보았다.[72] 윔버는 특정한 질병이 특수한 귀신들에 의해 발병된다고 보지만, 질병의 모든 경우들이 귀신에 의한 것은 아니라고 하였다.[73] 그는 사탄과의 영적 전쟁과 귀신 축출을 강조하지만 모든 육체적, 정서적, 심리적 문제들이 다 그런 것은 아니라고 본다.[74]

빈야드운동은 성경 말씀을 무시하는가? 빈야드운동이 은사들과 경험을 강조하는 것은 사실이지만, 성경이나 설교를 불필요한 것으로 보지는 않는다. 그들에게도 성경공부나 설교는 필수적으로 중요한 목회의 일부이다. 문제는 성경 이외에도 계시가 있다고 하는 점이다. 존 아노트도 성령을 받았다고 성경을 무시하면 진리로부터 멀어진다고 경고한다.[75] 그도 성경은 우리의 닻이요, 안내판이요, 우리가 바라보고 항해하는 우리의 움직이지 않는 북극성이라고 하였다.[76] 존 윔버도 나중에는 영적 성숙을 위해서는 은사나 능력들보다도 성경 말씀이 필요하다고 강조한다.[77] 그러나 능력과 은사들에 대한 강조 없이 성경 말씀을 강조하는 전통적인 교회들과는 상당히 다르기는 하다.

빈야드운동은 능력치유를 강조하면서 의사나 약의 사용을 금하는가?

---

71) Wagner. 《제3의 바람》, 113.
72) 위의 책, 279.
73) Wimber & Springer, 《능력전도》, 142-3.
74) 위의 책, 138-9.
75) John Arnott, *The Father's Blessing*, 36.
76) 위의 책, 36.
77) Wimber. 《영적 성숙을 위한 7가지 제언》, "제언 2", 특히 71.

빈야드 운동가들은 기도에 의한 질병 치유를 강조하지만, 그렇다고 의사나 약의 역할을 부정하지 않는다. 이들은 초자연적인 은사들에 의한 치유와 자연적인 치유 모두 하나님의 손에 있음을 인정한다.[78] 이들은 치유기도를 하면서도 의사의 지시가 없으면 약을 끊거나 필요한 치료를 거부하지 말도록 권면한다.[79] 그들은 또한 자기들의 치유사역이 모든 환자를 100% 치유하지는 못한다는 것도 인정한다.[80] 이들은 자신들의 치유를 위한 기도가 실패하거나 곤경에 빠지는 것도 인정한다.[81] 그러므로 치유보다 사람들로 하여금 하나님의 은혜를 받을 수 있도록 섬기는 목회가 중요하다고 말한다.[82] 이런 면에서 빈야드운동은 지금까지 있었던 신유 사역자들과 비교해 볼 때, 비교적 솔직하고, 세련되어 있다.

빈야드운동은 그 지도자들을 신격화하는가? 빈야드운동을 비판하는 사람들은 빈야드운동이 그 지도자들을 신격화한다고 비판한다.[83] 그들은 하나님의 능력이 웜버를 비롯한 사역자들을 통해서 흘러나왔다는 것을 이야기하기 하지만, 그 사역자가 능력의 근원이라고 하지는 않는다. 오히려 그들은 자신들만이 아니라, 누구든지 성령의 은사를 받고 사역할 수 있음을 강조하고 있다. 어떤 한 지도자를 숭배하라거나, 어떤 한 지도자를 절대화하는 아무런 흔적을 발견할 수 없다.

---

78) Wagner, 《제3의 바람》, 226, 278.
79) 민병길, 빈야드 운동 소개 녹음 테이프.
80) Wagner, 《제3의 바람》, 57 ; Wimber & Springer, 《능력치유》, 제8장 "모든 사람이 치유되는 것은 아니다".
81) Wagner, 《제3의 바람》, 220.
82) 위의 책, 270-1.
83) 오덕교, "조나단 에드워즈 입장에서 본 빈야드 운동", 《빈야드 운동 무엇이 문제인가?》, 70.

맺는 말

빈야드운동은 오늘날 교회 안에 많은 물의를 일으키는 하나의 열광적 신앙운동으로 보인다. 특히 토론토 공항교회 측이 더 그러하다. 그러나 한편 그들이 정말 무엇을 주장하며, 무엇을 추구하는지에 관하여 올바로 알려지거나 이해되지 못한 채, 오해를 받는 면도 있다. 사실상 거룩한 웃음이나, 짐승소리 같은 것을 제외하면 다른 현상들은 오순절운동에서 혹은 여타의 부흥운동이나 기도원 운동에서 종종 나타났던 것들과 크게 다르지 않다. 빈야드 운동의 문제점들에 관하여는 위에서 이미 언급하였거니와, 문제점들 중 어떤 것은 빈야드운동 지도자들 자신에게 기인하는 것도 있고, 또한 그들을 무분별하게 따라가는 이들에게 기인한 것도 있다. 우리는 이러한 문제점들에 대하여 경계해야 한다.

그러나 우리는 왜 오늘날 사람들이 빈야드운동과 같은 것을 찾아다니게 되었는지에 대해 다시 생각할 필요가 있다. 기성 교회가 이들의 영적 욕구를 채워 주지 못한 것은 아닌가? 빈야드운동이 권능주의와 감정주의에 기울었다면, 기성교회는 주지주의에 기울어 있는 것은 아닌가? 우리는 오늘도 우리 가운데 실제적인 능력으로 역사하시는 성령의 은혜에 새로이 눈 뜰 필요가 있으며, 복음과 이웃 사랑을 위한 열정을 회복할 필요가 있다. 바로 이 점에 있어서 빈야드운동은 우리에게 자극과 도전을 주었다고 할 수 있다. 우리는 우리 가운데 있는 부패와 나태를 돌이키는 회개와 갱신이 필요하다. 그러한 영적 갱신에 있어서, 우리는 성령과 말씀, 성령과 인격적 성화, 성령과 은사들, 성령과 감정, 성령과 공동체 및 사회에 대한 책임 등의 여러 측면을 균형 있고 성숙하게 살려 나아가야 한다.

제9장 신사도 교회운동에 대하여

　한국교회 안에서 많은 사람들을 혼란케 하는 신앙운동들 중에 '신사도 개혁' 운동이 있다. 신사도운동이 한국교회에 영향을 미치기 시작한 것은 2000년대이고 지금은 시간이 좀 흘렀지만, 아직도 많은 영향을 미치고 있고, 혼란과 논란의 대상이 되고 있다. 이에 대하여는 한국교회 안에서 이단으로 규정하는 사람들도 있는가 하면,[1] 적극적으로 지지하고 추천하는 사람들도 있어서[2] 혼란스럽다. 그러므로 이 운동에 대한 사실적이며 객관적

---

1) 대한예수교장로회 합동측, 합신측과 고신측은 신사도운동에 대하여 참여를 금지하거나 이단시하고 있으며, 합신측은 홍정식 목사를 신사도 운동과 관련하여 제명한 바 있다. 한국 및 외국에 거주하는 한인교회 지도자들이 초교파적으로 구성한 세이연(세계한인기독교이단대책연합회)도 신사도 운동을 이단시하고 있다. 정이철은 신사도 운동에 대한 비판서를 출간하기도 하였다. 정이철, 《신사도 운동에 빠진 교회: 한국교회 속의 뒤틀린 성령운동》(서울: 새물결플러스, 2012).
2) 신사도운동은 C. Peter Wagner에 의하여 주창되어, 국제적으로 ICA(International Coalition of Apostles), ACPE(Apostolic Council of Prophetic Elders) 등의 단체를 통해 움직이고 있으며, 한국교회에서 신사도 운동은 홍정식 목사가 이

인 비판이 필요해 보인다. 이 글에서는 피터 와그너(C. Peter Wagner)가 주장하는 신사도운동에 대하여 객관적으로 파악하고 비판하려고 한다.

사실 '신사도 교회'라는 개념은 다소 모호하다. 와그너는 자신이 '신사도 교회'라고 부르는 교회들의 특징을 여러 가지로 묘사하고 있다. 그런데 그가 '신사도 교회'라고 부르는 교회들 중에서 그가 말한 특징들이 모두 잘 맞는 교회들도 있지만, 잘 맞지 않는 교회들도 있기 때문이다. 와그너의 *The New Apostolic Churches*에는 그가 신사도 교회라고 부르는 18개 교회들의 사례들이 수록되어 있다. 그런데 그 교회 목회자들 중에는 자칭 사도라는 목사들도 있지만, 그렇지 않은 경우도 있다. 그가 신사도 교회의 중요한 특징으로 묘사하는 성령의 은사들을 강조하는 교회들도 있지만 그렇지 않은 교회들도 있다.[3]

끄는 한국 WLI(Wagner Leadership Institute Korea)과 Che Ahn이 설립한 HIM(Harvest International Ministries)의 한국 지부인 '한국 HIM', Bill Hamon이 설립한 CI(Christian International)의 한국 지부인 'CI Korea', Mike Bickle이 창립한 IHOP(International House of Prayer)의 한국 지부인 'IHOP Korea' 등을 중심으로 전개되고 있다. IHOP은 2007년에 '아이합 기도 컨퍼런스'를 유기성 목사가 목회하는 선한목자교회에서 개최하여 한국에 처음 소개하기도 하였다. 교계에서 널리 인정받는 이동원 목사는 와그너의 《교회의 지각 변동》 한국어판에 추천사를 쓰기도 했고, 황덕형은 조직신학자로서 신사도운동을 부분적으로 옹호하는 글을 발표하기도 하였다. 황덕형, "신사도개혁운동, 성령의 바람인가? 거짓 예언자의 나팔인가?" 기독교학술원 제35회 월례발표회, 2014년 2월 7일. IHOP이 신사도 단체인지는 다소 모호하다. 그 지도자인 마이크 비클이 피터 와그너와 가까운 사이이며 영향을 받은 것으로 보인다. 그런데 IHOP은 사도직을 세우는 것 같지는 않다. 그들의 홈페이지에는 그들이 받아들이는 신조로서 매우 정통주의적인 니케아 신조, 사도신조, 아타나시우스 신조, 웨스트민스터 신앙고백 등이 포함되어 있다. http://www.ihopkc.org/about/christian-creeds. [2017년 2월 22일 접속].

3) 와그너는 신사도적 개혁 운동은 80 퍼센트 정도는 은사주의적이며 20 퍼센트 정도는 은사주의가 아닌 복음주의적 성격을 지니고 있다고 말하기도 한다. C. Peter Wagner, Changing Church, 김영우 역, 《신사도적 교회로의 변화》(서울: 쉐키나 출판사, 2006), 11.

사실 그 18개 교회들 중에 담임 목사를 사도라고 칭한 교회는 두 곳 뿐이다. 하나는 Apostle John P. Kelly가 목회하는 Antioch Churches and Ministries이고, 다른 하나는 Apostle John Eckhardt가 목회하는 Crusaders Church and International Ministries of Prophetic and Apostolic Churches이다. 또한 그 18개 교회들 중에는 우리에게도 많이 알려진 Bill Hybels가 목회하는 Willow Creek Community Church and The Willow Creek Association가 있는데, 이 교회는 담임목사를 사도라고 부르지 않고, 은사주의적이지도 않다. 또 와그너는 Robert H. Schuller의 Crystal Cathedral, Rick Warren의 Saddleback Church, 그리고 Chuck Smith의 Calvary Chapel도 역시 신사도 교회에 포함시키는데,[4] 이 교회들에도 역시 사도라는 직분이 없고 은사주의적이지도 않다. 와그너 자신도 '신사도적' 이라는 명칭이 어울리지 않는 교회들이 있다고 인정한다.[5] 또한 와그너도 자신의 연구 대상이 되었던 급성장하는 교회들 중에 은사주의적이지 않은 교회들이 있음도 밝힌다. 그래서 그는 이 운동에 '은사주의적' 이라는 명칭을 붙이지 않았다.[6] 또한 와그너가 인정하듯이 은사주의적인 지도자였던 빈야드 교회의 존 윔버(John Wimber) 같은 이도 카리스마적인 리더십을 지지하기는 하지만 자신을 사도라 칭하지 않았다.[7] 그러므

---

4) C. Peter Wagner, *Churchquake,* 방원선, 권태진 역,《교회의 지각 변동》(서울: WLI Korea, 2007), 55-56, 120-121, 175.
5) 위의 책, 50. 그는 사실 근래에 급성장하는 교회들의 성장 요인을 탐구하면서, 그러한 교회들에게 붙일 아홉 가지 다른 이름들을 시험해 보았는데(위의 책 53-59), 결국 이 명칭 '신사도 교회' 라는 명칭에 도달하였다. 이것은 문제가 있다. 왜냐하면 그가 탐구한 여러 교회들의 성장의 핵심적 요인들은 교회에 따라서 다를 수가 있고, 사도라는 직분을 주장하지 않는 교회들도 많은데, 그는 '신사도' 라는 명칭을 일반화해서 붙이고 있기 때문이다.
6) C. Peter Wagner ed., *The New Apostolic Churches* (Ventura, CA: Regal Books, 1998), 18.
7) C. Peter Wagner,《교회의 지각 변동》, 157.

로 은사중단론의 입장에서 이 운동을 평가하거나 비판하는 것은 다소 초점이 맞지 않는다. 물론 와그너 자신은 은사지속론자이다. 아무튼 이 글에서는 와그너가 신사도 교회라고 지칭하는 교회들 자체보다, 와그너 자신이 '신사도 교회'라고 주장하는 내용에 대하여 살펴보기로 한다.

1. 신사도 교회란 무엇인가?

와그너는 그가 '신사도 개혁'(the new apostolic reformation)이라고 부르는 운동이 어떤 것인지를 자신이 교회성장에 대하여 연구해 온 역사와 함께 서술한다. 그는 스승인 맥가브란(Donald A. McGavran) 교수를 따라서 교회 성장에 관하여 연구해 온 경험을 서술해 준다.

1970년대와 1980년대 초까지 그는 성장하는 교회들을 연구함으로써 성장의 기술적인 원리들을(technical principles) 발견하려고 노력해왔다. 그는 이것을 자기 연구의 제1기(the first season of research)라고 한다. 그는 세계적으로 가장 빨리 성장하는 교회들이 단지 기술적 원리들 이상의 무엇을 가지고 있음을 주목하게 되었다고 하는데, 이것은 바로 그들의 성장이 오늘날 성령의 초자연적인 사역을 주도로 이루어졌다는 것이다. 여기에는 빈야드 교회(Association of Vinyard Churches)로 유명한 존 윔버(John Wimber)의 영향이 컸다는 것이다. 그리하여 그는 교회 성장의 영적인 원리(spiritual principles)를 탐구하게 되었는데, 이것은 1980년대 초에 시작되어 1990년대 중반까지 계속되었다. 그는 이 시기를 연구의 제2기라고 부른다. 이 시기에 그는 성령으로 인한 표적과 기사들(signs and wonders)과 교회 성장의 관계를 주목하며 연구하였다. 그러다가 그는 1990년대 중반 이후 연구의 제3기로 들어가는데, 그가 이 시기를 구분 짓는 특징이 바로 신사도 개혁(the New Apostolic Reformation)에 초점을

맞추는 것이었다.[8]

　본래 그는 존 윔버의 영향을 받고 함께 성령 사역에 동참하면서 자신들이 하고 있는 운동을 '제3의 물결'이라고 부른 적이 있다.[9] 이는 20세기 초에 시작된 소위 고전적 오순절 운동을 성령의 제1의 물결이라 하고, 1960년대에 오순절운동이 전통적 교회 안에 영향을 미치게 된 신오순절운동을 제2의 물결이라고 할 때, 자신과 같은 복음주의 진영에서 이 운동을 새로 시작하게 된 것을 가리키는 말이었다. 그런데 이제 그는 이 단계를 지나 '신사도 개혁'이라는 새로운 것을 주장하게 되었다. 많은 사람들이 신사도운동을 오순절운동 혹은 은사지속론(초자연적 은사가 오늘날에는 중단되고 없다는 소위 은사중지론에 대한 반대론)의 연장선상에서 비판하기도 하는데, 와그너가 말하는 신사도 개혁운동은 사실 반드시 오순절운동이나 은사운동의 맥락에만 국한되어 있지는 않다. 그의 보다 큰 관심은 교회성장 자체이고, 21세기에 새롭게 성장하려면 이제 새로운 성장 전략이 필요하다는 것이다. 그는 예수님께서 그의 교회를 항상 동일한 방법으로 세워 오시지 않았다고 주장한다. 콘스탄틴 황제 이전의 로마제국 치하와 콘스탄틴 이후의 로마제국, 그리고 중세기와 종교개혁 이후와 유럽인들의 식민지 개척 시대와 제2차 세계대전 이후에 각각 다른 방법을 사용해 오셨다는 것이다. 그리고 하나님은 이제 21세기라는 새로운 시대를 맞이하여 '새로운 가죽 부대'(new wineskins)를 사용하신다는 것이다.[10]

　와그너는 지금이라는 새로운 시대에 필요한 새로운 가죽부대는 무엇인가를 전세계적으로 가장 빠르게 성장하는 교회들에 대해 연구하면서 나

---

8) C. Peter Wagner ed., *The New Apostolic Churches*, 14.
9) C. Peter Wagner, *The Third Wave of the Holy Spirit: Encountering the Power of Signs and Wonders Today* (Ann Arbor: Vine Books, 1988); C. Peter Wagner, *How to Have a Healing Ministry without Making Your Church Sick*, 정운교 역,《제3의 바람》(인천: 나눔터, 1993) 참조.
10) 위의 책, 15.

름대로 탐구하였다. 특히 그는 아프리카 독립교회들, 중국의 가정교회들, 그리고 라틴 아메리카의 기초 공동체교회들을, 미국 은사주의 독립 교회들의 급성장과 함께 연구하면서 패턴을 발견하였다면서, 이러한 교회 성장 방식 변화를 '교회의 지각변동'(churchquake)이라고 묘사한다.[11] 이것은 매우 획기적이라서 새로운 이름이 필요하다고 한다. 그는 이 운동의 특징을 몇 가지로 서술한다.

1) 새로운 이름, '신사도 개혁.' 와그너는 여러 이름들의 가능성을 시험해 본 끝에 결국 이 운동의 이름을 '신사도 개혁'이라고 붙였다. 그리고 '신사도 개혁'의 정의를 다음과 같이 내린다. "신사도 개혁은 20세기 끝자락에 일어난 하나님의 비상한 일로서, 상당한 정도로 전세계 개신교의 모습을 바꾸고 있는 일이다."[12]

2) 새로운 권위 구조. 와그너는 전통적인 기독교와 가장 급진적으로 변화된 점이 바로 지도력과 지도 권위에 대한 견해라고 주장한다. 가장 중요한 차이점은 "성령이 개인들에게 위임해 주신 영적 권의의 양"이라는 것이다. 이는 전통적인 교파 교회들과 달리 조직이나 제도가 아니라, 개인들에게 성령으로부터 권위가 주어졌다는 것을 의미한다. 신약성경을 따라 그는 목회자는 교회의 고용인이 아니라 하나님으로부터 파송받은 사도(apostolos)라고 주장한다.[13]

3) 새로운 지도력 훈련. 신사도 교회의 지도자들은 대개 자신의 모교회에서 실제적인 훈련을 받아 세워진다. 이는 전통적 교파 교회의 목회자 훈련이 주로 신학교에서 학문적으로 이루어지는 것과 차별된다. 신사도 교회의 안수는 어떤 규칙에 의해 요구된 자격들을 갖추는 것이 아니라, "성품

---

11) C. Peter Wagner ed., *The New Apostolic Churches*, 18.
12) 위의 책, 19.
13) 위의 책, 19-20.

(character)을 입증하는 개인적 관계와 실천에 의해 입증된 사역 기능(ministry skills)에 근거한다고 한다." 지도자 계속 교육은 학교와 교실에서가 아니라, 종종 수련회와 세미나 같은 데서 이루어진다는 것이다.[14]

4) 새로운 사역 초점. 와그너에 의하면, 전통적인 기독교가 현재 상황에서 시작하여 과거에 초점을 맞춘다면, 신사도 기독교는 현재 상황에서 시작하여 미래에 초점을 맞춘다고 한다. 전통적 교회들이 전통에 의해 이끌려진다면(heritage driven), 신사도 교회들은 비전에 의하여 이끌려진다는(vision driven) 것이다.[15]

5) 새로운 예배 스타일. 와그너에 의하면, 신사도 교회들은, 약간의 예외가 있기는 하지만, 현대적 예배 스타일을 사용한다. 음악 감독 대신 예배 인도자, 파이프 오르간 대신 키보드, 성가대 대신 격식 없는 찬양 팀, 찬송가책 대신 프로젝터, 10-12분의 형식적 찬송 대신 30-49분의 회중 찬송, 자유롭게 몸짓을 사용하면서 대개 일어서서 예배드리는 것, 박수 등이 그 특징이다. 예배 인도자의 목적은 회중으로 하여금 공연 관람자가 아니라 적극적 참여자가 되도록 돕는 것이라고 한다.[16]

6) 새로운 기도 형태. 와그너에 의하면 신사도 교회들은 전통적 교회들보다 훨씬 더 많이 기도회를 한다. 또한 많은 신사도 교회들은 모든 예배자들이 동시에 큰 소리로 기도하는 합주기도(concert prayer)를 한다고 한다(이것은 한국교회의 통성기도와 유사해 보인다). 또한 신사도 교회 지도자들은 찬양 행진, 기도하며 걷기, 기도 여행, 기도 원정 등 새로운 형태의 기도들을 시도한다.[17]

7) 새로운 재정 운영. 와그너는 신사도 교회들은 다른 전통적 교회들

---

14) 위의 책, 20-21.
15) 위의 책, 21-22.
16) 위의 책, 22.
17) 위의 책, 23.

처럼 재정적인 어려움을 겪는 교회들이 거의 없다고 한다. 십일조가 강조되고, 헌금은 교회와 사역 뿐만 아니라 헌금자 자신에게 유익이 된다고 생각하며, 헌금하는 것을 즐겁게 여긴다고 한다. 헌금에 대하여 불평하는 교인들이 드물다고 한다.[18]

8) 새로운 전도. 와그너는 지역사회에서 그리고 세계적으로 공격적인 전도를 감행하는 것이 신사도 교회 DNA의 중요 부분이라고 한다. 새로운 교회 개척과 해외 선교는 지역 교회가 마땅히 해야할 일로 여긴다는 것이다. 또한 가난한 이들, 버림받은 이들, 집 없는 이들, 불우한 이들, 장애인들을 위한 사역이 대부분의 신사도 교회들의 강한 특징이다.[19]

9) 능력에 대한 지향성. 와그너는 신사도 개혁운동이 교회성장의 기술적 원리들과 영적 원리들을 결합한 것으로 보인다고 한다. 영적 원리라는 것은 성령의 초자연적 능력을 직접 초청하고 경험하는 것을 말하는데, 신유, 축사, 영적 전쟁, 예언, 성령 안에서 쓰러짐(falling in the Spirit), 영적 도해(spiritual mapping), 예언적 행위, 열정적인 중보기도 등이다. 그들은 이런 것들이 사람들로 하여금 진리를 받아들이게 하는 역할을 한다고 본다. 그래서 지적인 정신(mind)보다 마음(heart)이 강조되는데, 이 때문에 많은 사람들이 신사도 교회들이 너무 감정적이라고(too emotional) 생각한다는 것이다.[20]

이상이 와그너가 신사도 개혁이라고 이름 붙인 급격한 교회 성장 현상 모습이다. 이 내용은 많은 부분이 급성장기 한국교회 모습과 비슷하다. 현대적인 예배 스타일, 카리스마적인 목회자, 비전에 대한 강조, 십일조와 헌금에 대한 열심, 전도와 선교에 대한 열심, 성령 체험의 강조 등. 그러나 한

---

18) 위의 책, 23-24.
19) 위의 책, 24.
20) 위의 책, 25.

국교회는 대개 (와그너가 비판적으로 보는) 교단적 교회 형태를 가지고 있었다는 점, 사도 혹은 신사도라는 개념이나 직분을 사용하지 않았다는 점, 성령의 은사들에 대한 태도가 좀더 보수적이었다는 점 등에서 달랐다고 할 수 있다.

2. 사도의 개념과 현대의 사도직 문제

와그너가 주장하는 신사도적 개혁의 핵심은 역시 사도직에 있다고 하겠다. 그는 신사도적 기독교와 전통적 기독교의 차이점이 바로 성령께서 당회나 위원회, 혹은 장로회와 같은 조직이 아닌 한 개인에게 위임한 권위의 분량이라고 주장한다.[21] 이 특수한 개인이 바로 '사도'이다. 사도란 무엇인가? 사도(apostle)는 헬라어 apostolos에서 유래한 말로서 보냄을 받은 자인데, 특별히 파송하는 사람으로부터 특별한 목적이나 임무를 받고 파송된 자라고 한다. 사도는 영적 은사이다. 와그너는 사도라는 영적인 은사를 다음과 같이 정의한다.

> 사도의 은사는 하나님께서 그리스도의 몸 된 교회의 어떤 지체들에게 주신 특별한 능력으로, 영적인 문제에 대해 비범한 권위를 가지고 많은 교회들을 총괄적으로 지도할 수 있는 리더십을 발휘하며, 교회들은 이런 지도력을 자발적으로 인정하고 따른다.

그러나 그는 연구를 계속하면서 이러한 정의가 대부분의 경우에는 잘 들어맞지만, 모두에게 맞지는 않는다고 시인한다. 그는 여기서 중요한 것이 바로 '권위'라고 말한다. 사도들은 새로운 교회를 개척하고 감독하는 일을

---

21) C. Peter Wagner, 《교회의 지각 변동》, 139.

한다고 한다.[22]

　문제는 오늘날에도 사도가 있느냐 하는 점이다. 와그너는 이 문제를 은사중단론을 반박하는 입장에서 다루고 있다. 은사중단론은 대개 1세기 교회 가운데 주어졌던 영적인 은사들이 사도시대가 끝나고 신약성경이 완성된 시점에서 그 사용이 중단되도록 하나님이 계획하셨다는 입장이다.[23] 와그너는 교회성장에 대한 연구에서 특히 남미의 급성장하는 오순절 교회들의 모습을 보면서 이미 은사중단론의 입장을 벗어나 은사지속론으로 입장을 바꾼 바 있다.

　그런데 이제 그는 단순한 은사지속론이 아니라 오늘날에도 사도의 직임이 있다고 주장한다. 그는 은사(gift)와 직임(office)를 구분하면서, 오늘날 사도적인 은사가 주어질 뿐만 아니라, 사도라는 직임도 존재한다고 주장한다.[24] 와그너는 1970년대에 중보 기도자란 직임이, 1980년대에는 선지자의 직임이, 그리고 1990년대에는 마지막 퍼즐 조각인 사도의 은사와 직임이 회복되고 있다고 보는 것이다.[25] 그는 교회에는 사실 항상 사도가 있어 왔는데, 다만 사도로 인정받지 못했을 뿐이라고 주장한다. 그리고 사도의 가치가 인정받게 될 때, 교회는 더 높은 수준으로 나아갈 수 있다면서 바로 이런 일이 우리 시대에 일어나고 있다고 주장한다. 그는 사도를 대체할만한 것은 없다고 주장하며, 다른 어떤 직임이나 은사도 사도가 하는 일을 대신할 수 없을만큼 사도는 특별하다고 한다.[26] 또한 오늘날 사도를 기적과 예언과 더불어 새롭게 세상을 변화시킬 수 있는 직임으로 이해한다.[27] 그는 사도의 자질로서 경건한 성품, 영적 부모로서 자녀를 기르는 마음, 거

---

22) 위의 책, 140-144.
23) 위의 책, 145.
24) 위의 책, 146-147.
25) 위의 책, 149.
26) 위의 책, 149.
27) 위의 책, 151.

룩함 등을 들고 있다.[28]

　필자는 은사중단론에는 동의하지 않지만, 오늘날에도 사도의 직임이 존재한다는 주장에는 동의할 수 없다. 왜냐하면 사도의 직임은 매우 특별한 것이라서 예수께서 친히 부르시고 파송하신 초기 교회의 극히 일부분의 지도자들을 가리킨다고 보기 때문이다. 이에 반하여 와그너는 신약성경 안에서도 사도라는 직함이 예수님 공생애 당시 부르신 12명의 사도에만 국한되지 않는다고 주장한다. 예를 들면, "안드로니고, 아볼로, 바나바, 에바브로디도, 주의 동생 야고보, 유니아, 맛디아, 바울, 실라, 디모데, 익명의 다른 두 명 등을 포함하여 최소한 열두 명이 신약성경에서 사도라고 불렸다"고 하였다.[29] 그러나 이들이 신약성경 안에서 사도로 불려지고 인정되었다는 것은 확증되지 않았으며 논란거리이기도 했다.[30] 이들에 대한 호칭이나

---

28) 위의 책, 157-163.
29) 위의 책, 141.
30) 이 중 맛디아는 12명의 사도 중 가룟 유다가 빠지게 된 자리를 초기 사도들이 숫자를 채우기 위하여 제비 뽑아 세운 사람이다(행 1:26). 바울이 사도권 문제로 논란 가운데 있었음은 바울 서신들에 잘 나타난다. 바울은 예수님 공생애 당시는 아니지만, 다메섹 도상에서 직접 예수님을 만나 사도로 부르심을 받았다는 의미에서 사도로 인정되기도 한다. 바나바는 바울과 더불어 사도라고 불려진 경우가 사도행전 13:43과 14:14에 나타난다. 그러나 또한 사도행전 4:36; 9:27; 15:2, 22 등에서는 그들을 예루살렘에 있는 사도들과 분명히 구분해서 말하고 있기도 하다. 주의 동생 야고보는 예루살렘 교회에서 사도들과 거의 동등한 위치처럼 인정받은 것 같다(고전 15:7; 갈 1:19). 그러나 그가 사도라고 불려졌다고 확증되지는 않는다. 아볼로는 바울과 비슷한 위치에서 언급된 적도 있으나(고전 3:4-6), 그가 직접 사도로 불렸다는 확증은 없다. 에바브로디도, 실라, 디모데 등이 모두 초기 교회의 훌륭한 지도자였음이 분명하지만, 역시 직접 사도라고 불렸다는 확증이 없다. 안드로니고와 유니아는 개역개정판 로마서 16:7에 "그들은 사도들에게 존중히 여겨지고"로 번역되어 있다. 이것을 "그들은 사도들 중에서 인정된 자로 여겨진 자들"이라고 번역하면 그들도 사도들이라고 해석할 여지가 있을 수 있다. 그러나 신약성경 전체의 맥락에서 볼 때 그 두 사람이 분명히 사도라고 불려진 다른 이들에 비해 사도로서 특히 인정된 자로 여겨졌다는 확증은 없다. 그래서 개역개정의 번역자는

직함에 대하여 어떤 입장을 취하든지, 신약성경 후기 또는 1세기 말에 이르러 사도로 불려진 이가 없음은 분명하다고 할 수 있다. 목회서신들과 같은 신약성경 후기 문서들에 나타나는 '감독' 혹은 '장로'라는 호칭과 그 자격 조건에 대한 교훈은(딤전 3:1-2; 딛 1:7) 있지만 사도에 대한 교훈은 없다는 사실에서 더 이상 '사도'라고 불려지는 사람이 없었음을 암시한다. 만약 초기 교회가 교회 중 가장 권위 있는 직분인 '사도'라는 직분을 임직시킬 수 있었다면 당연히 감독이나 장로 위에 사도를 세웠을 것이요, 따라서 목회서신에 그 자격 조건이 제시되었을 것이다.

그렇다면 도대체 와그너는 오늘날의 사도가 어떻게 세워지며, 그 권위의 출처가 무엇이라고 주장하는 것인가? 와그너에 의하면 사도는 하나님께서 임명하시는 직임이라는 것이다. "하나님은 임명하시는 분이시고, 하나님께서 임명하셨다는 사실을 인정하는 것은 그리스도의 몸 된 교회에 달려있다"고 말한다.[31] 그러나 이것은 예수님께서 친히 임명하신 사도들과는 다르다. 사도들은 교회의 인정을 받은 자들이 아니라, 주님의 선택과 부르심을 받아 처음으로 세상에 교회를 세운 이들이었기 때문이다. 신사도 교회에서 사도를 세우는 방식은 전통적인 교회에서 통상적으로 목사를 세우는 방식과 비슷하다. 차이가 있다면, 와그너는 오늘날에도 어떤 이는 사도로 부르심을 받는다고 주장하는 것이요, 그 부르심의 확인에 있어서 당사자나 교회가 하나님으로부터 어떤 계시나 예언을 받는 것을 매우 중요하게 여긴다는 점이다. 와그너는 이 모든 것을 "사도적 권위는 열매로 입증된다"는 소제목 아래 논한다. 와그너는 빌 해몬(Bill Hammon)을 인용하여, "부르심을 확인하는 단 한가지 방법은 먼저 계시를 받고, 그 사역을 위한 훈련을 받은 다음, 과연 사역의 열매가 있는지 보는 것이다"라고 한다.[32] 그런데 예수께서 열매를 보아 나무를 안다는 말씀을 하신 것은(마

그런 번역을 취하지 않았을 것이다.
31) 위의 책, 152.

7:15-27) 이적을 행하는 능력이나 예언보다 예수님의 말씀을 준행하는 영적 도덕적 순종을 강조하시는 문맥이며 와그너가 말하는 것과는 차이가 있다. 오히려 마태복음 7장의 본문은 주님의 이름으로 선지자 노릇하고 귀신을 쫓아냈다는 자들도 행실의 열매가 없으면 주님께서 모른다고 하실 것이라는 말씀을 전해준다. 와그너는 이 문맥을 무시하고 사역의 열매만 강조한다.

그런데 막강한 영적 권위를 가지고 있다는 사도들은 누구의 지도와 감독을 받는가? 그들이 잘못할 때 누가 어떻게 제어하는가? 와그너는 교단 체제의 민주적이고 법률적인 통제를 매우 비판하고 있기 때문에 이것은 매우 중요한 문제이다. 그는 이 문제에 대한 일관성 있는 확실한 대답은 아직 얻지 못했다고 고백한다.[33] 그러면서도 나름대로 느슨한(?) 점검 방식을 제시한다. 이것은 세 가지 점검 방식인데, 첫째는 하나님으로부터의 점검이고, 둘째는 동료들의 점검, 셋째는 파송한 지역 교회의 점검이라고 한다.[34] 하나님의 점검이라는 것은 결국 당사자가 하나님으로부터 받는 점검이라서 매우 주관적이고 아전인수적인 해석에 빠질 위험이 있다. 동료들의 점검은 구속력이 없으며, 본인이 고집을 피우면 대책이 없다. 파송하는 교회 감독을 받는다는 것은 결국 와그너가 그렇게 싫어하는 교단 체제와 비슷한 것으로 돌아가는 것인가? 와그너는 사도들 위에 감독하는 사도의 역할에 대해 말하기도 한다.[35] 그러면 감독은 또 누구의 감독을 받는가 하는 문제가 남는다. 와그너는 사도들의 권위의 범위와 한계를 논하면서 수직적 사도, 수평적 사도, 일터의 사도 등으로 분류하기도 한다.[36] 그러나 이러한

---

32) C. Peter Wagner, 《교회의 지각 변동》, 154-156.
33) 위의 책, 163.
34) 위의 책, 164.
35) 위의 책, 164.
36) C. Peter Wagner, *Apostles Today,* 박선규 역, 《오늘날의 사도》(서울: 쉐키나, 2008), 118-131.

분류는 자신들의 경험에 따른 임의적 분류이며, 진정한 사도직이 없는 오늘날에는 의미가 없다.

와그너처럼 오늘날에 사도직이 있다고 주장하면서 계시와 예언을 따라, 자기들끼리 사도를 임명하고 세워가는 것은 신앙적, 신학적으로 매우 위험하다. 왜냐하면 사도는 절대적 영적 권위를 지니고 있는 자로 간주되며, 더구나 와그너가 말하는 사도직은 계시와 예언과 밀접하게 연관되어 있기 때문에 새로운 교리나 신앙으로 이끌어갈 위험이 많아 보인다.

와그너는 자신이 신사도 개혁이라고 부르는 급격한 교회 성장 현상을 연구하였다. 그런데 이런 교회들의 급격한 성장 원인이 반드시 그가 주장하는 사도직을 가진 지도자들의 역할이 가장 중요한 것이었을까? 오히려 그가 비판하는 전통적인 교파 교회들과 다른 어떤 경직되지 않은 유연성, 관료화 되지 않은 역동적 조직, 변화하는 사회에 대한 신속한 적응력, 실제적인 카리스마를 행사하는 리더십 등이 더 중요하지 않았을까? 그러나 이런 성장이 과연 그 카리스마적인 지도자가 사라진 2대, 3대 후에도 가능할까?

3. 카리스마적 지도자를 강조하는 문제

와그너가 사도 직분을 강조하는 것은 내용적으로는 그 사도직에게 부여된다고 여겨지는 영적인 카리스마의 능력과 효력 때문인 것 같다. 그는 신사도 개혁에 있어서 가장 급진적인 변화는 "성령께서 개인에게 위임하시는 영적 권위의 분량에 대한 인식"이라고 주장한다.[37] 그는 자신의 저서에서 이 문구를 반복적으로 사용한다. 와그너는 전통 교회 목회자들이 신뢰 받는 영적 지도자가 아니라, 교회가 고용한 고용인이요, 목사들은 잠시

---
37) C. Peter Wagner, 《교회의 지각변동》, 109.

왔다가 떠나는 사람들이요, 교인들의 뜻을 이루도록 돕는 조력자들이요, 족장과 같은 자가 아니라 교회에서 여러 예식들을 집례하는 주술사요, 실적에 따라 평가를 받는 처지에 있다고 꼬집는다.[38]

그러면서 그는 신사도 교회들에서 목사는 다르다고 주장한다. 신사도적 목회자는 비전을 제시하는 자요, 지도력을 전공으로, 관리 운영을 부전공으로 삼는 자요, 큰 줄기의 정책만 결정하고 나머지는 위임하는 자요, 견고하고 능력 있는 운영팀을 만들어 이용하고, 종신토록 목회자로 일하며, 목회자 자신이 후계자를 선택하는 자라고 설명한다.[39] 이것은 민주적인 공동체 지도자라기보다는 막강한 권력을 가지고 이끌어가는 사기업의 소유주 같은 이미지이다. 와그너는 심지어 목회자에게 10억 원 정도의 예산 쯤은 마음대로 사용할 수 있게 위임해 줄 수 있어야 한다고 주장하며, 이런 것을 불편하게 여기는 사람들이 그들은 '전제 군주,' '독재자,' '제국 건설자,' '조종자,' '폭군,' '권력을 탐하는 자' 등으로 불려왔다고 불평한다.[40] 그는 신사도적 목회자는 "교회를 민주주의적 기관으로 보지 않는다"고 분명하게 못 박는다.[41] 그는 사도들에게 위임된 절대적 권위를 비판하면서 사도들은 결국 독재자이고 독재자들은 나쁘기 때문에 사도들도 모두 나쁘다는 식의 논리에 대하여 반발한다. 그는 심지어 "권력은 부패하며, 절대 권력은 절대적으로 부패한다"는 말을 인용하면서도, 그 경구가 지적하는 위험성에 대하여는 눈을 감는다.[42]

와그너는 자신이 연구 대상으로 삼은 급성장하는 교회들에서 공통적으로 이런 리더십 형태를 발견했다고 말하는 것 같다. 이런 내용은 목사가

---

38) 위의 책, 111-113.
39) 위의 책, 116-128.
40) 위의 책, 110-111.
41) 위의 책, 120.
42) C. Peter Wagner, 《신사도적 교회로의 변화》, 202.

말씀과 성례전과 더불어 영적, 도덕적 삶의 모범으로 회중을 이끌어가는 영적 지도자 이미지보다는 교인들을 효과적으로 많이 끌어 모으고 그들을 관리 경영해 나가는 특별한 능력을 가진 기업인 같은 이미지가 느껴진다. 물론 와그너는 이 모든 것들이 영혼구원을 위한 영적인 일이라고 주장한다. 그러나 이런 것이 예수 그리스도와 사도들 자신이 보여준 그런 삶의 모습일까?

물론, 와그너도 절대 권력을 가진 카리스마적 목회자를 홀로 방치해 두는 것이 바람직하지 않다는 것을 안다. 이단적인 가르침, 자기 마음대로 조작하는 지도자, 경쟁적인 기적 추구 등과 같은 현상이 우후죽순처럼 나타날 수 있기 때문이다. 그래서 와그너도 목회자들에 대한 감독 체계가 필요하다는 데 동의한다. 그러나 그런 감독 체계는 목사가 양이나 장로들에게 감독을 받는 것이 되어서는 안 된다고 한다.[43] 와그너는 신사도 교회들 가운데 일종의 그런 감독 체계가 나타나고 있다고 한다. 이것은 목자가 목자를 징계하는 체계이다. 이러한 체계는 사도의 지도와 감독을 받은 여러 명의 목회자들의 네트워크 형태이다.[44] 이것은 지역을 초월하여 자발적으로 가입함으로써 이루어진다. 그는 캐니스트라씨(David Cannistraci)의 견해를 인용하여 "사도적 네트워크는 … 자발적으로 연합된 자율적인 교회들과 사역 단체들의 동맹"이라고 규정한다.[45] 이러한 사도적 네트워크는 인간관계에 기초를 두며, 신뢰 받는 한 명의 지도자가 있으며, 낮은 자가 높은 자를 섬기며, 지도자는 섬기는 자이지 통제하는 자가 아니다.[46] (여기서 낮은 자가 높은 자를 섬긴다는 말과 지도자는 섬기는 자라고 하는 말은 서로 모순되는 것 같이 보인다.) 와그너는 이러한 네트워크는 자발적으로

---

43) C. Peter Wagner, 《교회의 지각변동》, 132-134.
44) 위의 책, 134-135.
45) 위의 책, 171.
46) 위의 책, 171-176.

가입 또는 탈퇴가 가능한 것임을 척 스미스의 갈보리 채플 네트워크의 사례를 통해 말하였다. 자유로운 가입과 탈퇴가 가능하기에 그는 네트워크가 마케팅 전략을 자주 사용한다는 사실을 지적하기도 한다.[47] 이런 맥락에서 마케팅을 이야기하는 것은 아무래도 순수하지 않은 것 같아 보이지만, 와그너는 개의치 않는다.

　이러한 감독 체계를 만드는 것은 와그너가 그렇게 신랄하게 비판하는 전통적인 교단의 형태를 다시 취하는 것인가? 와그너는 아니라고 주장한다. 네트워크는 관계가 조직의 근본적인 힘이라고 한다. 법적, 재정적 통제는 최소한으로 두어야 한다고 한다.[48] 그래서 그는 그 이름을 '네트워크'라고 하고 '교단'이나 '회'라고 부르지 않는다. 와그너는 이런 신사도적 네트워크는 잘못을 범한 목회자를 징계할 수 있지만 그것은 법적인 감독과 제재가 아니라 개인적인 관계의 범주에서 이루어진다는 것이다.[49] 그는 이것을 탈교단주의적(postdenominational)이라고 하면서, 이것이 성장하고 확장됨에 따라 실제로는 전교단주의적(predenominational)으로 판명될 수 있다는 것을 자신도 알고 있다.[50] 그는 도날드 밀러(Donald Miller) 같은 새로운 패러다임 교회를 (와그너는 이를 신사도 교회와 동일시한다) 연구하는 사람은 교단화가 불가피하다는 점을 지적한다.[51] 문제는 이러한 카리스마가 관례화 되는 점이다. 와그너는 도날드 밀러가 막스 베버(Max Weber)에게서 가져온 "카리스마의 관례화"(routinization of charisma) 개념으로 설명하는 것을 소개하기도 한다. 사람들은 카리스마적인 지도자에게 자발적이고도 전적으로 헌신하는데, 그가 죽으면 추종자들은 그 카리

---

47) 위의 책, 177.
48) 위의 책, 173.
49) 위의 책, 135-136.
50) 위의 책, 178.
51) 위의 책, 178.

스마를 영속시킬 수단과 방법을 강구해야 한다고 느낀다는 것이다. 그래서 서구사회에서는 합리적, 관료적, 민주적 조직을 발전시키는 경향이 있었다는 것이다. 베버는 카리스마의 관례화는 불가피할 뿐 아니라, 창시자가 떠나고도 그 운동이 지속되기 위해 절대적으로 필요하다고 했다.[52] 실제로 와그너는 미국 하나님의 성회가 점차 교단 형태로 변하고 있다든지, 빈야드 교회가 하나의 교단으로서 선언했다든지, 크리스쳔 선교사 동맹(Christian and Missionary Alliance)이 교단이 된 것 등을 언급하기도 한다.[53] 그러나 와그너는 이런 사례들이 있음에도 불구하고 여전히 교단보다도 카리스마적 지도자에 의해 이끌려지는 네트워크를 선호하고 옹호한다. 그는 신사도 운동가들은 이런 점들을 미리 잘 알고 피해야 하며, 또 피할 수 있다고 주장한다. 그는 카리스마의 관례화를 막을 수 있다면서, 그것을 막을 수 있는 처방까지 제시하고 있다. 이를테면, 한 네트워크 안에 포함될 수 있는 교회 수를 제한한다든지, 새로운 카리스마를 지속적으로 개발한다든지, 사도적 네트워크의 수를 배가시킨다든지 하는 것이다.[54] 문제는 과연 이런 처방을 제대로 지킬 수 있느냐 하는 것이다.

와그너는 신사도 개혁운동을 주장한다. 개혁이라고 했지만, 사실 카리스마적인 리더십을 강조하는 옛날 제도로 돌아가는 것이다. 이것은 신학적인 문제 외에 현실적인 문제를 제기한다. 과연 포스트모던적이며 후기 산업사회이고 정보화시대를 넘어 인공지능과 사물 인터넷으로 모든 것이 연결되는 4차 산업혁명이 일어나고 있는 21세기에도 옛날식의 카리스마적 권위를 강조하는 선교 방식이 잘 통할 것인가? 물론 오늘날의 세계가 아무

---

52) Donald E. Miller, *Reinventing American Protestantism: Christianity in the New Millenium* (Los Angeles: University of California Press, 1997), 26, Wagner,《교회의 지각 변동》, 180 참조.
53) Wagner,《교회의 지각 변동》, 180-185.
54) 위의 책, 186-187.

리 포스트모던적이라고 해도, 실제로 사회 안에는 여전히 전근대적이거나 근대적인 사고를 가진 사람들도 섞여서 살고 있다. 민주적 리더십에 잘 반응하는 사람들도 있지만, 카리스마적인 권위적 리더십에 반응하는 사람들도 여전히 많아 보인다. 그런 이들에게 신사도운동의 카리스마적 목회자는 많은 영향을 미칠 수 있을 것이다. 그러나 그 영향은 제한적이 되지 않을까? 아마 그 한계선에 이를 때까지는 급성장할 수 있을지 모르지만 ….

4. 새 가죽부대론 문제

와그너는 신사도 개혁을 옹호하기 위해서 수시로 '새 가죽부대'가 필요하다는 논리를 펼친다.[55] 그는 전통적인 교단 교회들의 심각한 감소 현상에 대하여 평가하면서, 그들의 감소는 상황적 요인이 아니라, 제도적 요인에 있다고 주장한다.[56] 그 새로운 제도가 바로 에베소서 4장 11절이 말하는 교회 직분들 중에 전통적 교회에서 사라졌다는 사도와 선지자직의 부활이고, 이러한 새로운 제도가 새 가죽부대가 되어 신사도적 교회들을 급성장시켰다는 것이다. 이는 예수님께서 "새 포도주는 새 부대에 넣어야 둘이

---

55) 위의 책, 41, 47 등. 와그너는 옛 가죽부대로서 유럽의 국가교회 제도, 그리고 미국의 민주적 교단 제도 등을 들고 있다. Wanger, 《신사도적 교회로의 변화》, 27 이하.

56) C. Peter Wagner, 《교회의 지각 변동》, 29 이하. 와그너는 교파 교회들의 감소의 7가지 제도적 요인들을 지적한다. 그것은 1) 감소 사실 자체를 부인하는 것, 2) 자유주의 신학, 3) 지나친 관용, 4) 사회참여와 복음전도의 잘못된 우선순위, 5) 전도에 대한 반감, 6) 성장에 대한 의구심, 7) 카리스마적인 지도자에 대한 불신. 위의 책, 32-38. 그런데 이 일곱 가지 분석이 옳고 그름은 차치하고, 와그너는 이 일곱 가지를 제도적 요인이라고 했지만, 사실 대부분 제도적이기 보다는 신학적이며 정신적인 것 같다. 그는 제도를 바꾸자고 주장하지만, 사실 그는 신학적 내용을 이야기하고 있다.

다 보전되느니라"고(마 9:17) 하신 말씀 에 근거를 두고 있다.

그런데 예수님이 말씀하신 것은 포도주가(가죽부대에 담을 내용) 새것이기 때문에 새 가죽부대가 필요하다는 것이지, 시대와 상황이 달라졌기 때문에 새 가죽부대가 필요하다고 하신 것은 아니다. 이제 세례자 요한과 함께 옛 선지자들의 시대가 끝나고 예수 그리스도 자신이 새로운 복음으로 오신 것이다. 그런데 와그너가 새 가죽부대를 강조하는 문맥 속에 그 어디에도 그 '새 포도주'가 무엇인지, 그 '새로운 가죽부대'가 담아야할 '새로운 내용'이 무엇인지에 대한 분명한 제시가 없다. 그가 이야기하는 것은 시대와 상황의 변화 때문에 새 가죽부대가 필요하다는 논리인 것 같다. 이것은 예수님의 비유에 대한 편향된 적용이다. 물론 시대가 달라지면, 메시지를 전달하는 방식도 달라질 수 있을 것이고, 또 달라져야 할 것이다. 그러나 만일 와그너처럼 새 포도주와 왜 그것이 새로운지에 대한 분명한 내용 없이, 새로운 가죽부대를 주장한다면, 결국 그것은 거꾸로 새 포도주를 담을 새로운 내용을 만들어내는 위험한 방향으로 갈지도 모른다.

교회는 사도와 선지자들의 터 위에 서 있다. 그런데 그는 전통적 교회들이 신약성경 시대 이후 사라졌다고 보는 사도직과 선지자직의 부활을 강조하고 있고, 사도의 절대적 권위를 주장하면서, 교리적으로는 매우 느슨한 정책을 취하고 있기 때문에 그 위험이 가시화될 가능성은 얼마든지 있어 보인다. 그는 제도적인 개혁을 주장하면서, 복음의 본질을 바꾸자는 것이 아니라, 그 포장과 제시 방법을 혁신하자는 것이라고 주장한다.[57] 와그너는 신사도적 개혁운동이 추구하는 변화들 중에 하나는 무거운 교리적 짐으로부터 가벼운 교리적 짐으로 변화하는 것이라고 주장한다.[58] 그런데 혹시 그렇게 하면서, 내용을 바꾸고 있는 것은 아닌지 의심된다. 와그너는 하나님의 존재하심, 성경의 권위, 그리스도의 죽으심과 부활, 천국과 지옥의

---

57) 위의 책, 40.
58) C. Peter Wagner,《신사도적 교회로의 변화》, 173 이하.

존재 등은 불변의 절대적 진리라고 본다. 그러나 그 외의 것들은 그보다 중요성이 덜한 것으로서 해석의 문제들의 층 혹은 추론의 층에 속하는 것들이라고 하였다.[59]

와그너는 16세기의 종교개혁은 믿음의 개혁이었지만, 자신이 추진하는 개혁은 "믿음의 개혁이라기보다는 방식의 개혁"이라고 주장한다. "현재의 개혁은 부패와 신앙을 저버린 모습 때문이 아니라, 시대에 맞지 않는 부적절함 때문"이며, 우리 세대 가운데 일어나는 문화적 변화 때문이라는 것이다.[60] 그렇다면 이것은 절대적인 것이라기보다는 상대적인 것일 터이고, 이것은 옳고 그름의 문제가 아니라 새로운 시대와 문화에 적응하는 지혜의 문제일 것이다. 따라서 이런 식의 변화에 반대하는 것이 반드시 틀렸다거나 악하다고 할 수는 없을 것이다. 그러나 놀랍게도 그는 자신의 신사도적 개혁에 반대하는 이들을 사탄에게 속한 '종교의 영들의 무리'라고 신랄하게 비난한다.[61] 여러 전통적인 보수적 교단들이 그와 신사도 교회들을 이단시하기도 하지만, 사실 그 자신이 전통적 교단들을 사탄적인 종교의 영들의 무리라고 비난하고 있는 것이다.

와그너는 그의 책에서 여러 연구자들이 급성장하는 새로운 교회들에 대한 연구로부터 도출해 낸 여러 특징들을 소개한다. 그리고 자신이 생각

---

59) 그는 이것을 동심원적 구조로 설명하는데, 중심에 불변의 절대적 진리가 있고, 그 밖에 해석의 층이 있으며, 그 밖에 추론의 층이 있다고 한다(위의 책, 178-180). 와그너는 천년왕국설의 다양한 견해라든지, 칼빈주의 5대 강령인 TULIP 교리 같은 것들은 추론의 층에 속한 것이라고 주장한다. 위의 책, 183-186. 그런데 이렇게 교리 문제를 다루는 와그너의 교리적 지식은 정확하지 않다. 그는 알미니안 교리에 해당하는 예지예정론을 칼빈주의 교리라고 논하는가 하면(위의 책, 186), 동방정교회는 삼위일체 교리를 인정하지만 '위격'이라는 표현은 피하려 했다고 한다 (위의 책, 195). 그러나 동방정교회는 person이라는 말을 사용하지는 않지만, 그에 상응하는 hypostasis라는 말을 사용하고 있다.
60) C. Peter Wagner, 《교회의 지각 변동》, 52.
61) C. Peter Wagner, 《신사도적 교회로의 변화》, 20-22.

하는 이 운동이 추구하는 중요한 변화를 다음과 같이 열거한다. 구세주 그리스도에서 주 예수로, 어린 양 예수에서 유다의 사자 예수로, 십자가에서 면류관으로, 칭의에서 성화로, 죽음으로부터의 구원에서 풍성한 생명을 위한 구원으로, 물 세례로부터 성령 세례로, 광야의 생활로부터 요단강을 건넘으로, 내 말로 하는 기도로부터 성령 안에서의 기도로, 악을 부정하고 두려워함으로부터 영적 전투에 참여함으로, 상담에서 축사로, 훈련에서 기름 부음으로, 죄책감에서 죄에 대한 승리로, 정해진 의식에서 즉흥적인 형태로, 성가대의 찬양으로부터 성령 안에서의 찬양으로, 파이프 오르간에서 키보드로, 찬송가에서 찬양과 경배로, 성직자 사역에서 전교인 사역으로, 예측에서 예언으로, 말에서 보여줌으로, 보고 듣는 데서 분별로 등이다.[62] 여기에 나열된 많은 내용들은 단지 제도나 형식 문제가 아니라 내용과 신학의 문제이며 강조점의 이동이다. 문제는 이런 것들이 과연 모두 신학적으로 절대적인 정당성을 갖는 내용인가 하는 점이다.

와그너는 또한 신사도 교회들이 가지고 있는 다섯 가지 중심 가치들에 대하여 논한다. 이 내용들도 대부분 제도나 형식보다는 신학과 내용들이다. 그 중 첫째는 "신사도 교회의 신학에 절대적인 기준이 있다"는 것이다. 와그너는 전통적인 주류 교단들의 자유주의적인 신학을 비판하면서 세 가지 절대 교리와 세 가지 도덕적으로 타협 불가능한 명제를 지적한다. 세 가지 절대 교리는 성경의 절대적 권위, 예수님의 신성과 주되심, 예수 그리스도와의 개인적 관계가 천국과 지옥을 가르는 심판의 기준이라는 점이다. 세 가지 도덕적 기준은 인간의 생명은 잉태되면서 시작된다는 것과, 동성애는 하나님을 거역하는 죄라는 것, 혼외 이성 관계 역시 죄라는 점이다.[63] (이러한 교리들이 중요한 교리이지만, 와그너는 이 외의 교리들에 대하여는 매우 느슨한 태도를 취하고 있어서 심지어 비삼위일체적인 그룹을 용인

---

62) C. Peter Wagner, 《교회의 지각 변동》, 71-72.
63) 위의 책, 87-94, 특히 91.

하기도 한다.[64] 이런 것은 심각한 문제라고 할 수 있고, 앞으로도 계속 그런 식으로 나간다면 어디까지 갈지 알 수 없다.)

둘째는 "신사도 교회의 교회론이 세상을 향하고 있다"는 것이다. 이것이 의미하는 것은 잃어버린 영혼들을 주님께 돌려드리려는 불타오르는 열정이다.[65] (교회가 세상을 향하고 있다고는 하지만, 그것은 세상에서 영혼들을 구해내는 것에 초점이 있다. 물론 세상에 있는 영혼들을 구원하는 것은 매우 중요하다. 그러나 또한 예수 그리스도의 뜻을 따라 세상에 임하는 하나님 나라, 세상을 변화시키는 하나님 나라 역시 중요한데, 와그너는 그것을 의미하지는 않는다.)

셋째는 "신사도 교회의 종말론은 낙관적"이라는 것이다. 이것이 의미하는 것은 사탄은 패배하고 있고 하나님 나라를 위해 모든 일이 잘 진행되고 있으며 영적 전투에서의 승리는 계속될 것이라는 점이다. 그리하여 세계가 교회와 신자들의 활동으로 점점 나아질 것이라는 것이다.[66] (급성장하는 신사도적 교회들의 성공의 관점에서는 그렇게 보일지도 모른다. 그러나 전세계적으로 일어나고 있는 전쟁들과 인종 말살과 난민들, 첨예하게 대립하고 충돌하는 이해 가운데 곤경에 처한 세계 경제, 더욱 심해지고 있는 빈부의 격차, 다시 회복되기 어려울 것으로 보이는 환경 파괴와 지구 온난화 등을 볼 때 과연 세계를 그렇게 낙관적으로만 볼 수 있을까? 세계를 너무 비관적으로만 보는 것도 문제가 되지만, 너무 낙관적으로만 보는 것도 문제이다. 사실 와그너가 비판하는 19세기 서구 자유주의 신학은 와그너처럼 세상을 매우 낙관적으로 보았지만, 두 차례의 세계 대전을 겪으면

---

64) 이를테면 그는 전통적 삼위일체론과는 다른 양태론적 견해를 가진 오순절 파로서 미국 하나님의 성회에서 출교당한 '오직 예수'파 혹은 '단일 오순절주의(Oneness Pentecostalism)' 같은 것에 동의하지는 않지만, 이런 그룹들을 수용하는 태도를 가지고 있다. C. Peter Wagner, 《신사도적 교회로의 변화》, 193-194.
65) C. Peter Wagner, 《교회의 지각 변동》, 94-95.
66) 위의 책, 95-96.

서 무너지고 말았다.)

넷째는 "신사도 교회의 조직은 인간관계로부터 시작된다"는 것이다. 이것이 말하는 것은 신사도 교회의 조직은 불신을 전제로 한 통제가 아니라 신뢰에 기반한 인간관계에 기초하고 있다는 것이다. 이는 전통적 교단들이 지나치게 통제와 경직된 규칙들에 매어 있다는 것에 대한 비판이기도 하다.[67] (인간 관계가 소중한 것은 사실이지만, 그러나 그것이 사적인 차원에 머물러 있으면, 공공성을 상실하게 될 것이다.) 다섯째는 "신사도 교회에서는 지도자들을 신뢰한다"는 점이다. 이것은 카리스마적인 지도자의 권위에 대한 절대적 신뢰를 의미한다. 이것이 와그너가 가장 중요시하는 점이기도 한데, 그는 이것을 "성령께서 개인에게 위임하고 있는 영적 권위의 분량"이라고 말한다.[68] 신사도 교회들은 어떤 민주적 제도나 절차보다 하나님께로부터 부여된다고 여겨지는 지도자에 대한 신뢰를 중요시한다는 것이다. 이것은 카리스마적인 지도자가 자신의 비전에 따라 마음껏 자신의 능력을 창조적으로 발휘할 수 있도록 한다는 것이다.[69] (지도자에 대한 신뢰는 매우 중요하다. 그러나 지도자도 인간이며 실수할 수 있다. 그리고 지도자의 잘못이나 실수는 공동체나 사회 전체에 매우 치명적인 영향을 줄 수 있다. 그러므로 이런 것을 예방할 수 있는 투명성과 객관성을 유지하는 장치들이 필요하다.)

---

67) 위의 책, 96-101.
68) 위의 책, 101.
69) 위의 책, 101-105. 와그너는 전통적인 교단 체제를 매우 비효율적이라고 비판하고 있다. 목회자를 세우는 데 있어서 회중보다 노회나 교단의 권한이 중요하다든지, 목회자 훈련에 필요한 것을 당사자보다 교단이 결정한다든지, 사역자들이 효과적으로 섬길 수 있는 분야와 지역을 마음대로 선택하지 못하고 교단 조직이 정한다든지 하는 것들을 나열하면서, 그런 모든 규제들이 개인에 대한 불신에 근거한다고 비판한다. 이와 대조적으로 신사도 교회들은 목회자 개인을 신뢰하고 그에게 막강한 재량권을 부여한다는 것이다. 위의 책, 99-100.

5. 성장 제일주의 문제

와그너가 주장하는 새로운 가죽부대, 혹은 새로운 방식은 대형교회(mega church)를 만들어 가는 데는 얼마간 효과적인 방법일 수 있을 것이다. 그도 그럴 것이 이것은 급성장하는 대형교회들을 연구하여 얻어낸 결과이기 때문이다. 그런데 그런 신사도적 방식이 대형교회를 일구는데는 도움이 될지 모르지만, 하나님의 교회 전체에도 도움이 될까? 그런 대형교회들의 출현과 성장이 각지에 흩어진 소형교회들의 성장과 유지에 오히려 방해가 되는 것은 아닐까? 더구나 대형교회들의 성장이 교인들의 수평 이동에 의한 성장인 측면이 많다면 대형교회들의 성장이 오히려 우리나라 교회 전체 혹은 세계 교회 전체의 성장에는 오히려 방해가 될 수도 있다.

오늘날 우리 한국 교회는 수많은 급성장한 대형교회들이 1세대 개척자의 시대가 지나고 후임자에게 넘겨져 세대 교체를 이루는 과정에서 분열과 갈등과 좋지 못한 모습을 보여주는 많은 사례들을 목격하고 있다. 이런 갈등을 피해 보고자 1세대 목회자의 자녀나 가까운 가족에게 세습하는 것은 또 다른 문제들을 발생시키고 있고,[70] 이것이 원로목사와 후임자의 갈등 혹은 원로목사 지지파와 후임자 지지파의 갈등 방지를 보장해주지 않는다는 사례들도 나타나고 있다. 또한 일부 대형교회 목회자들의 도덕적 탈선과 재정적 비리 등에 의해서 일어나는 사회적 신뢰의 추락은 오히려 한국 교회 전체 성장에는 방해가 되고 있음을 우리는 분명히 알고 있다.

와그너는 교회 성장학자였고, 그의 관심은 교회 성장에 집중되어 있다. 그러다 보니 곳곳에서 교회 성장에 도움이 된다면 일반 기업의 성장을 위해 사용하는 전략과 개념들을 차용하여 사용한다. 심지어 그는 노골적으

---

70) 담임목회직 세습에 관하여는 이 책의 제2장에서 다루었으니, 그곳을 참조하기 바란다.

로 "교회를 마케팅하라"고 주문한다. 물론 이것은 더 많은 사람을 전도하기 위한 것이라지만, 자칫 주객이 전도될 위험이 있다. 와그너는 로버트 슐러가 사역 초기에 "미래의 교회는 예배 센터로만이 아닌 예수 그리스도를 위한 쇼핑센터가 되어야 한다"고 말했다가 나중에 이것이 상업적인 동기에서 한 말이라는 비판을 많이 받으면서 후회한 사실을 언급하기도 한다.[71] 또한 와그너는 이런 식으로 교회를 기업 경영처럼 생각하고 마케팅 개념을 사용하는 것에 대하여 비판하는 저자들의 책을 나열하기도 하지만, 그는 결국 불신자들에게 어필하기 위해 마케팅 기법을 사용하는 것은 당연하다는 듯이 주장한다.[72]

그는 "신사도적 사역의 시작은 자유로운 기업 모델에 기초한 밑에서 위로의 상향 방식으로 이루어진다"고 주장한다. 그는 만인 제사장론과 평신도 사역을 매우 강조하면서 "예배와 관련된 사역들은 교회 전문 사역자들에 의해 운영되지만, 많은 사역들이 자유로운 기업 모델로 운영된다"고 한다.[73] 이러한 말들에서도 역시 그가 교회 성장을 위해 자유로운 기업 경영 마인드를 가지고 있음이 나타난다. 교회도 인간의 조직체이고, 교회가 많은 사람들의 영혼을 구원해야 하는 사명이 있다면, 어느 정도 기업 경영에서 참고할만한 점도 있을 수 있다고 본다. 그러나 기업을 모델로 마케팅 전략을 구사해 나가는 것은 결국 본질과 외형을 뒤바꾸는 위험에 빠지게 하지 않을까?

이런 면에서 그는 매우 실용주의적으로 접근한다. 잃어버린 영혼들에게 전도하기 위해서는 효과가 없는 전통적인 방법을 고집할 것이 아니라, 그런 것을 쓰레기통에 버리고 새로운 하나님의 방법을 사용해야 한다고 주장한다. 하나님의 방법은 역사를 통해 변화하고 또 변화하였다. 즉, 전도를

---

71) 위의 책, 233.
72) 위의 책, 235.
73) 위의 책, 284, 285.

위해 효과적이라면 신학이나 전통에 얽매일 필요 없이 실용적으로 그런 방법들을 사용해야 한다는 것이다. 그는 이전에 무당, 죄수, 중독자, 폭주족이었던 사람들을 상대로 목회하는 로버트 닉슨(Robert Nixon) 목사의 뉴와인 교회(New Wine Church)의 예를 소개하면서, 옷차림, 속어, 랩댄스 대중 신학, 하드 록 음악 등이 아무런 문제가 될 것이 없다고 주장한다.[74]

6. 번영신학 문제

와그너는 교회 성장에 관심을 가지고 물량적인 성장을 추구하다 보니, 결국 번영신학을 옹호하는 쪽으로 간다. 그는 성장하는 신사도 교회들을 연구하면서 만성적인 재정적 적자에 시달리는 교회들과 달리 신사도 교회들은 대개 풍성한 재정적 축복을 누리고 있다고 자부한다. 이는 신사도 교회들이 헌금에 대하여 매우 긍정적이고 적극적인 원리들을 실천하고 있기 때문이라는 것이다.

그 원리들은 다음과 같다. "1) 헌금은 당연히 드리는 것이다, 2) 헌금은 내게 유익이 된다, 3) 헌금은 비전에 반응을 보이는 것이다, 4) 헌금은 즐거운 일이다."[75] 그는 십일조를 강조하면서, 이것이 신사도 교회들의 중요한 특징이라고 지적한다. (이러한 내용들은 한국교회에서도 흔히 듣던 말들이다.) 특히 그는 2)번 "헌금은 내게 유익이 된다"는 원칙에 대하여 논하면서 "교회는 돈을 투자하는 데 있어 최적의 장소이다"라는 존 오스틴의 말을 인용하는데 이른다. "하나님의 일에 돈을 투자하면 하나님 나라에 이익이 될 뿐만 아니라 동시에 드리는 개인과 가정에도 이익이 된다는 것이다." 물론 그는 "받기 위해 헌금하라"는 잘못된 동기에 대하여는 비판적이

---

74) 위의 책, 246-247.
75) 위의 책, 321.

다. 제2원리 앞에 제1원리가 우선해야 한다는 것이다.[76]

그는 누가복음 6장 38절 말씀을 강조한다. "주라 그리하면 너희에게 줄 것이니 곧 후히 되어 누르고 흔들어 넘치도록 하여 너희에게 안겨 주리라 너희가 헤아리는 그 헤아림으로 너희도 헤아림을 도로 받을 것이니라." 그는 사무엘 테일러(Samuel Taylor)라는 사람이 이 구절을 해설하면서, 이것은 십일조를 드리고 난 다음 나머지 90퍼센트 중에서 주라는 것을 의미하며, 그렇게 줄 때 수익으로 되돌아오는 초자연적인 능력이 활성화되며, 여기서 또 다시 주게 되면 주고 받는 싸이클이 영속적으로 돌아간다고 말한 것을 인용한다.[77] 와그너는 이러한 생각 때문에 번영신학으로 비판받았다고 지적한다. 그는 초기 번영신학을 옹호하던 이들이 '번영'을 '사치' 개념으로 오해하였지만, 이런 생각은 나름대로 유익한 것이라고 주장한다. 그는 '번영'에 대한 테일러의 설명을 인용한다. "내게 있어서 번영이란 단순히 필요한 것보다 더 많이 갖는 것을 의미한다"는 것이다. 사람들이 흔히 "나는 지금 삶에 만족해요, 그저 내 기본적인 필요와 가족의 필요를 채울 만큼만 있으면 그 이상도 그 이하도 원치 않아요"라고 말하지만, 사실 이 말은 "참 이기적인 말"이라고 한다. "나만 충분하면 다른 사람의 필요는 관심이 없다"는 말과 같다는 것이다. "하나님 나라와 다른 사람을 위해 쓸 돈은 충분하지 않을 것"이라고 주장하는 말이다.[78]

그러면서 그는 "하나님의 보답"의 교훈을 가르친다. 사람들이 내는 헌금에 대하여 하나님께서 보답하신다고 믿는 교인들이 교회에 더 많이 헌금하는 경향이 있다는 것이다. 와그너는 이것이 누가복음 6장 38절에 대한 적절한 적용이요, 무슨 '강렬한 유혹'이라고 생각하지 않는다고 한다.[79] 그

---

76) 위의 책, 329-330.
77) 위의 책, 330.
78) 위의 책, 331-332.
79) 위의 책, 332-333.

는 존 켈리가 가르친대로 크리스천들이 재정적 자유 가운데서 충분하고 풍부한 재정으로 하나님의 사역을 위해 풍성하고 기쁘게 헌금하기를 하나님은 원하신다는 것이다. 켈리는 자신의 교인들에게 이를 위해서 돈이 되는 투자에 관한 계획을 기꺼이 제공하겠다고 제안하기도 하였다.[80] 와그너는 사회적 변화를 위해서 기도와 영적 전쟁과 사도적 리더십과 함께 돈도 필요하다는 점을 강조하기도 한다.[81] 이렇게 헌금에 대한 하나님의 보답과 번영을 강조하는 것은 성경에 나오는 옛날 사도들이 일한 방식과는 매우 달라 보인다. 옛날 사도들은 돈의 풍요함으로 일하지 않았다. 그들은 가난과 고난 속에서도 능력과 헌신과 사랑으로 놀라운 복음의 역사를 이루었다. 그런데 오늘날 신사도운동을 하는 자칭 사도들은 지나치게 돈과 풍성한 재정과 그것을 자유롭게 사용하는 권세와 번영을 강조하는 것 같아 보인다.

물론 우리는 누가복음 6장 38절 뿐만 아니라 성경 여러 곳에서, 하나님께 드리거나 가난한 이웃에게 나누어 주는 자에게 보상하신다는 말씀들을 볼 수 있다. 이런 말씀들이 틀렸다고 할 수는 없다. 그러나 이러한 헌금이나 나눔을 투자의 개념으로 본다는 것은 이상하다. 마치 하나님과 상업적 거래를 하는 것처럼 보인다. 또한 우리는 오늘날의 사회 상황을 살펴볼 필요가 있다. 정직하고 성실하게 일해서 재산을 형성하고 부자가 되는 것을 나쁘다고 할 수 없다. 이렇게 일해서 얻은 부를 하나님의 복이요, 하나님의 보답이라고 이해할 수도 있다. 그러나 복잡한 현대 산업사회 혹은 후기 산업사회에서 수익을 얻는 일이 그렇게 단순하지 않다. 오늘날 우리 사회는 탈세, 이중장부, 분식회계, 가짜 영수증 주고받기, 뇌물과 부정한 청탁, 매점 매석, 경쟁자들을 짓밟는 승자 독식, 우월적 지위에 있는 자의 갑질, 부동산 투기, 주식 투기, 주가 조작 등 불의하고 부정한 방법을 사용하지 않고 돈을 벌기가 매우 어려운 사회라고 한다. 이러한 사회 속에서 부

---

80) 위의 책, 333-334.
81) C. Peter Wagner, 《신사도적 교회로의 변화》, 120 이하.

를 축적하는 일을 무조건 하나님의 복이요 보상이라고 생각하는 것은 문제가 있다.

물론 와그너가 이러한 부정하고 불의한 일들을 조장하는 것은 아니다. 문제는 우리가 관심을 가지고 이러한 일들에 맞서 싸우지 않고, 그저 부자 되는 것은 모두 하나님의 복이라고 생각한다면, 자기도 모르게 이런 일들에 연루되기 쉬운 사회에 살고 있다는 것이다.

맺는 말

위에서 와그너가 주장하는 신사도운동에 대하여 살펴 보았다. 필자가 발견한 것은 와그너가 신사도운동을 주창해서 그에 동조하여 따르는 사람들과 교회들을 신사도운동이라고 한 것이 아니라, 급성장하고 있는 교회들의 특징들을 살펴보는 가운데, 어떤 공통점이 있는 교회들을 신사도운동이라고 명명했다는 것이다. 물론 와그너가 신사도운동의 특징이라고 제시한 점들을 모두 공유하고, 와그너와 함께 신사도 네트워크를 구성하거나, 별도의 신사도 네트워크를 구성하면서 신사도운동을 전개하는 사람들도 있다. 그런데 와그너가 신사도 교회라는 교회들 중에서도 실제로 사도라는 직임을 세우지 않는 교회들도 많다. 따라서 그가 신사도 교회들이라고 분류한 교회들을 모두 다 신사도운동이라는 이름으로 비판하거나 이단시하는 것은 적절하지 않다. 또한 와그너가 신사도 교회들이라고 칭하는 교회들 중에 은사주의적이지 않은 교회들도 있다. 따라서 단지 은사주의적이라는 이유 때문에 그들 모두를 신사도운동이라고 비판하거나 이단시하는 것도 역시 적절하지 않다.

물론 와그너처럼 오늘날의 사도직을 주장하며 지나치게 카리스마적인 지도자 개인에게 절대적 권위를 부여하는 것은 위에서 살펴보았듯이 문제가 많다. 특별히 오늘날의 사도직과 선지자직을 주장하면서 기적과 예언을 소중히 여기는 것은 매우 위험해 보인다.[82] 특히 계시와 예언을 중요시하면서 사도의 막강한 권위를 인정하는 것은 이단이 될 위험을 내포하고 있다. 와그너는 그의 느슨한 교리적 제한에 따라 이미 비삼위일체적 신앙을 가진 사람들도 신사도 교회들 중 하나로 인정하고 있는 것 같다.

와그너의 주장대로 민주적인 제도와 법칙들을 따르는 전통적인 교회들보다 막강한 카리스마를 지닌 지도자가 목회하는 교회들 중에 급성장한 교회들이 많이 있을 것이다. 이런 교회들은 대개 대형교회들이다. 그러나 개교회로서는 이런 교회들이 성장했겠지만, 그들로 인하여 한 국가 전체 혹은 전 세계적으로 기독교 교회가 성장했다고 할 수 있을까? 오히려 대형교회들이 가져올 수 있는 폐해를 예방하고 활기찬 중소형 교회들을 많이 만들어 가는 것이 전체 교회적으로는 더 성장에 유리하지 않을까? 우리는 카리스마적인 지도자들이 이끄는 대형교회들이 목회자의 비전 제시와 그것을 실현하는 창의적인 사역, 유연성, 효율적인 의사결정과 집행 등의 장점들도 있지만, 대형화가 가져오는 조직 구조화와 관료화 현상, 재정 집행의 불투명성과 부패 가능성, 지도자의 도덕적 재정적 비리가 생길 경우에 일어나는 치명적인 악영향 등 단점들도 있음을 직시해야만 한다. 또한 그가 주장하는 신사도운동이 물량적인 성장 제일주의와 번영신학을 주장하는 것도 문제이다.

와그너도 이 땅에 임하는 하나님 나라와 사회적 책임, 일터 교회, 그리고 사회변혁에 대하여 이야기하지만[83] 한계가 있다. 그것은 신자들이 직업

---

82) 와그너는 《사도와 선지자》에서 에베소서 2:20을 따라 사도들과 선지자들이 교회의 터이며, 사도직을 수행함에 있어서 선지자의 예언이 중요한 역할을 함을 주장하면서, 자신이 예언을 따라 Wagner Leadership Institute를 시작하게 된 일을 예로 들어 설명하기도 한다. C. Peter Wagner, *Apostles and Prophets*, 임수산 역, 《사도와 선지자》(서울: 쉐키나, 2008).
83) C. Peter Wagner, 《신사도적 교회로의 변화》, 69 이하, 103 이하.

사회 혹은 세속사회 속에 나가서 열심히 전도하는 것을 의미하거나, 혹은 가난한 이들과 소외된 이들에 대한 구제와 봉사사역을 의미한다. 그는 신사도 교회들이 의외로 '복음전파 명령'과 더불어 '사회적 명령'의 차원에서 많은 구제와 봉사를 해왔다고 지적한다. 사회봉사는 필수이지 선택 사항이 아니라고 한다. 그러나 그는 그 우선순위가 중요하다고 지적한다. 전도가 사회봉사보다 더 강조되어야 하며, 이것이 뒤바뀌면 교회는 힘을 잃는다고 주장한다. 와그너는 죄가 사회문제를 일으키는 원인이라고 하면서, 사회문제를 해결하려는 프로그램들보다 하나님을 섬기는 것이 더 중요하다고 주장한다.[84] 당연히 전도에는 단지 사회봉사 프로그램만으로 해소시킬 수 없는 차원이 있음도 분명하다. 그러나 죄를 이야기할 때, 우리는 개인적인 죄와 더불어, 사람들이 아무리 열심히 일해도 가난을 벗어날 수 없게 하는 사회 구조와 관행의 죄에 대하여도 관심을 가져야 한다.

  와그너는 전통적인 교회들이 감소와 침체 현상으로 고전을 면치 못하고 있는 이 시대에, 나름대로 교회가 성장할 수 있는 가능성을 모색했다고 할 수 있다. 특히 그가 전통적 교단의 경직성과 관료화 문제에 대하여 비판하고 지적한 것들은 참고할 가치가 있다.[85] 또한 전통적 신학교육에 대한 비판과 그에 대한 대안으로 실천과 실무 능력을 강조한 현장적인 훈련을 강조한 것도[86] 역시 참고할만한 가치가 있다. 이러한 경직성과 관료화를 피해서 역동성을 가진 교회들이 성장한다는 것은 일리가 있어 보인다. 시대와 문화의 변화에 적극적으로 잘 대응하는 역동성과 유연성은 중요하지만 그렇다고 이것이 반드시 오늘날 '사도'라는 직임을 다시 세워야만 가능한 것은 아니다. 와그너 자신이 신사도 교회들이라고 분류한 교회들 중에 '사도' 직임을 세우지 않는 교회들도 많지 않은가? 와그너는 1990년대 한

---

84) C. Peter Wagner, 《교회의 지각 변동》, 256-257.
85) C. Peter Wagner, 《교회의 지각 변동》, 28 이하.
86) C. Peter Wagner, 《신사도적 교회로의 변화》, 145 이하.

국교회가 성장을 멈춘 중요한 이유가 한국에서는 신사도 개혁운동이 부진하기 때문이라고 말하기도 한다.[87] 그러나 한국교회의 침체 원인을 단순히 그렇게 치부하는 것은 설득력이 없다. 한 시대와 사회에서 교회의 성장과 침체는 여러 복합적인 원인들이 작용하고 있기 때문이고, 한국 교회의 침체 원인들 중 하나는 와그너가 좋아하는 대형교회들에서 생긴 분쟁, 후계자와의 갈등, 목회자의 재정 비리와 성 추문, 물량적 성장제일주의, 번영신학 등이 끼친 사회적 악영향을 결코 무시할 수 없기 때문이다.[88]

그가 비판하는 바, 전통적 교단들의 경직된 조직과 통제 장치들, 그에 더하여 전통적 교회들 안의 부조리와 부패 현상은 문제가 있다. 이런 것에서 자유롭고 싶은 상당수의 카리스마적인 목회자들이 앞으로 교단을 떠나 독립 교회를 세우는 일이 많아질 것으로 우려된다. 그런데 이러한 전통적 교단들도 처음부터 그렇게 복잡한 규칙과 제도와 통제 장치들이 있었던 것은 아니었다. 세월이 지나고 여러 가지 문제점들을 만나면서 여러 법과 규칙들과 제도들이 생겼을 것이다. 마찬가지로 지금은 신사도 교회들이 초창기에 있어서 매우 유연하고 창조적이며 역동적일 수 있지만, 다음 세대나 그 다음 세대에도 그렇게 남아 있을 수 있을지 의문이다. 막스 베버가 지적한대로 카리스마의 관례화는 사실상 불가피하기 때문이다.

와그너가 지적한대로 신앙의 기본적인 성격이 인격적이라는 사실, 종교와 신앙에 있어서 사람들이 제도나 기관보다 신뢰할만한 사람에게 영향을 받는다는 사실, 삶을 변화시키는 영적 경험의 중요성 등은 새겨들을 만한 것이다. 중요한 것은 오늘날 '사도'라는 직임을 다시 세우느냐 아니냐

---

87) C. Peter Wagner, 《교회의 지각 변동》, 231.
88) 그가 신사도적 교회라고 지칭하는 로버트 슐러 목사의 수정교회는(Wagner, 《교회의 지각 변동》, 55-56), 그가 세상을 떠나고 세대 교체가 이루어진 후 파산하고 말았다. 슐러는 분명히 한 세대를 풍미한 큰 교회를 세웠지만, 오늘날 우리는 과연 그 교회가 올바른 영적, 신학적 영향을 사람들에게 미쳤는지 재고해 보지 않을 수 없다.

가 아니라, 전통적 교회들이 그들을 존재하게 했던 본래의 종교적 경험의 생동성(vitality)을 다시 일깨우고 유지할 수 있느냐 하는 문제일 것이다. 도날드 밀러는 거룩한 것에 대한 심층적인 접근을 제공하는 교회는 성장할 가능성이 많고, 삶을 변화시키는 정서적인 경험을 제공하지 않는 교회들은 감소하거나 결국 죽게 될 것이라고 하였다.[89] 오늘날 우리 기독교계에서 신사도운동 같은 것에 열정적인 반응을 보이는 사람들이 많다는 것은 기성 교회들이 그런 생동하는 영적인 경험을 잘 제공해주지 못하고 있다는 사실을 반증하는 것일 수 있다. 우리는 신사도운동과 같은 현상에 직면하여, 우리에게 다시금 자신을 돌아보고 그러한 영적 생동성을 다시 깨우치게 하는 각성제로 삼아야 할 것이다.

---

89) Donald E. Miller, *Reinventing American Protestantism*, 25.

제10장 성화, 성령의 열매 맺기

그리스도인들의 신앙에 있어서 핵심적으로 중요한 내용은 바로 인간의 구원이라고 할 수 있다. 그런데 구원이란 무엇인가? 우리가 예수 그리스도를 믿으면 구원을 얻으며, 영생을 얻는다. 에베소서 2장 8절에 "너희는 그 은혜에 의하여 믿음으로 말미암아 구원을 받았으니 이것은 너희에게서 난 것이 아니요 하나님의 선물이라"고 하였다. 우리는 우리 자신의 의로움과 선행의 공로로 구원을 얻는 것이 아니라, 그리스도의 은혜로 구원을 얻는다. 그런데 이 구원은 종말론적으로 미래에 완성될 것이지만, 우리는 믿음으로 벌써 그 구원 혹은 영생을 앞당겨 경험할 수 있다. 우리는 믿음으로 말미암아 구원을 '받았다'(완료시제). 우리는 예수 그리스도를 믿음으로 죄를 용서 받고, 의롭다하심을 얻는다.

"사람이 의롭게 되는 것은 율법의 행위로 말미암음이 아니요 오직 예수 그리스도를 믿음으로 말미암는 줄 알므로 우리도 그리스도 예수를 믿나니 이는 우리가 율법의 행위로써가 아니고 그리스도를 믿음으로써 의롭다 함을 얻으려 함이라 율법의 행위로써는 의롭다 함을 얻을 육체가 없느니라"(갈 2:16).

이것은 전통적으로 '믿음에 의한 칭의'(justification by faith) 교리로 알려져 왔다. 칭의 차원에서 보자면, 우리는 이미 구원을 받은 것이다. 그런데 성화의 차원에서 보자면, 우리는 아직 그 성화를 완전히 이루지 못하였다. '구원'이라면, 우리는 보통 '무엇으로부터의 구원인가'를 생각하고, 그런 쪽에서 주로 이해한다. 그것은 옳다. 우리는 죄와 사망의 법으로부터 해방을 받았으며(롬 8:1-2), 율법의 저주에서 풀려났다(갈 3:13). 그런데 우리가 얻은 구원은 '무엇을 위한 구원'인가?

예수 그리스도를 믿는 사람은 누구나 영생을 얻는다(요 3:16). 또한 요한복음 5장 24절에 "내가 진실로 진실로 너희에게 이르노니 내 말을 듣고 또 나 보내신 이를 믿는 자는 영생을 얻었고 심판에 이르지 아니하나니 사망에서 생명으로 옮겼느니라"고 하였다. 여기서 '얻었다'는 말은 헬라어로 직설법 현재 시제로 되어 있는데 이는 영생을 지금 가지고 있다는 뜻이다. '옮겼다'는 말은 직설법 완료 시제로 되어 있다. 이미 그렇다는 것이다. 그런데 구원과 영생을 얻었음이 사실이지만, 이것이 모든 것은 아니다. 우리가 영생을 얻기는 하였는데, 우리가 얻은 영생은 도대체 무엇인가? 많은 사람들이 영생을 천당 입장권 비슷한 것으로 생각하는 것 같다. 그러나 영생은 단순히 천당 입장권이 아니다. 영생은 영원한 생명이기도 하지만, 영원한 삶이기도 하다. 요한복음 17장 3절은 "영생은 곧 유일하신 참 하나님과 그가 보내신 자 예수 그리스도를 아는 것이니이다"라고 하였다. 여기서 '안다'는 것은 단지 정보적 지식으로 안다는 것이 아니라, 인격적, 경험적으로 아는 것을 뜻한다. 즉, 영생이란 참 하나님과 예수 그리스도를 인격적으로 사귀어 아는 것이다. 영생은 단순히 영원히 지속되는 시간 속에서 생명을 유지하는 것이 아니다. 단지 시간적으로 무한히 오래 사는 것은 오히려 고통스럽고 지루할 수도 있다. 영생은 하나님과 사귀며 하나님의 생명에 참여하여 하나님의 생명으로 사는 것이다. 이러한 영생은 육체의 죽음 저편에도 있지만, 이편에도 벌써 있다. 우리에게 이미 주어진 구원 혹은 영생은 무엇을 위한 것일까? 구원의 목적은 무엇인가?

　로마서 8장 29절은 "하나님이 미리 아신 자들을 또한 그 아들의 형상을 본받게 하기 위하여 미리 정하셨으니…"라고 하여, 구원의 목적을 우리로 하여금 하나님의 아들 예수 그리스도의 형상을 본받게 하는 것이라고 지적하였다. 하나님은 우리를 선택하시고, 구원으로 부르셨으며, 그리스도 안에서 의롭다고 인정하셨고, 결국에는 우리를 영화롭게 하실 것이다 (롬 8:30). 또한 베드로후서 1장 3-4절은 우리를 구원하시는 하나님의 의도를 "… 너희가 정욕 때문에 세상에서 썩어질 것을 피하여 신성한 성품에 참여하는 자가 되게 하려 하셨느니라"고 하였다. 또한 에베소서 5장 1절은 "그러므로 사랑을 받는 자녀 같이 너희는 하나님을 본받는 자가 되라"고 명령한다. 이것은 구원에 있어서 칭의 뿐만 아니라, 성령에 의한 성화 및 영화의 중요성을 말해준다. (이것은 구원의 개인적 차원의 목적이라고 할 수 있다. 물론 구원의 공동체적 차원의 목적은 하나님 나라 건설과 완성이라고 할 수 있다.) 그런데 신자가 어쩌다 선한 행위를 한 두 번 했다고 해서 그것을 '신성한 성품에 참여하는 자'가 된 것이라고, 혹은 '하나님을 본받는 자'가 된 것이라고 말할 수 있을까? 이것은 우리의 삶에 선한 행실, 거룩한 행실이 지속적으로 나타나는 것을 뜻하지 않는가? 이것은 또한 일련의 선한 행실 자체만이 아니라, 그런 선한 행실을 하게 하는 경향성이 우리 안에 내적으로 존재하는 '사람'이 되어가는 것이 아닐까? 이 문제는 고대 동방교회에서는 그리스도인의 신화(deification) 교리로, 중세 스콜라 신학에서는 성례전을 통해 그리스도인의 영혼에 주입되는 새로운 습성(habitus) 혹은 미덕(virtue)의 교리로 다루었다. 그러나 16세기 개혁자들은 이러한 교리들과 결부된 공로주의나 성례전과 함께 화석화된 은혜의 교리를 거부하고, 말씀을 통하여 역사하시는 살아계신 성령 안에서 믿음 가운데 일어나는 칭의와 성화의 교리를 강조하였다.

이 글에서는 16세기 개혁자인 칼뱅의 칭의와 성화에 대한 교리를 살펴보고, 프로테스탄트 신학에서 성화와 습성, 혹은 미덕에 관한 신학을 발전시킨 청교도 신학자, 존 오웬(John Owen, 1616-83)의 신학을 간추려 비교해 본 후, 거룩한 습성을 형성하는 성화 교리와 성령의 열매에 대하여 살펴볼 것이다. 오늘날 한국 교회에서는 이러한 내용이 많이 잊혀져 있거나, 또는 알고 있더라도 구체적으로 실천되지 않는 경향이 많다. 이렇게 교회 안에서 성화의 삶에 대한 가르침이 약화되고, 심지어 잊혀짐으로써 교회가 사회로부터 신뢰와 존경을 잃게 만들고 있다.

1. 칼뱅의 칭의와 성화 교리[1]

쟝 칼뱅 역시 루터와 더불어 16세기 기독교 개혁의 핵심 교리인 칭의 교리를 가르쳤다. 인간은 결코 자기 스스로의 힘으로 의롭게 되지 못한다. 인간은 자기의 의(義)가 아니라, 오직 그리스도의 의(義)에 의해서만 의로와진다는 것이다. 칼뱅에 의하면 그리스도가 우리 밖에서 우리와 분리되어 계시는 한, 하나님께서 그리스도를 통해 주시는 모든 유익은 우리에게 아무 소용이 없다고 한다. 우리는 믿음으로 그리스도와 하나가 된다. 그러나 "믿음은 성령의 주된 역사이다." "성령은 우리를 효과적으로 그리스도 자신에게 연합시키는 띠이다."[2] 또한 우리가 성령과 믿음으로 그리스도에 참

---

1) 이 글에서 칼뱅과 오웬에 관한 부분은 필자가 쓴 "성화 - 거룩한 습성의 형성"〈한국기독교신학논총〉제68집(2010년 4월)에서 일부분을 축약 편집하여 사용한 것임을 밝힌다.
2) Calvin, *Institutes*, III.i.1 & 4.

여하게 될 때 우리는 "이중적 은혜"를 받는데, 이것은 "흠 없는 그리스도를 통해 하나님과의 화해되는 것"이요, 또한 우리가 그리스도의 영으로 성화되어 삶의 무흠함과 정결함을 계발하게 되는 것"이다. 이는 칭의와 성화를 가리킨다.[3] 칼뱅은 성화를 계속되는 회개와 중생을 통해 더욱 정결해지는 과정으로 이해한다. 그러나 그는 칭의에 대해 설명하기를 "하나님이 그 호의로 우리를 의로운 사람들로서 받아들여 주시는 용납"이며 "그것은 죄 용서와 그리스도의 의의 전가로 이루어진다"고 한다.[4] 칭의는 믿음과 선행의 공로로 이루어지는 것이 아니라, 오직 그리스도를 믿음으로 이루어진다. 율법이나 그 행위는 우리에게 의를 주지 못한다.[5] 의는 그리스도의 의로서 우리의 행위와 상관 없이 사람에게 전가된다.[6] 칼뱅도 이렇게 그리스도의 의의 전가에 의한 칭의를 법적인 선언의 문제로 이해한다.[7]

또한 칼뱅은 칭의와 더불어 성화를 대단히 강조하였는데, 그는 심지어 "그리스도인의 전체 삶은 경건의 실천인 바, 이는 우리가 성화를 향하여 부르심을 받았기 때문이다"라고 말하기도 하였다.[8] 이는 칭의를 법적 선언으로 보는 입장에서 구원의 목적을 말하기 위하여 반드시 필요한 일이었을 것이다. 깔뱅은 칭의와 성화를 구별하면서도, 또한 참되게 칭의 받고 성령의 은혜 안에 있다면, 참으로 성화의 삶을 살게 될 것이므로 칭의 교리가 선행을 위한 열심을 억누를 것이라는 생각은 잘못이며,[9] 칭의와 성화는 불가분리임을 주장하였다.[10] 칼뱅에 의하면, "그리스도는 동시에 성화시키지

---

3) Calvin, *Institutes*, III.xi.1.
4) Calvin, *Institutes*, III.xi.2.
5) Calvin, *Institutes*, III.xi.19.
6) Calvin, *Institutes*, III.xi.23.
7) Calvin, *Institutes*, III.xi.11.
8) Calvin, *Institutes*, III.xix.2.
9) Calvin, *Institutes*, III.xvi.2.
10) Calvin, *Institutes*, III,xi.11.

않는 한 어떤 사람도 의롭게 하지 않는다."[11]

그러나 칼뱅을 비롯한 개혁자들에게 있어서 성화는 단순히 말씀과 성령의 은혜 안에서 일어나는 점진적인 성화의 과정이라는 가르침의 범위를 크게 벗어나지 않았다. 칭의와 중생은 모두 하나님 자신의 일이요 오직 은혜이다. 이것은 옳은 가르침이다. 그런데 이러한 은혜를 받는 인간은 어떻게 거기에 응답하고 어떤 삶을 살게 되는가? 인간은 무엇을 해야 하는가? 우리 안에 주어진 성령은 우리 안에서 어떤 방식으로 역사하시는가? 성화의 삶을 사는 신자들 안에서 성령은 어떤 역할을 하시는가? 신자들이 어쩌다 한 번, 혹은 매우 드물게 선행을 한다면, 그것을 성화의 삶이라고 할 수 있을까? 칭의와 중생의 은혜를 받은 신자들은 경건한 삶을 살기 위해서 어떤 방향으로 어떻게 살아야 하는가? 물론 칼뱅도 성화와 관련하여 개인적으로 성화와 관계되는 중생, 기독교인의 삶과 자기 부인, 십자가를 짐, 미래의 삶에 대한 명상, 칭의, 칭의의 진전, 율법과 복음의 조화, 그리스도인의 자유, 기도 등에 대하여 자세히 가르쳤다.[12] 또한 신자들의 경건한 삶을 위한 교회적 차원의 훈련과 도움으로써 권징에 대하여 강조하였으며,[13] 제네바에서 강력하게 권징을 시행한 것으로 유명하다.

그러나 그는 이런 교훈과 훈련을 신자들 안에 형성되는 습성(habitus) 혹은 미덕(virtue)과 관련하여 발전시키지는 않았다. 그렇지만 사실 우리가 칭의 받고 성화되어가는 삶이 변덕스런 한 두 번의 선행이 아니라, 지속적으로 실행되는 선행을 가져온다면, 프로테스탄트 신학도 스콜라 신학에서처럼 성례전을 통해 순간적인 주입으로 이루어지는 것은 아니라고 할지라도, 어떤 습성적인(habitual) 변화나 새로운 미덕의 형성에 관하여 관심을 가져야 하지 않을까?

---

11) Calvin, *Institutes*, III. xvi. 1.
12) Calvin, *Institutes*, III.iii-xx.
13) Calvin, *Institutes*, IV.xii.

2. 존 오웬(John Owen)의 중생과 성화(거룩한 습성 형성) 교리

존 오웬(1616-1683)은 영국의 청교도 신학자이다. 그는 개혁신학 전통을 따르면서도 성령의 은혜 안에서 경건의 훈련을 통한 거룩한 습성의 형성을 강조하였다. 오웬은 유명한 저서인《성령론》에서 개혁신학의 구원론의 기본인 칭의 교리를 전제하지만, 칭의보다도 중생에 대하여 강조한다.[14] 그는 그리스도인의 구원을 '새 창조'라는 말로 묘사하면서, 이것을 성령의 특별 사역으로 규정한다. "중생의 사역에서 성령은 유효적인 원인이 된다"고 하였다.[15] 그는 구약의 선민들은 그들 당대에 하나님의 영에 의해 중생했다고 주장한다.

그러나 예수 그리스도께서 오신 이후 중생의 교리는 더욱 크게 확장되어 옛날 사람들보다 더 많은 사람들이 중생하게 되었다는 것이다.[16] 오웬은 사람에 따라 중생의 사역이 나타나는 모양은 다르지만, 본성적으로 모두 동일한 사역이라고 본다.[17] 오웬은 삶의 도덕적인 개혁이 중생이라고 보지 않는다. 그에 의하면 "중생이란 우리의 본성이 영적으로 혁신되는 것이다."[18] 이것은 우리가 새로운 피조물이 되는 것이요, 그것은 새로운 행동 방식을 가지게 되는 것이 아니라, "새로운 기질, 새로운 능력, 새로운 힘으로 새롭게 된 기능을 수행하는 사람이 된 것"이다.[19] 그는 이것은 베드로후서 1장 4절이 말하는 '신의 성품'에 참여함과 관련하여 설명한다. 그는 여

---

14) John Owen, *The Holy Spirit: His Gift and Power,* 이근수 역,《개혁주의 성령론》(서울: 여수룬, 1991), 177 이하. 그렇다고 그가 칭의 교리를 부정하는 것은 아니다. 그는 칭의 교리를 분명히 긍정하고 옹호한다(371).
15) 위의 책, 179.
16) 위의 책, 183.
17) 위의 책, 184 이하.
18) 위의 책, 184 이하.
19) 위의 책, 192.

기서 '신의 성품'이 the nature of God을 의미하는 것이 아니라고 보았다. 이것은 "습성적으로 거룩한 요소가 하나님에 의하여 우리들 속에 만들어지는 것이며 하나님의 형상을 지니는 것을 말한다"고 주장한다.[20] 그는 또한 중생이 열광적인 황홀경이나 광희, 또는 음성 비슷한 소리를 동반하는 이상한 체험이라고 보지도 않는다.[21] 오웬에 의하면 중생은 말씀과 성령에 의하여 사람 영혼에 내적으로 일어나는 변화인데 그것은 "조명(illumination), 자각(conviction), 개혁"(reformation)이다.[22]

오웬은 중생을 성도를 성화시키는 한 과정이라고 본다. 우리는 중생을 거쳐서 성화의 단계에 이르게 된다는 것이다.[23] 우리를 거룩하게 하시는 분은 물론 하나님이시다. 하나님 외에는 아무도 사람을 성화시킬 수 없다는 말이다.[24] 그는 중생과 관련하여 두 가지를 생각해야 한다고 주장한다: "성화에 대한 우리의 임무에 대해서는 하나님이 명령을 하셨고, 하나님의 은혜에 대하여는 약속을 하셨다는 말이다."[25] 오웬에 의하면, 이것은 일견 모순되는 것 같은 말이지만, 실제로 성화를 위한 우리의 의무와 하나님의 은혜는 모순이 아니라 상호 필요한 조건이라는 것이다.[26] 중생은 단번에 일어나는 하나님의 단독적인 창조적 행위인데 비해서, 성화는 진보적이며 발전적으로 일어난다.[27] "성화는 성화의 본성(nature)이 심겨지고 뿌리가 내리고 싹이 나고 성장하여 열매를 맺는 것이다." 이렇게 되는 것은 하나님의 영에 의한 것이다.[28]

---

20) 위의 책, 192.
21) 위의 책, 195 이하.
22) 위의 책, 203.
23) 위의 책, 325.
24) 위의 책, 327.
25) 위의 책, 328.
26) 위의 책, 338.
27) 위의 책, 342.

오웬은 성화에 있어서 하나님의 영의 은혜와 더불어 인간 편의 의무와 실천이 필요하다고 주장한다. 그에 의하면 "우리가 받아 누리는 은혜는 경건의 연습을 통해서 강화되고 증가된다." 따라서 "이러한 은혜에는 차등이 있다."[29] 그는 성화에 있어서 우리가 겪는 시련들도 중요한 역할을 한다고 보았다. 모든 시련들은 성령에 의해서 그리스도의 지도하에 존재한다는 것이다. 시련이 우리에게 있는 것은 목적이 있는 것인데, 시련 받는 믿음은 훈련을 시키는 것이고 인내를 가지게 하며 은혜를 더 받게 하는 것이다.[30] 이것은 오웬이 성화 과정에 있어서 하나님의 은혜와 더불어 인간의 행위와 책임을 인정하는 것이라고 볼 수 있다. 그러나 인간의 행위는 인간만의 행위가 아니다. "성령께서는 성도들을 고무, 자극하셔서 실천하도록 하신다. 성도들은 실천하는 훈련에 의해서 자라고 강하게 된다."[31] 이러한 모든 은혜들을 그는 "성령의 열매"(갈 5:22)라고 하였다.[32] 오웬이 말하는 성화의 방법은 학습으로 되는 것이 아니라, 마음 가운데 기도를 통해서 된다. "성화는 은혜의 성령과 간구에 의해서 되어지는 것이다."[33]

오웬은 이처럼 성화에서 성령의 역할을 강조하지만, 그러나 이것은 그리스도와 무관한 것이 아니다. 그는 어떤 사람들이 그리스도와 특별한 관계 이전에도 거룩하게 될 수 있다고 하거나, 그리스도와 연결 없이 거룩하게 된다고 주장하는 것에 대해서는 반대한다. 그는 "우리가 첫 번째로 해야 할 일은 예수 그리스도와의 관계가 확실해야 된다"고 주장한다.[34] 오웬은 죄의 더러움으로부터 믿는 자들을 깨끗하게 하는 일과 관련하여 성경이

---

28) 위의 책, 343.
29) 위의 책, 344.
30) 위의 책, 349.
31) 위의 책, 345.
32) 위의 책, 346.
33) 위의 책, 355.
34) 위의 책, 369-371.

말하는 여러 가지 요인들을 소개한다. 즉 그 주된 동력인(動力因, the efficient cause)으로서는 성령을, 그 일을 가능케 하는 근거가 되는 획득적 원인(the procuring cause)으로서는 그리스도의 피를, 그 수단이 되는 도구적 원인(the instrumental cause)으로서는 믿음과 고통을 각각 들고 있다.[35]

이어서 오웬은 성화에 있어서 성령의 적극적 사역을 초자연적 원리 또는 습성(habit)과[36] 관련하여 두 가지 측면을 다음과 같이 말한다.

첫째, 성도들의 영혼에 대한 은혜는 초자연적 원리 또는 습성을 갖게 한다. 여기에 대해서는 하나님의 영의 사역과 보호가 있다.… 둘째, 성령의 직접적 사역은 내적으로나 외적으로 우리에게 모든 행동에 있어서 거룩한 순종을 요구한다.[37]

그는 첫째 주장을 다시 네 가지로 설명한다.

1) 성화는 성도들에게 확실한 습성과 원리를 갖게 한다.
2) 성화는 성도들의 영혼이 거룩한 행동을 하도록 한다.
3) 성화는 성도들에게 하나님을 향해 살아드릴 수 있는 능력을 주며 하나님에게 거룩한 순종을 할 수 있는 힘을 준다.
4) 성화는 세상의 모든 습성과는 본질적으로 다른 습성을 가지게 한다.[38]

오웬에 의하면 "이 습성은 일반적으로 갖는 습성이 아니라 성화의 결과로 얻어지는 절대적인 것"이다. 거룩한 사람은 먼저 거룩한 요소와 그와 비슷한 행동이 습성적으로 나타나게 되어 있다. 왜냐하면 진정으로 거룩하게 된 사람은 내적으로 초자연적인 은혜의 요소를 소유하고 있고 모든 행

---

[35] 위의 책, 392.
[36] 오웬의 책을 한국어로 옮긴 번역자는 habit을 '습관'이라고 번역하였다. 그러나 필자는 이 글에서 용어의 일관성을 위해 '습성'이라는 말로 바꾸었음을 밝힌다.
[37] 위의 책, 417.
[38] 위의 책, 417.

동 가운데 거룩함이 나타나기 때문이다.[39] 오웬은 이 새로운 피조물이 된 사람의 초자연적인 습성을 때로는 "하나님의 성품,"[40] 새로운 "마음의 성향"(disposition), "경외하는 마음", "사랑하는 마음", "기뻐하는 마음"[41] "새 마음"(new heart), "새로운 성품"(new nature)[42] 등으로 부른다. 그에 의하면, 성화는 은혜의 습성을 수반하는 능력이 있고, 은혜의 습성을 행하려는 경향과 성질도 가지고 있다는 것이다.[43] 그는 이 능력이 우리의 지적인 마(mind) 속에 주어지며, 의지(will) 속에 주어지고, 성정(affection) 속에 주어진다는 것이다.[44] 이렇게 하여 거룩한 순종을 하게 되는 성향은 다시 두 가지 요소로 나누어 볼 수 있는데, 하나는 모든 장애물을 물리치는 준비(readiness)이고, 다른 하나는 순종을 잘할 수 있게 하는 용이성(facility)이라고 한다.[45]

오웬은 이 습성의 형성에 있어서 초자연적인 은혜의 필요성을 강조한다. 그러면서 동시에 그는 '거룩한 훈련'의 필요성을 강조한다. "거룩한 사람은 실제적으로 거룩한 훈련을 한다"는 것이다.[46] 그는 이 새로운 습성이 바로 갈라디아서 5장 22-23절이 말하는 성령의 열매라고 부르며, "이것은 성령께서 만드시는 것"이라고 말함과 동시에, "훈련과 연습"을 통하여도 나타난다고 가르친다. "경건의 연습으로도 이러한 결과를 얻을 수 있다."[47] 그는 이러면서 이 성령의 은혜와 경건의 훈련을 하나로 묶어서 말한

---

39) 위의 책, 417.
40) 위의 책, 419.
41) 위의 책, 423.
42) 위의 책, 424.
43) 위의 책, 429.
44) 위의 책, 430-31.
45) 위의 책, 432-33.
46) 위의 책, 417.
47) 위의 책, 455.

다. "성령께서는 특별한 은혜로 우리를 훈련시키신다."[48] 오웬은 이러한 훈련을 성령의 은혜 안에서 의무를 순종하고, 죄의 본성과 원인과 함께 죄를 죽이는 싸움과 관련하여 설명한다.[49] 그리하여 "성령께서는 우리 마음 속에 있는 좋지 않은 습성과 요소, 성질, 행동 등을 뽑아 버리시고, 정반대의 마음을 주시고 좋은 습성, 요소, 성격, 행동 등을 심어주신다"는 것이다.[50] 이와 같이 오웬은 근본적으로 개혁파적인 신학을 따르면서도 성화에 있어서 성령의 직접적인 은혜와 경건의 훈련, 그리고 그로 인하여 우리 안에 형성되는 습성을 매우 중요하게 가르치고 있음을 볼 수 있다. 이것은 성령의 주권적인 은혜와 동시에, 디모데전서 4장 7-8절이 가르치는 바와 같이 인간 편에서의 경건의 훈련의 필요성을 균형 있게 주장한 것으로 판단된다.

3. 성화, 거룩한 습성(habitus) 혹은 인격(character)의 형성

후대의 프로테스탄트 신학에서 성령 안에서 형성되는 새로운 습성 혹은 미덕에 대한 가르침은 잘 전수되지 않았고, 더구나 이런 습성을 형성하게 하는데 도움이 되는 훈련 방법 들이 잘 개발되지 않았다.

현대 신학자들 중에서 미덕의 윤리를 발전시킨 사람들 중에 스탠리 하우어와스(Stanley Hauerwas)를 들 수 있다. 그는 프로테스탄트 신학자로서는 특별하게 인격의 윤리(character ethics)를 발전시켰다. 하우어와스가 말하는 인격은 미덕(virtue)과 습성(habit)과 통하는 개념이다. 그는 인격과 미덕의 개념을 아리스토텔레스와 토마스 아퀴나스로부터 끌어들인

---

48) 위의 책, 456.
49) 위의 책, 458 이하.
50) 위의 책, 469.

다. 그러나 그는 아리스토텔레스가 도덕적 미덕과 더불어 윤리적 행위를 결정함에 있어서 주도적으로 작용한다고 보는 이성(실천적 이성) 대신에 이야기(narrative), 그것도 기독교의 공동체의 이야기를 도입한다. 이야기는 등장인물(그 인격)의 묘사를 통해 인간 삶에 통찰을 제공하는데, 이는 이야기를 윤리학에 적합한 합리성의 한 형태로 제공하는 것이다.[51] 기독교 공동체, 즉 교회 안에서 반복해서 들려지는 이야기 속에서 윤리적 행위자로서 기독교인의 인격이 형성된다는 것이다.[52]

그러나 이 과정은 단지 수동적인 과정만이 아니라, 능동적인 측면도 있다는 것이다. 그에 의하면, 인격은 그 사회 안에서 주어지는 이야기를 수동적으로 수용하기도 하지만, 또한 한 사람의 인간 실존으로서 그것을 의도적, 능동적으로 구현한다고 하였다.[53] 하우어워스는 인격 개념을 아리스토텔레스와 토마스 아퀴나스로부터 차용했지만, 프로테스탄트 신학자로서 이것을 칼뱅과 웨슬리의 성화론에 연결시켰다. 말하자면, 그는 구원론 및 성화론의 기초에서 출발하여 인격과 덕의 윤리에로 나아간 것이라기보다는 거꾸로 인격과 내러티브 윤리로부터 성화론으로 나아간 셈이다.[54] 그가 결국 인격 윤리와 성화론을 관련짓기는 하였지만, 그의 관심은 한 사람의 윤리학자로서 규범윤리와 상황윤리를 넘어서는 인격윤리와 내러티브

---

51) Stanley Hauerwas, L. Gregory Jones eds., *Why Narrative?: Readings in Narrative Theology* (Grand Rapids, Michigan: Eerdmans, 1989), 179-180.
52) Stanley Hauerwas, *A Community of Character: Toward a Constructive Christian Ethic* (Notre Dame, Ind.: Univ. of Notre Dame Press, 1981). 특히 하우어와스는 이 책에서 그러한 인격의 윤리를 하나의 사회 윤리로 제시하고자 노력한다.
53) Stanley Hauerwas, *Character and the Christian Life: A Study in Theological Ethics* (San Antonio: Trinity University Press, 1975), 116.
54) 하우어와스는 자신의 *Character and the Christian Life*에서 윤리의 기초로서 아리스토텔레스와 토마스의 습성과 미덕 개념을 도입하여 서술한 후에 마지막 장인 제5장에서 인격 윤리와 성화의 관계를 다루었다.

윤리학의 구성에 있었으며, 하나님의 성품에 참여하고 본받는 구원과 성화의 과정에 있어서 실천적인 훈련 과정을 주장하려고 하지는 않은 것 같다. 그런 면에서 우리의 관심과는 거리가 있지만, 기독교적 인격 형성에 있어서 교회 공동체와 기독교 이야기의 중요성을 강조한 것은 매우 중요한 공헌이라고 아니할 수 없다.

진실로 성화는 변덕스러운 몇몇 선한 행위의 문제가 아니다. 변화된 거룩한 행위가 지속적으로 나타나지 않는다면, 그를 성화된 사람이라고 부를 수 없을 것이다. 성화는 존재의 변화라는 관점 또는 행위의 변화라는 관점에서 논할 수 있다. 성화를 하나님의 성품에 참여하는 삶으로 이해하는 것은 존재의 변화냐 행위의 변화냐에서 한 쪽에 치우치지 않으면서도, 양자를 포괄할 수 있는 방식이라고 볼 수 있다. 성품은 우리의 내적 존재인 동시에, 외적 행위의 근거가 되는 역동적인 내적 경향성이기도 하기 때문이다. 성품이 변한다는 것은 우리의 내적 존재가 변함을 뜻하는 동시에 행위가 변한다는 것이기도 하다. 우리는 이것을 변화된 행위의 구조화, 습성화, 성품화라고 할 수 있을 것이다. 이것은 결국 우리 안에서 거룩한 습성 혹은 미덕이 형성되는 것을 말하는 것이다. 중요한 것은 이 모든 것들이 성령의 은혜 안에서 일어나는 것이라는 점이다. 성령의 은혜 없이 우리는 이 점에 관하여 아무것도 할 수 없다. 또한 동시에 우리는 디모데전서 4장 7-8절이 말하듯이, 인간 편에서의 경건 훈련이 필요함을 인정해야 한다. 전통적인 개혁신학이 그랬던 것처럼, 우리는 여전히 하나님의 주권적 은혜와 성령의 사역을 우선적으로 받아들이고 강조해야만 한다. 또한 동시에 성령의 은혜에 사로잡힌 인간의 응답적인 노력, 경건의 훈련의 중요성도 함께 인정해야 할 것이다.

성령의 성화의 은혜는 개인적 차원에서는 거룩한 행위의 습성 혹은 성품으로 열매 맺어야 한다. 왜 거룩한 습성이 형성되어야 한다고 하는가? 이것은 성화 과정이 극복해야할 죄의 문제도 습성적이고 구조적이기 때문이다. 성화는 우리의 삶에서 죄를 극복하는 일인데, 죄는 단순히 죄가 아니라 죄의 얽매는 능력이다. 이런 의미에서 사도 바울이 죄의 얽매는 능력을 '죄의 법'이라는 말로 표현한 것은 매우 의미심장하다(롬 7:23, 25). 법은 법 아래 있는 존재들을 강제하는 힘이다. 죄의 법은 그 법 아래 있는 인간을 얽매는 힘으로 작용한다. 그리하여 인간은 죄를 짓지 않으려고 노력해도 여전히 죄를 짓는 자신을 발견한다.

> 내가 행하는 것을 내가 알지 못하노니 곧 내가 원하는 것은 행하지 아니하고 도리어 미워하는 것을 행함이라. 만일 내가 원하지 아니하는 그것을 행하면 내가 이로써 율법이 선한 것을 시인하노니 이제는 그것을 행하는 자가 내가 아니요 내 속에 거하는 죄니라. 내 속 곧 내 육신에 선한 것이 거하지 아니하는 줄을 아노니 원함은 내게 있으나 선을 행하는 것은 없노라. 내가 원하는 바 선은 행하지 아니하고 도리어 원하지 아니하는 바 악을 행하는도다. 만일 내가 원하지 아니하는 그것을 하면 이를 행하는 자는 내가 아니요 내 속에 거하는 죄니라. 그러므로 내가 한 법을 깨달았노니 곧 선을 행하기 원하는 나에게 악이 함께 있는 것이로다. 내 속사람으로는 하나님의 법을 즐거워하되 내 지체 속에서 한 다른 법이 내 마음의 법과 싸워 내 지체 속에 있는 죄의 법으로 나를 사로잡는 것을 보는도다(롬 7:15-23).

죄의 법은 달리 말하면 죄의 습성이다. 그래서 죄는 강력하다. 그러므로 죄악된 습성과 구조가 달라지지 않으면, 실제로 아무런 실질적인 변화가 일어나지 않는다. 사도 바울에 의하면, 성령은 우리를 죄와 사망의 법에서 해방한다(롬 8:2). 주님은 새 포도주는 새 부대에 담아야 한다고 말씀하셨다(마 9:17). 새로운 정신은 이것을 담을 새로운 행위 구조, 즉 습성을 요구한다. 성령이라는 새로운 정신은 우리 안에 형성되는 새로운 습성이라고 할 수 있는 성령의 열매(갈 5:22-23)라는 미덕으로 귀결된다. 이것은 성령의 은혜와 더불어 인간 편에서 경건의 훈련을 요구한다.

우리가 그리스도의 복음을 믿으면 우리는 칭의를 받고, 하나님의 자녀가 된다. 그러나 우리의 신분이 하나님의 자녀가 된 것은 사실이지만, 우리 삶의 모습이 완전히 하나님 자녀답게 변한 것은 아니다. 예수 그리스도에 대한 신앙 고백을 하고, 교회에 다니지만, 우리의 사고방식과 세계관과 가치관이 아직도 변하지 않은 채로 남아 있을 수 있다. 그래서 골로새서 3장 9-10절은 "옛 사람과 그 행위를 벗어 버리고 새 사람을 입었으니 이는 자기를 창조하신 이의 형상을 따라 지식에까지 새롭게 하심을 입은 자니라"고 하였다. 우리는 우리를 창조하신 하나님의 형상을 따라, 우리의 근본적인 지식인 인생관과 세계관과 가치관이 새롭게 되어야 한다. 그리고 그에 따라 우리의 성품과 행위까지 변화 받아야 한다. 우리에게는 아직도 부패한 옛 사람의 습성이 남아 있다(엡 4:22). 그러므로 지속적인 은혜와 그에 대한 응답이 없으면 우리는 '늘 하던 대로', 즉 부패한 '옛 습성대로' 행동하게 된다. 우리는 성령으로 새롭게 되어 경건의 훈련을 통해 새 사람의 습성을 계속해서 쌓아가야 한다. 경건의 훈련 없이 성령의 은혜만 추구하면, 삶의 변화가 없는 감정적 열광주의에 빠지기 쉽고, 성령의 은혜 없이 경건 훈련만 추구하면 메마른 율법주의에 빠지기 쉽다.

우리에게는 성령의 은혜와 경건 훈련이 모두 필요하다. 경건의 훈련은 성령의 감화에 의해서 촉진되고 수용되는 영적 훈련이다. 이것은 다른 말로 하면, "자발적으로 수용된 강제"이다. 훈련은 일종의 강제이다. 그러나 이 훈련은 타율적으로 나에게 강요된 것이 아니다. 성령은 우리에게 자원하는 마음을 주신다. 이 훈련은 자신의 부패한 타성을 타개하기 위해 스스로 요청한 강제이다. 이 자발성은 사실 성령의 은혜로 인하여 촉발되는 자발성이다. 폴 틸리히 식으로 말하자면 신율적인(theomonical) 것이다.[55]

---

55) 틸리히는 성령의 역사를 타율(heteronomy), 자율(autonomy)과 구별하여 신율(theonomy)이라고 불렀다. Paul Tillich, *Systematic Theology* vol. 3 (Chicago:

이것은 그리스도를 본받아 사는 삶이요, 하나님의 성품에 참여하는 삶이다. 이러한 삶을 온전히 완성하여 영광스러운 하나님의 자녀의 모습이 되는 것이 바로 구원의 목적이라고 할 수 있다.

어떤 사람들은 우리가 하나님의 성품에 참여한다거나 하나님을 본받는다는 것은 가능하지 않다고 주장할 수도 있겠다. 더구나 유대-기독교적 전통과 같이 하나님의 초월성을 중요하게 생각하는 입장에서 이것은 말도 안 되는 이야기처럼 들릴 수 있다. 그러나 또한 이것은 엄연히 바로 그 성경이 우리에게 가르쳐주는 바이기도 하다. 그렇다면 우리는 이를 어떻게 이해해야 할까? 물론 우리는 하나님이 아니며 하나님과 우리 사이에는 무한한 차이가 있음도 사실이다. 그럼에도 불구하고 우리가 하나님을 본받아야 한다면, 이는 우리가 하나님을 본받을 수 있는 면과 그렇지 못한 면이 있음을 의미한다. 전통적으로 교의학은 하나님의 속성을 비공유적 속성과 공유적 속성으로 구분해서 설명해 왔다. 비공유적 속성(incommunicable attributes)은 피조물과 공유할 수 없는 하나님 자신만의 고유한 속성으로서, 자존성, 불변성, 무한성, 단일성 등을 의미한다. 공유적 속성(communicable attributes)은 지식, 지혜, 선하심, 사랑, 은혜, 긍휼, 인내, 거룩, 의, 의지 등으로서 인간들에게도 있을 수 있는 속성이다.[56] (물론 공유적 속성이라고 할지라도, 하나님과 인간 사이에는 무한한 차이가 존재한다.) 우리는 하나님의 고유한 신성에만 속하는 비공유적 속성을 본받아 배울 수는 없다. 우리는 하나님의 공유적 속성, 하나님의 자기희생적 사랑을 본받을 수 있으며, 그것을 본받으라고 명령 받고 있다.

나는 너희의 하나님이 되려고 너희를 애굽 땅에서 인도하여 낸 여호와

Chicago Univ. Press, 1963), 249 ff.
56) Louis Berkhof, 《조직신학. 상》 이상원 역(서울: 크리스챤다이제스트, 1992), 250-278.

라 내가 거룩하니 너희도 거룩할지어다(레 11:45).

그러므로 하늘에 계신 너희 아버지의 온전하심과 같이 너희도 온전하라(마 5:48).

너희 아버지의 자비로우심 같이 너희도 자비로운 자가 되라(눅 6:36).

그런데 어떤 사람들은 본받을 수 없는 것을 본받아 스스로 하나님인체 하다가 우상숭배나 자기 신격화에 빠져 멸망의 길로 간다. 그리고 대부분의 사람들은 본받을 수 있는 일을 본받지 않고, 무의미하고 허무한 삶을 산다. 하나님을 본받는 것, 하나님의 성품을 본 받아 배우는 것, 이것이 우리 삶의 의미요 구원의 목적이다. 우리 같이 미천한 피조물, 우리 같은 죄인들에게 이것은 얼마나 엄청난 일인가? 또한 이것은 얼마나 엄청난 지위 상승이요 특혜인가? 이것은 불가능한 것을 명령하는 어마어마한 억압이 아니다. 이는 놀라운 은혜요 특권의 수여이다. 기독교 신학과 영성의 핵심은 바로 이렇게 하나님을 알고 본받는 것이다.

4. 성령의 열매

그동안 성령의 은혜를 사모하는 운동에서는 흔히 '성령의 은사'에 많은 관심을 가져왔다. 성령의 은사는 성경의 교훈을 따라 건전하게 추구하고 사용하면 복음 사역에 많은 도움이 된다. 그런데 성령의 은사를 많이 사모하는 사람들도 성령의 열매를 맺고, 하나님의 성품을 닮는 일에는 관심이 별로 없는 경우가 많다. 주님께서는 제자들에게 산상수훈을 가르치시고 그 결론으로 다음과 같은 말씀을 하셨다.

이와 같이 좋은 나무마다 아름다운 열매를 맺고 못된 나무가 나쁜 열매를 맺나니 좋은 나무가 나쁜 열매를 맺을 수 없고 못된 나무가 아름다운 열매를 맺을 수 없느니라. 아름다운 열매를 맺지 아니하는 나무마다 찍혀 불에 던져지느니라 이러므로 그들의 열매로 그들을 알리라. 나더러 주여 주여 하는 자마다 다 천국에 들어갈 것이 아니요 다만 하늘에 계신 내 아버지의 뜻대로 행하는 자라야 들어가리라. 그 날에 많은 사람이 나더러 이르되 주여 주여 우리가 주의 이름으로 선지자 노릇 하며 주의 이름으로 귀신을 쫓아내며 주의 이름으로 많은 권능을 행하지 아니하였나이까 하리니 그 때에 내가 그들에게 밝히 말하되 내가 너희를 도무지 알지 못하니 불법을 행하는 자들아 내게서 떠나가라 하리라(마 7:17-23).

주님의 이름으로 능력과 은사를 행하였다 하더라도 주님의 말씀을 따라 변화된 행실의 열매를 맺지 못하면 주님의 인정을 받지 못한다는 것이다. 이것은 우리가 심각하게 생각해 보아야할 가르침이다.

그러면 성령의 열매란 무엇인가? 성령의 열매는 성령으로 말미암아 우리 안에서 나타나는 거룩한 변화의 결실이다. 이것은 거룩한 성품이요 내면적 경향성이다. 이것은 한 순간의 개별적 행위뿐만이 아니라, 이런 행위를 가능하게 하는 내적인 성품을 가리킨다. 성령의 은사들과 성령의 열매는 개념과 목적과 나타나는 방식이 전혀 다르다. 은사는 사역의 능력과 기능과 효력을 위한 것이요, 열매는 성품과 행위에 관련된 것이다. 은사는 선물로 주어지는 것이요, 열매는 성장 및 성숙 과정을 통해 형성되는 것이다. 따라서 은사는 순간적으로도 생기지만, 열매는 형성되고 익어가는 시간이 필요하다.

바울 서신에서 성령의 은사는 흔히 '카리스마타'라는 복수 형태로 쓰인다. 그러나 성령의 열매는 9가지가 소개되고 있지만 카르포스라는 단수

형이다(갈 5:22). 9개의 열매는 따로 분리되어 있는 것이 아니라, 하나로 통일된 한 인격의 여러 측면들이라고 할 수 있다. 고린도전서 13장은 "사랑은 오래참고, 사랑은 온유하며 … 진리와 함께 기뻐하고 … 모든 것을 참으며, 모든 것을 믿으며, 모든 것을 견디느니라"(고전 13:4-7)고 하였다. 사랑이 곧 오래참음, 온유, 참된 기쁨을 내포한다. 은사는 각 사람에게 다양하게 주어지는 것이지만, 열매는 모든 사람이 맺어야 하는 것이다. 고린도전서 12장 8절 이하에서 바울은 하나님께서 어떤 이에게는 이런 은사를, 다른 이에게는 저런 은사를 주신다고 제시하고 있다. 그러나 고린도전서 13장에서 바울은 아무리 대단한 은사를 받은 자라도 성령의 열매인 사랑이 없으면 아무 것도 아니라고 말한다.

　성령의 열매는 하나님과 사람, 사람과 사람의 관계들 속에 드러난다. 이것은 그리스도 자신의 성품을 반영하고 있다. 이는 그리스도인의 생명과 본질과 신분이 삶을 통해 드러난 것이다. 이는 마치 사과는 사과나무의 특성을 보여주는 열매인 것과 같고, 배는 배나무의 특성과 본질을 보여주는 열매인 것과 같다. 열매를 보면 그 나무를 안다(마 7:15-23). 그런데 이것은 성령의 열매이지 인간 자신의 열매가 아니다. 물론 인간의 순종과 참여가 요구되지만, 문제는 우리가 성령의 나무가 되는 것이다. 크고 화려한 건물의 외양보다도 그 기초가 중요하듯이, 크고 화려한 업적보다도 그리스도의 사람이라는 신분이 중요하다. 옛 신학에서는 그리스도인들이 중생한 후 성령 안에서 새로운 품성을 형성한다고 보았다. 이것은 성령의 은혜 안에서 경건의 훈련을 통하여 형성되는 것이다(딤전 4:7-8).

　그런데 후대의 개신교 신학에서 성령 안에서 형성되는 새로운 품성 혹은 미덕에 대한 가르침은 잘 전수되지 않았고, 더구나 이러한 품성을 형성하는 데 도움이 되는 훈련 방법 같은 것들이 잘 개발되지 않았다. 그러나 이제 우리는 거룩한 미덕 혹은 품성이라고 할 수 있는 성령의 열매에 대한 가르침을 다시 회복해야 하고, 성령의 열매를 맺기 위한 경건의 훈련을 열심히 쌓아가야 한다.

　위에서 우리는 구원의 개인적 목적은 하나님의 성품을 닮아가는 것이요, 공동체적 목적은 이 땅에 임하시는 하나님 나라에 참여하는 것이라고 하였다. 그런데 이 양자는 분리되지 않는다. 성령의 열매를 맺는다는 것은 하나님 나라 시민다운 덕성을 갖추는 것이기도 하다. 예수님의 공생애 중에서 가르치신 말씀의 핵심 주제가 하나님의 나라라는 것에는 학자들 사이에 이견이 없다. 그런데 우리가 오해하면 안 될 것은 '하나님 나라' 는 죽음 저편 혹은 내세에 있는 나라이기도 하지만, 죽음 저편에만 있는 나라가 아니라, 예수님과 성령님과 더불어 이 세상으로 이미 침입해 들어온 나라라는 사실이다. 마가복음 1장 15절에 "때가 찼고 하나님의 나라가 가까이 왔으니 회개하고 복음을 믿으라"고 하셨으며, 마태복음 12장 28절에는 "그러나 내가 하나님의 성령을 힘입어 귀신을 쫓아내는 것이면 하나님의 나라가 이미 너희에게 임하였느니라"고 하셨다. 하나님 나라는 저 하늘의 어떤 공간이 아니라, 예수 그리스도와 성령을 통해 이미 우리에게 온 나라이다. 이것은 우리 육체의 죽음 저편에도 있지만, 이편에도 이미 있다는 것이다. 하나님의 나라는 어떤 영토나 어떤 외적인 조직 이전에 왕이신 하나님의 통치를 가리킨다. 예수 그리스도와 성령의 강림으로 타락하고 부패한 세상 속에서 하나님의 본격적인 통치가 시작되었다. 이것이 예수님의 복음의 핵심이다. 물론 그 나라는 아직 완전히 이루어지지 않았다. 그 나라는 장차 예수 그리스도께서 재림하실 때에 완성될 나라이다.

　하나님 나라는 하나님께서 친히 다스리시는 나라요, 하나님의 백성의 새로운 공동체이기도 하다. 베드로전서 2장 9절에 그리스도인들을 가리켜 "너희는 거룩한 나라"라고 하였고, 요한계시록 1장 6절에는 "그의 아버지 하나님을 위하여 우리를 나라와 제사장으로 삼으신 그에게 영광과 능력이 세세토록 있기를 원하노라"고 하였다. 어떤 공간이나 조직체가 아니라, 참된 그리스도인들의 공동체인 '우리' 가 하나님의 나라요 제사장이라고 한다. 혼자서는 나라가 될 수 없다. 하나님 나라는 하나님이 왕이신 나라요 (그 나라의 주권), 그가 다스리시는 백성 공동체이다 (그 나라의 국민). 하나님 나라는 유대인과 이방인, 종과 자유자, 부자와 가난한 자, 노인과 젊은이, 남자와 여자가 차별이 없이 참여하는 나라이다. 로마서 14장 17절에 "하나님의 나라는 먹는 것과 마시는 것이 아니요 오직 성령 안에 있는 의와 평강과 희락이라"고 하였다. 하나님의 나라는 하나님의 정의와 평화가 이루어지는 나라, 새로운 생명의 나라이다. 하나님 나라는 창과 칼과 폭력으로 세워지는 나라가 아니라, 예수 그리스도의 사랑과 섬김으로 세워지는 나라요, 우리도 부르심을 받아 성령 안에서 거기에 참여하는 나라이다. 성령은 그러한 하나님 나라의 영이요, 사랑의 영이다. 그리고 성령의 열매는 그 나라 시민의 덕성이다.

빌립보서 1장 27절은 "오직 너희는 그리스도의 복음에 합당하게 생활하라"고 명령한다. 그런데 여기서 '생활하라'는 말은 헬라어로 폴리튜오마이($\pi o \lambda \iota \tau \epsilon \acute{u} o \mu \alpha \iota$)라는 말을 사용했는데, 이 말 안에 '폴리스'라는 말이 들어 있으며, 본래 '시민생활하다' 라는 의미를 가진다. 우리가 세상에 있지만, 우리는 하나님 나라 시민으로서 하나님 나라 시민답게 살아야 한다는 것이다. 그것은 이 세상 폴리스를 떠나는 것이 아니라, 이 세상 폴리스 안에서 하나님 나라 시민처럼 살면서, 하나님 나라를 전파하고, 이 세상이 하나님 나라를 조금이라도 반영하는 세상이 될 수 있도록 살아가야 한다는 말이다. 신앙생활은 결코 개인적이기만 한 것도, 교회 안에만 국한된 삶도 아니다. 우리가 앞서 살펴 본 바, 하나님의 성품을 본받는다는 것은 하나님 나라의 시민의 덕성을 갖추는 것이기도 하다. 여기서 바울이 가르친 9가지 성령의 열매에 대하여 간략하게 정리해 보자.

5. 성령의 아홉 가지 열매

1) 사랑($\dot{\alpha}\gamma\dot{\alpha}\pi\eta$): 신약성경에서 사랑이라는 말로 쓰인 대표적인 용어는 아가페이다. 본래 이 단어는 고대 헬라인들에게는 모호한 뜻의 단어였고, 빈번하게 사용되는 말이 아니었다. 그런데 신약성경에 기자들과 그리스도인들이 하나님의 자기희생적 사랑을 표현하는 데 적절한 단어가 없어서 이 말을 가져다가 (세례를 주어) 새로운 뜻으로 쓴 것이라고 한다. 헬라 철인들이 가르친 중요한 미덕은 지혜, 용기, 절제, 정의 같은 것이었다. 여기에 자기희생적 사랑의 자리는 없었다. 초기 교회 지도자들은 이 말을 하나님의 무조건적이며 자기희생적인 사랑을 뜻하는 말로 사용했고, 또한 그리스도인들도 그렇게 사랑해야 한다고 가르쳤다. 사람들은 흔히 사랑이 따뜻한 감정이라고 생각하지만, 아가페는 단지 따뜻한 감정만이 아니라 전인격적으로 상대방을 위해 주는 행위, 때로는 주관적 감정을 극복하면서 노력하는 행위를 뜻하였다. 이 사랑의 의미와 성격에 대하여는 고린도전서 13장이 잘 가르쳐주고 있다.

그런데 성령의 열매로서의 사랑은 하나의 성품으로서의 사랑이다. 사랑할만한 대상이 거기 있어서가 아니라 내 안에 무조건적 자기희생적으로 사랑하는 내적 경향성이 있어서 사랑한다는 것이다. 이 사랑은 상대와 자신이 어떤 관계인가, 이해관계가 어떻게 되는가를 따지지 않는다. 이 사랑은 대가를 바라지 않는다. 이 사랑은 상대방을 위하여 수고를 하게 한다(살전 1:3). 이것은 마음뿐인 사랑이 아니라, 행동하고 노력하는 사랑이다.

2) 희락($\chi\alpha\rho\dot{\alpha}$): 이것은 외부적 조건에 의해서 기뻐하는 감정으로서의 기쁨이 아니라, 늘 기뻐하는 내적 경향성 때문에 기뻐하는 기쁨, 성품으로서의 기쁨이다. 기쁜 일이 생기면 누구나 기뻐한다. 그러나 성령의 열매인 기쁨은 기쁜 일이 있어서가 아니라, 성령 안에서 기뻐하는 것이다. 기뻐지

는 것이 아니라 기뻐하는 것이다. 빌립보서 4장 4절에 "주 안에서 항상 기뻐하라"고 하였다. 어떻게 항상 기뻐할 수 있는가? 주님 때문이다. 주님의 은혜 때문이다. 어떻게 항상 기뻐하는가? 성령으로 기뻐하는 성품이 생겼기 때문이다.

3) 화평($εἰρήνη$): 여기서 화평은 역시 성령의 열매, 즉 내적인 경향성, 성품으로서의 평화이다. 이것은 성령 안에서 마음의 평화를 누리는 성품, 혹은 관계의 평화를 추구하는 내적 경향성이요 성품이라고 할 수 있다. 마음의 평화는 우리가 주변 환경이 불편하고, 곤란해도, 고난이 있어도, 성령의 은혜로 초자연적 평안을 누리는 평안이다. 이 평화는 주님께서 "평안을 너희에게 끼치노니 곧 나의 평안을 너희에게 주노라. 내가 너희에게 주는 것은 세상이 주는 것 같지 아니하니라. 너희는 마음에 근심도 말고 두려워하지도 말라"(요 14:27)고 하신 바로 이 평안이다. 관계의 평화는 언제 어디서나 평화롭고 올바른 관계를 이루는 성품이다. 하나님과 사람 사이에서, 또 사람과 사람 사이에서 올바르고 평화로운 관계를 추구하는 성품이다. 이것은 처음에 복음으로 말미암아 우리에게 주어진다. "우리가 믿음으로 의롭다 하심을 얻었은즉 우리 주 예수 그리스도로 말미암아 하나님으로 더불어 화평을 누리자"(롬 5:1)고 한 것과 같다. 이 은혜를 받은 사람은 이제 서로 다른 입장, 서로 다른 사람들 사이에서 평화로운 관계를 만들어 내는 peace maker가 된다. 이는 "모든 것이 하나님께로 났나니 저가 그리스도로 말미암아 우리를 자기와 화목하게 하시고 또 우리에게 화목하게 하는 직책을 주셨다"(고후 5:18)고 한 것과 같다.

4) 오래 참음($μακροθυμία$): 이것은 주로 분노를 오래 참는 성품이요 내적 경향성이다. 이것은 하나님의 법을 지키고, 순종함에도 불구하고 닥쳐오는 괴로움을 참는 것이다. 불의한 방법을 쓰면 문제가 곧 해결될 수도

있지만 그렇게 하지 않고, 의롭게 고통당하며 참는 것이다. 이 인내는 다행히도 오래 참는 것이다. 영원히 참는 것은 아니다. 끝이 있다는 희망이 있다. 어려움이 있을 때, 우리는 소망 가운데서 참을 수 있다(살전 1:3). 참는 것에도 종류가 있다. 오기로 참을 수 있고, 체념으로 참을 수도 있고, 누군가를 원망하며, 유감스런 마음으로 참을 수도 있고, 복수의 칼날을 갈며 참을 수도 있다. 그러나 성령의 열매인 오래참음은 온유함으로 참는 것이요, 사랑으로 참는 것이요, 기쁨 가운데 참는 것이요(약 1:2-4), 평안 가운데 참는 것이다.

5) 자비($\chi\rho\eta\sigma\tau\acute{o}\tau\eta s$): 자비는 도덕적 선, 올바름을 추구하는 성품이요 성실한 성품이다. 이것은 단순히 착한 것이 아니라 무언가 유익한 것을 제공하는 것이다. 이것은 우리말 성경에서 자비, 인자, 온유 등으로 번역되어 있다. 이것은 크레스토스($\chi\rho\eta\sigma\tau\acute{o}s$)라는 형용사에서 온 말인데, 보통 useful, beneficial, 유용한, 적합한, 가치 있는, 선한 등의 의미를 가진다. 이 말은 크라오마이($\chi\rho\acute{a}o\mu\alpha\iota$), 즉 사용하다, 이용하다라는 말에서 왔다. 그러므로 여기서 자비란 단순한 친절함과 착함이 아니라, 상대방에 구체적인 유익을 주는 자비를 말한다. 로마서 3장 12절은 타락한 인간의 상태를 가리켜 "다 치우쳐 한 가지로 무익하게 되고, 선($\chi\rho\eta\sigma\tau\acute{o}\tau\eta s$)을 행하는 자가 없다"고 하였다. 이는 하나님께 아무런 유익이 되지 못하는 인간의 비참한 상태를 보여준다. 그러나 하나님의 자비하심은 우리에게 유익을 주시는 선하심이다.

6) 양선($\alpha\gamma\alpha\theta\omega\sigma\acute{v}\nu\eta$): 양선은 도덕적 선함, 마음과 생활이 바름, 좋음을 추구하는 성품이다. 특히 이것은 하나님의 선을 추구하는 성품이다. 마가복음 10장 17절에서 우리는 어떤 사람이 예수님께 찾아와 무릎을 꿇고 "선한 선생님이여"라고 부르며 영생을 얻는 길을 묻는 것을 볼 수 있다. 그

런데 18절에서 예수님은 "어찌하여 나를 선하다 하느냐? 하나님 한 분 외에는 선한 이가 없느니라"고 대답하신다. 그러므로 성령의 열매인 양선은 단순히 착한 것이 아니라, 궁극적으로 하나님의 선하심을 표준으로 삼고 그 선하심을 지향하는 것이다.

7) 충성($πίστις$): 헬라어에서 충성과 믿음은 같은 단어이다. 여기서는 문맥상 단순한 믿음이 아니라, 믿고 믿고 또 믿어 믿음이 진실한 성품이 되고 내적 경향성이 된 미덕의 상태를 가리킨다. 그리하여 하나님과 다른 사람들이 나를 신뢰할만한 사람으로 여길 수 있는 신실한 성품이다. 이것은 어려운 일, 핍박, 고난이 있어도 포기하거나 배반하거나 도망하지 않는 성품이다. 예수 그리스도는 하나님 앞에서 "충성된 대제사장"(히 2:17)이셨고, 그는 "그의 집 맡은 아들로 충성"(히 3:6)하셨다. 이제 그의 뒤를 이어 그의 복음 사역을 맡은 이들에게도 역시 충성이 요구된다(고전 4:2). 복음 사역에 있어서 재주와 재치보다 중요한 것은 충성이다.

8) 온유($πραΰτης$): 온유는 친절하고 부드러운 성품이다. 그러나 매양 맹목적으로 부드럽기만 한 것은 아니다. 하나님과 사람을 향한 사랑과 기쁨과 평화 때문에 온유한 것이다. 온유한 사람은 쉽게 분노하지 않는다. 그는 자기 자신 때문에, 자기의 손해라든가, 자기의 명예가 손상되었다든가 하는 이유 때문에 분노하지 않는 사람이다. 그는 내적 상처로 인하여 비뚤어지지 않은 성숙한 인격의 소유자이며, 따라서 남의 험담이나 욕설 등에 쉽게 요동하지 않는다. 그렇다고 온유가 매양 순하고 숙맥 같은 것을 의미하는 것은 아니다. 온유한 자라도 공의를 위해서는 분노할 줄 안다. 그러나 온유한 자는 의분을 가질 때에도 상대방을 위할 줄 아는 사람이다. 민수기 12장 3절에 "모세는 온유함이 지면의 모든 사람보다 더하더라"고 하였다. 이 말은 모세가 구스 여인을 아내로 취한 일에 대하여 미리암과 아론이 그

를 비방한 사건에 관련하여 나온다. 그러한 비방에도 불구하고 절대 권력자인 모세는 아무 말도 하지 않았다. 그는 자기 자신에 대한 험담에 대하여는 잠잠하였다. 그는 자기 입장에 대하여 죽은 사람이었으며, 자신을 위해서는 싸우지 않았다. 그러나 그는 하나님의 입장에 서는 사람이었으며, 하나님의 공의, 거룩하심이 침해당할 때는 무섭게 분노하는 사람이었다. 그러나 우리는 보통 거꾸로 반응한다.

온유는 이웃에 대하여 잘 통제된 덕성이다. 베드로전서 3장 15-16절에는 "너희 속에 있는 소망의 이유를 묻는 자에게는 대답할 것을 항상 예비하되 온유와 두려움으로 하고 선한 양심을 가지라. 이는 그리스도 안에 있는 너희의 선행을 욕하는 자들로 그 비방하는 일에 부끄러움을 당하게 하려 함이라"고 하였다. 오늘날 기독교인들이 독선적이고 무례하다고 비판하는 안티 기독교인들 앞에서 우리가 어떻게 해야 할지를 교훈해 주는 말씀이다. 온유는 특히 지도자가 가질 중요한 성품이다. 지도자는 때로는 사람들을 책망해야할 때도 있는데, 디모데후서 2장 25절에는 "거역하는 자를 온유함으로 징계할지니 혹 하나님이 저희에게 회개함을 주사 진리를 알게 하실까 한다"고 하였다. 예수님은 온유하고 겸손한 분이셨다(마 11:29). 온유는 늘 겸손과 함께한다.

9) 절제(*ἐγκράτεια*): 절제는 스스로를 잘 다스리고 제어하는 성품이다. 이것은 여러 가지 욕망이나 감정 등을 잘 통제하는 성품이다. 이것은 모든 일에 지나치거나 모자람이 없도록 잘 조절하는 성품이기도 하다. 아무리 좋은 약도 지나치면 오히려 해가 된다. 잠언 27장 14절에 "이른 아침에 큰 소리로 그 이웃을 축복하면 도리어 저주같이 여기게 되리라"고 하였다. 내가 아무리 이웃을 축복하고 싶은 좋은 열심히 있어도 이른 새벽에 곤히 잠든 이웃을 향해 고래고래 소리를 지른다면, 그것을 좋게 받아들일 사람이 없을 것이다. 고린도전서 9장 25절에 "이기기를 다투는 자마다 모든

일에 절제하나니"라고 하였다(9:24-27 참조). 운동 선수들도 경기에서 이기기 위한 목표를 정하고 그것에 도움이 되지 않는 것들은 절제하는 모습을 볼 수 있다. 모세를 뒤이어 지도자가 된 여호수아는 "오직 너는 마음을 강하게 하고 극히 담대히 하여 나의 종 모세가 네게 명한 율법을 다 지켜 행하고, 좌로나 우로나 치우치지 말라 그리하면 어디로 가든지 형통하리라"(수 1:7)고 하였다.

절제는 할 수 없는 것을 안 하는 것이 아니라, 할 수 있는데 사랑 때문에 하지 않는 것이다. 내게 있는 것이요 내 것이라고 해서 내 마음대로 해도 좋은 것이 아니라는 말이다. 여기에는 시간과 돈과 말의 사용, 호화로운 집, 장신구, 자동차, 옷차림 등 삶의 모든 국면이 포함된다. 더구나 오늘날과 같이 생태계 파괴가 심각한 상황에서는 에너지 절약과 물자 절약 등도 매우 중요하다. 성령의 열매가 다 좋은 것이지만, 제일 마지막에 절제가 언급되어 있다는 점도 우리로 하여금 한 번 더 절제에 대하여 생각하게 한다.

맺는 말

구원은 죄와 죽음과 멸망으로부터의 구원인 동시에 거룩함을 위한 구원이다. 구원은 우리로 하여금 하나님의 성품에 참여하여, 우리의 성품과 행위와 삶이 실제로 거룩하게 변화받는 것이다. 구원에 있어서 '무엇으로부터의 구원', 즉 죄와 죽음과 저주와 심판으로부터의 구원도 중요하지만, 동시에 '무엇을 위한 구원', 즉 하나님의 성품에 참여하여 거룩하게 변화받는 것, 그리고 공동체적으로 하나님 나라에 참여하는 것 역시 중요하다. 이제 우리는 거룩한 미덕 혹은 습성이라고 할 수 있는 성령의 열매에 대한 가르침을 다시 회복해야 하고, 성령의 충만한 은혜 가운데서 성령의 열매를 맺기 위한 경건의 훈련을 열심히 쌓아가야 한다.

성령의 열매는 하나님 나라 시민이 갖추어야할 미덕이기도 하다. 오늘날 새롭게 부각되고 있는 영성 신학은, 그것의 일부가 예전에 '수덕신학'이라고 불리어졌던 것에서 볼 수 있듯이, 무슨 신비 체험을 목적으로 하는 방법과 기술이 아니라, 성령 안에서 은혜를 받아 거룩한 습성을 형성해 나가는 면에서 받아들여질 필요가 있다. 또한 영성 신학은 보다 프로테스탄트적 관점에서 조정되고 변혁되며 발전될 필요가 있다.

그런데 우리 한국교회 현장에서는 '무엇으로부터의 구원'을 천국 입장권 획득 정도로 생각하는 경박한 복음주의가 판을 치고, '무엇을 위한 구원'은 망각된 채, 천당에 갈 때까지 이 세상에서 성공하고 번영하는 물질적 복을 받는 기복주의적 신앙이 판을 쳐 왔다. 우리는 다시 성서적 근본으로 돌아가 죄 용서와 영생, 그리고 하나님의 성품에 참여하여 하나님 나라 시민으로서 온전히 성화와 영화에 이르는 복음, 하나님께서 이 땅에 하나님 나라를 세우시는 일에 참여케 하는 복음을 회복해야만 한다.

제11장 평양 대부흥 운동에 나타난 성령의 사역

우리는 지금 한국교회의 성장이 정체되고 그 사회적 영향력이 급감하고 있는 위기를 경험하고 있다. 이 시점에서, 많은 사람들이 새로운 영적 쇄신을 갈망하고 있다. 많은 사람들이 1907년에 평양에서 일어났던 대부흥운동 같은 것이 다시 한 번 일어나기를 소망하고 기대하는 사람이 많다. 2007년에는 평양 대부흥운동을 기념하면서 여러 가지 행사들을 가졌지만, 막상 그런 부흥이 재현되지는 않았다.

그런데 우리가 진정 원하는 부흥은 어떤 부흥인가? 부흥에 대하여 이야기하는 많은 사람들이 1907년 평양 대부흥운동에 대하여 말한다. 그러나 그 사건의 성격들을 자세히 알지 못하면 본질을 오해하게 된다. 이 부흥운동을 1960-70년대의 부흥운동과 같은 시각에서 바라본다면 우리는 그 부흥운동을 매우 오해하게 될 것이다. 또한 그 부흥운동을 해방 이후 우리나라에 큰 영향을 준 오순절운동의 시각에서만 바라보는 것도 그 본질을 오해하는 것이다. 그것은 분명히 놀라운 부흥운동이었다. 많은 사람들이 교회에 모여들었고, 많은 사람들이 새롭게 예수 그리스도를 구주로 믿게 되었으며, 교회들이 성장하게 되었다.

그러나 그 부흥운동은 단순히 교회에 사람이 많이 모이게 된 사건이 아니었다. 그것은 단지 많은 사람들이 방언이나 신유나 어떤 은사 체험을 하게 된 부흥운동이 아니었다. 그것은 유명 연예인을 동원하고 선물 공세를 펴서 많은 사람이 모이게 하는 그런 부흥도 아니었다. 평양 대부흥운동에는 보다 깊은 그 무엇이 있었다. 그것은 보다 심층적인 성령의 역사였다고 할 수 있다. 그 부흥운동은 간단히 말한다면, 하나님 말씀의 운동이요, 기도운동이요, 성령운동이요, 전도 운동이며, 일종의 기독교 신앙의 토착화 운동이라고 할 수 있다. 그러나 그 때 일어난 사건들 중 가장 두드러진 것은 바로 거룩하신 하나님의 임재, 거역할 수 없는 성령의 압도적인 임재의 경험, 공개적인 죄 고백과 용서의 체험, 그리고 삶의 급진적인 성화였다. 평양 대부흥운동은 우리 교회를 한국교회가 되게 한 근본적인 신앙운동이었다고 할 수 있다.

평양 대부흥운동은, 이미 1903년에 원산에서 하디 선교사를 중심으로 일어난 부흥운동과 연관되지만, 한국교회 지도자들을 중심으로 한 부흥운동은 1907년 장대현교회 사경회를 시발점으로 일어났다고 할 수 있다. 장대현교회 사경회는 1월 6일에 시작되었는데, 무언가 답답하게 진행되던 집회가 1월 14일을 기점으로 폭발적인 역사가 일어났다고 한다. 그 때에 죄를 통회하는 통성기도와 간증들이 있었다. 저녁 집회 후 많은 사람들이 집으로 돌아갔으나 5, 6 백명 정도가 남아서 계속 기도하였으며, 여기서 더욱 강력한 역사가 일어났다.[1] 사람들은 차례를 기다려서 자신들의 죄를 공개적으로 고백하는 간증들을 이어 갔다. 내용은 온갖 종류의 더럽고 추하고 악한 죄악들, 정말 저 사람이 그런 죄를 지었을까 의심될만한 엄청난 죄악의 고백들이 쏟아졌다. 선교사들도 죄를 고백하였고, 한국 교인들도 고백

---

1) W. L. Swallen, Letter to Brown, Jan., 18, 1907, 박용규,《평양 대부흥운동》(서울: 생명의말씀사, 2000), 218-219에서 재인용.

하였다. 서로 미워하며 갈등 관계에 있었던 교회의 유력한 두 지도자들 중 한 사람이 먼저 미움과 교만의 죄를 고백하였고(그날 침묵했던 다른 한 사람은 그 다음날 죄를 고백하며 절규하였다), 이런 식의 죄 고백과 통회의 기도는 새벽 5시까지 이어졌다. 사람들은 계속해서 죄를 고백하고 고꾸라져 울기도 하고, 주먹으로 가슴을 치거나, 바닥에 엎드려 주먹으로 바닥을 치며 애통해 하였다.[2] 어떤 사람은 자기 친구를 살해한 죄를 고백하였고, 많은 사람이 하나님의 율법을 모조리 범했다고 고백하였으며, 교회 직원들이 선교사나 지도자를 속이고 도둑질한 일, 횡령한 일을 고백하였고, 어떤 이들은 그들 사이의 시기와 질투에 대하여 고백하였다.[3] 실로 모든 종류의 죄악들, 살인, 간음, 도적질, 강도, 횡령 등 무시무시한 죄악들이 사람들의 입에서 쏟아져 나왔다.

이러한 성령의 강권적인 역사는 사경회의 그 다음 날인 1월 15일 날에도 이어졌고, 심지어 다음 날 길거리에서도 서로 죄를 고백하는 것이 목격되기도 하였다.[4] 그후 이러한 통회 자복과 공개적인 죄 고백의 역사는 장대현교회 사경회로부터 주일 예배로, 또한 교회가 세운 여러 학교들, 선교사들의 기도회, 다른 교회들, 조선예수교장로회신학교(일명 평양신학교)로 번져 나갔고, 이어서 선천, 대구, 광주, 의주, 서울 등 전국으로 급속하게 퍼져 나갔다. 이와 같은 죄 고백과 회개의 운동은 먼저 기독교를 신봉하고 있던 기존 신자들로부터 시작되었으며, 그로부터 초신자와 기독교에 관심을 갖게 된 사람들과 전도를 받은 불신자들에게로 이어졌다. 지도자들과 선교사들도 모두 부끄럽고 고통스러웠지만, 이 거룩하고 놀라운 고백과 회개와 변화의 역사에 참여하였다.

---

2) 박용규,《평양 대부흥운동》(서울: 생명의말씀사, 2000), 222-223.
3) George McCune, Letter to Dr. Brown, Jan. 15, 1907, 박용규, 위의 책, 226에서 재인용.
4) 박용규,《평양 대부흥운동》, 240.

이 글에서는 평양 대부흥운동이 하나의 성령의 역사라는 시각을 바탕으로 특별히 그 성령의 역사가 개인적이며 사회적인 성화를 야기한 성령의 역사임을 밝히고, 그 모든 것들의 근본이 된 공개적인 죄 고백의 의미를 살펴봄으로써 당시에 나타난 성령의 역사의 의미를 되새겨 보려고 한다.

1. 놀라운 성령의 역사

　평양 대부흥운동의 특이한 점은 당시의 상황에 대한 기록들이 하나 같이 이러한 부흥의 역사가 성령의 역사였다고 증언한다는 점이다. 그 당시 무엇이 주로 설교되거나 가르쳐졌는가? 그것은 바로 죄, 회개, 용서, 중생, 기도, 성령과 같은 주제들이었다. 사경회의 오전 성경공부 시간에는 성령과 관련된 주제들, '기도', '우리 중보자 그리스도', '성령의 사역' 등의 주제들이 다루어졌다.[5] 이 주제들은 긴밀하게 서로 연결된 것이었다. 평양 대부흥운동의 주역이었던 길선주 장로의 설교 내용에서 중요한 부분도 역시 성령에 대한 교리였다.[6] 1907년의 부흥이 일어나기 전 부흥의 전조들이 나타날 때, 이를테면 1904년의 평양 장로교 겨울 사경회에서도 역시 성령론은 중요하였다.[7] 대부흥운동에서 가장 많은 기도의 내용은 죄를 자복하

---

5) E. F. MacFarland, "Itineration Events," *Korea Mission Field*, vol. III (Mar., 1907), 48.
6) "평양 교회 길선주 장로가 경성에 來하야 경기도 사경회에 聖神道理를 교수할 시에 성신의 감동을 밧아 각기 죄를 자복하고 애통하며 중생의 세례를 밧앗고 열심히 전도하야 도내 각 교회가 크게 부흥하니라." 차재명,《조선예수교장로회 사기》, 상권, 181. 박용규,《평양 대부흥운동》, 305에서 재인용.
7) *Report of the Korea Mission of the Presbyterian Church in the U. S. A. to the Annual Meeting Held at Pyeng Yang* (Sept. 1904), 30.(이하 *Annual Report*, PCUSA, 로 약칭.) 이 때 가르친 제목들 중에 "성령과 고린도전서," "성령과 갈라디아서," "요한복음과 사도행전" 등이 보인다.

고 통회하는 기도였고, 가장 많은 기도의 목적은 성령 충만이었다. 사경회와 부흥회를 위한 준비 기도의 중요한 제목이 "성령을 위해 기도"하는 것이었다.[8] 결국 죄에 대한 자각, 고백, 용서의 체험과 중생 등은 모두 성령의 역사로 이해되고 있었다.

1907년 미국 북장로교 한국 보고서는 평양 대부흥운동의 가장 놀라운 특징을 한국교회에 임한 성령의 특별한 부으심이라고 설명하고 있다:

"이전의 선교 역사에서는 결코 찾아 볼 수 없을 정도로 성령께서 놀랍게 자신을 현시하셨다. 거의 모든 선교부에서 똑 같은 보고가 나왔다."[9]

사경회의 가장 중요한 기도 내용은 성령의 은혜를 사모하는 것이었다. 오전 성경공부 직후 정오의 기도회도 그러하였고, 저녁 집회와 그 후에 계속된 기도회는 더욱 그러하였다.[10] "모든 사람들이 성령 충만을 간구하였다."[11] 성령의 역사를 위한 간구는 단지 1907년 1월의 사경회에서만이 아니었다. 그 이전의 원산 부흥운동에서도 그러하였고, 더 큰 부흥을 기대하는 다른 사경회들과 신학회, 선교사들의 모임에서도 성령의 충만한 역사를 간구하는 기도가 이어졌으며, 그 이후에도 계속해서 성령의 역사를 위한 기도가 이어졌다. 그리고 이 기도는 응답되어 부흥의 역사, 특히 통회자복하고 회개하는 역사, 중생의 역사, 삶의 변혁과 정화의 역사로 나타났다. 선교사들의 보고서들이나 편지들은 한결 같이 이러한 현상들을 성령의

---

8) C. f. Bernheisel, *Forty one Years in Korea, 1942* (Bernheisel, 1942), 31, 박용규,《평양 대부흥운동》, 201에서 재인용.
9) *Annual Report,* PCUSA (1907), 3.
10) W. B. Hunt, "Impressions of a Eye Witness," *Korea Mission Field* vol. III (Mar., 1907), 37.
11) G. S. McCune, "The Holy Spirit in Pyeng Yang," *Korea Mission Field* vol. III (Jan., 1907), 1.

역사로 기록하고 있으며, "성령의 현시,"[12] "성령의 세례,"[13] "성령이 임재하심,"[14] "성령의 불길"[15] "성령의 임재," "성령의 충만," "성령 받음" "부어주심"[16] 등으로 불리워졌다. 사람들은 성령의 강력한 임재를 느꼈으며, 자신들의 죄를 깨달으며 전율하였고, 그 죄에 대한 하나님의 심판을 의식하며 공포에 떨기도 하였다. 회개를 촉구하는 길선주의 설교를 들은 어떤 사람들은 이러한 상황을 피해 달아나려고도 하였으나, 오히려 더 큰 비탄과 슬픔과 두려움에 사로잡혔다. 그리고는 결국 죄를 자백하고 하나님의 용서를 체험하는 놀라운 은혜를 경험하였다.[17] 이처럼 당시 부흥운동에 대한 기록에서 '성령의 임재' 혹은 '성령의 현시'라는 말은 죄 고백과 회개의 역사와 거의 동일한 것처럼 쓰여지고 있다.

평양 대부흥운동의 두드러진 특징은 공개적인 죄 고백과 통회 자복이었다. 이것은 강요에 의해서나 인위적인 프로그램에 의해서 된 일이 아니라 성령의 강권적인 역사에 의한 것이었다. 사람들은 죄를 고백하지 않고는 견딜 수 없는 심정으로 줄을 이어 자기 차례를 기다리며 통회 자복하였던 것이다. 이러한 기이한 현상 앞에서 선교사들 중 많은 수가 처음에는 이 부흥운동이 감정적인 요소들에 의해 지배되어 부정적인 결과가 나오지 않을까 염려하기도 하였다.[18] 심지어 어떤 목사는 집회에서 나타나는 격정적

---

12) G. S. McCune, Letter to Dr. Brown, Jan. 15, 1907, 박용규,《평양 대부흥운동》, 225쪽에서 재인용.
13) E. f. Hall, Letter to Dr. Brown, Mar., 21, 1907, 박용규,《평양 대부흥운동》, 306쪽에서 재인용.
14) George Herber Jones, *The Korean Revival* (New York: The Board of Foreign Missions of the Methodist Episcopal Church, 1910), 33.
15) 김인서, "靈溪先生小傳"(中二),〈신학지남〉 14.2 (1932년 3월), 33, 35.
16) Annual Report, PCUSA (1907), 28, 48.
17) James S. Gale, *Korea in Transition* (N.Y.: Young People's Missionary Movement, 1909), 205-206.
18) 박용규,《평양 대부흥운동》, 227.

인 현상이 귀신들린 것이라고 생각하여 부흥운동을 반대하려고까지 하였다. 그러나 직접 죄를 고백하며 기도하는 학생들을 목격하고는 그것이 참된 회개의 역사요 자신이 잘못 판단한 것임을 인정하고 슬퍼하기도 하였다.[19] 선교사들과 한국인 교회 지도자들은 이것이 단순히 자신들의 감정 표출이나 감정적 격정에서 나온 탄식이 아니라 자신들 안에 역사하시는 성령의 감동으로 이루어진 것이라는 사실을 확인하였으며 놀라움과 감사가 끊이지 않았다.[20] 곽안련(Charles Allen Clark)에 의하면, 그들의 기도 내용은 군중 심리를 선동한 것이라고 볼 수 없는 이성적인 것이었다. 더구나 부흥운동의 결과 삶이 변화되고 그러한 변화가 지속되었다는 사실은 선교사들로 하여금 부흥운동에 대한 섣부른 전면적 비판을 삼가도록 만들었다고 한다.[21]

물론 평양 대부흥운동에서는 은사적인 측면에서도 성령의 역사가 나타났다. 알렌(Horace N. Allen)은 심지어 이렇게 기록하고 있다. "이 부흥운동은 악마를 몰아내고 병자를 기적적으로 고칠 목적으로 퍼져나갔던 것으로 보인다."[22] 또한 이 부흥운동을 요엘의 예언이 다시 응하여 꿈과 묵시와 환상을 보는 현상이 나타났다고 기록하기도 한다.[23] 언더우드 선교사는 안산읍 발왈 장터의 한 노인이 신장병으로 죽어가던 것을 기도함으로 살린 일이 있었는가 하면 심지어 소경이 고침을 받은 일도 있었다.[24] 1907년 4월

---

19) "The Religious Awakening of Korea," *Korea Mission Field*, vol. IV (Jul., 1908), 103.
20) Brown, *Report on a Second Visit to China, Japan, and Korea, 1909*, 91-93, 박용규,《평양 대부흥운동》, 227 참조.
21) Charles Allen Clark,《한국 교회와 네비우스 선교 정책》(서울: 대한기독교서회, 1994), 195.
22) Horace N. Allen, *Things Korean*, 신복룡 역,《조선견문기》(서울: 평민사, 1986), 138. 그러나 이 부흥 운동이 치병을 목적으로 퍼져 나갔다는 알렌의 평가는 좀 지나친 것으로 보인다.
23) 리은승, "교회소긔, 평양 오슌절 략스,"〈신학월보〉, 1907년 2월, 58.

제물포에서는 사귀가 들린 이경필의 처가 고침을 받았고,[25] 1908년 무주에서도 귀신들린 자가 나음을 입었다.[26] 1907년 상동교회 전도부인의 축사 사역에 대한 기록도 있다.[27] 김익두가 성령의 능력으로 병자를 고치기 시작한 것도 바로 그 즈음이었다고 한다. 1908년 말 김익두는 13년간 심한 종기로 자리에 누워 있던 병자를 고쳤으며, 이후 많은 이적을 행하였다.[28]

그러나 이러한 모든 이적들보다도 더 크고 놀라운 역사는 바로 사람들이 자신들의 은밀한 죄를 고백하고 통회하며 변화를 받아 거듭난 사람이 되었다는 사실이다. 이것이야말로 평양 대부흥운동을 지배한 압도적인 성령의 역사였다. 당시 선교사들 중에서는 이것을 '한국의 오순절'이라고 부르기도 하였는데,[29] 이것은 과연 타당한 말이라고 할 수 있다.

이러한 역사들은 본래 선교사들이 준비하고 계획한 것과는 달랐다. 당초 1907년 1월 사경회 이전 선교사들 중 많은 이들은 부흥이 어떠해야 하는가에 대하여 계획을 세웠다고 한다. 그러나 성령께서 이 모든 계획을 가져가셨으며, 그분의 방식대로 축복하셨다. 선교사들은 처음에 자신들이 생각했던 것들을 하나 둘씩 포기하고 전적으로 하나님만을 의지하고 하나님께 모든 것을 맡기지 않으면 안 되었다.[30] 어떤 선교사들은 감정적인 흥분

---

24) H. G. Underwood, "Prayer Cure," *Korea Mission Field*, vol. III (May, 1907), 68-69.
25) "경긔도, 인천 제물포," 〈예수교 신보〉, 1908년 1월 29일, 42, 박용규,《평양 대부흥운동》, 355 참조.
26) 송씨, "무쥬무풍들목교회," 〈예수교 신보〉, 1908년 12월 15일, 218, 박용규,《평양 대부흥운동》, 356 참조.
27) M. F. Scranton, "Day Schools and Bible Women", *Korea Mission Field*, vol. III (Apr. 1907), 53.
28) "평양 관동," 〈예수교 신보〉, 1908년 12월 15일, 218, 박용규,《평양 대부흥운동》, 356 참조.
29) 리은승, "교회소긔, 평양 오순절 략소," 〈신학월보〉, 1907년 2월, 54.
30) G. S. McCune, "The Wonder of It," *Korea Mission Field*, vol. III, 44.

을 경계하여 조심하고, 또 스스로 통회의 기도를 주도하려고 하지도 않았으며, 단지 마음을 예수 그리스도의 십자가에 모으기에만 노력하였는데, 성령께서는 강권적으로 놀라운 역사를 일으키셨다고도 한다. 선교사들은 사람들을 진정시키고, 시간이 늦어지면 집회를 끝내고 사람들을 집으로 돌려보내려고 했지만, 그래도 자기의 차례를 기다리던 사람들 중에는 제발 고백의 기회를 달라고 절규하며 애원하는 사람들도 있었다.[31]

2. 말씀의 영

대부흥운동은 사경회들과 함께 일어났다. 사경회에 임하는 사람들의 말씀을 배우려는 열정은 뜨거웠다. 참석자들 중에는 300리 혹은 360리를 달려 온 자들도 있었고, 대부분 혹한과 싸우며 거친 산과 들을 넘어 시골길을 달려왔다고 한다.[32] 이들은 사경회 기간 동안의 모든 경비와 등록비 일체를 자신들이 부담하였고,[33] 모든 사람들은 사경회 기간에 자신들이 먹을 쌀을 등에 메고 왔다.[34] 1907년 2월에 장대현교회에서 열린 장로교회 남녀 사경회에는 800명의 남자와 400명의 여자가 참석하였는데 사람들이 상점과 가게 문을 두 주간 동안 닫고 사경회에 참여하여 평양 시내가 철시한 것처럼 되었다.[35] 이러한 사경회의 기회에 사람들은 성경과 찬송가, 성경 요

---

31) A. L. Becker, "M. E. North Report for 1907," 52-53, 박용규, 《평양 대부흥운동》, 272-274 참조.
32) G. S. McCune, "The Holy Spirit in Pyeng Yang," *Korea Mission Field*, vol. III (Jan., 1907), 1.
33) William Blair & Bruce Hunt, *The Korean Pentecost & the Sufferings Which Followed*, 67.
34) James S. Gale, *Korean in Transition*, 203.
35) G. S. McCune, "The Wonder of It," *Korea Mission Field*, vol. III, 44.

리 문답서 등을 스스로 구입하였다.[36] 말씀을 사모하는 사람들의 열정은 그만큼 대단하였다. 흔히 한국 선교의 놀라운 성공은 자립, 자치, 자전을 강조하는 네비우스 정책에 기인한다고 이야기된다. 그런데 이러한 원리들의 근간은 바로 철저한 성경공부, 곧 성경 강조 정책에 있었다고 할 수 있다. 이는 부흥운동에 대하여도 맞는 말이었다. 곽안련(Charles Allen Clark) 선교사는 자립과 자전에 대한 네비우스 정책의 강조가 "사경회 제도가 없었다면 성공할지 의문스럽다"고 말하기도 하였다.[37] 이와 같이 평양 대부흥운동에 임한 성령은 말씀의 영이었다고 할 수 있다.

　근래의 부흥회에서 우리는 흔히 재미 있는 예화들로 가득찬 설교, 신유를 비롯한 은사 집회, 연예인이나 유명 인사의 준비된 간증, 전문적으로 준비된 찬양단의 찬양이나 춤 혹은 연극 등을 접할 수 있다. 그러나 아쉽게도 하나님의 말씀 자체를 깊이 공부하여 자신들의 삶에 적용하게 하는 면이 많이 약화되었다는 인상을 지울 수 없다. 물론 기적적인 은사도 좋고, 좋은 예화도 도움이 되고, 유명인의 간증이나 아름다운 찬양이나 춤도 나름대로 감동이 된다. 그러나 사람들의 영혼을 그 밑바닥부터 뒤흔들어 통회 자복하고 변화받게 하는 성경 말씀의 능력은 흔히 접할 수 없다. 평양 대부흥운동에서는 사람들을 하나님의 말씀 앞에 무릎 꿇게 만드는 강력한 말씀의 역사가 있었다. 기적이나 예화나 찬양이나 특별한 순서들이 도움을 주는 것이 사실이지만, 우리는 그보다도 더욱 사람들의 영혼과 삶을 혁명적으로 변화시키는 하나님의 말씀의 역사를 필요로 하며, 그 말씀 앞에 우리 자신을 벌거 벗기고 말씀을 우리 마음과 삶에 실제로 적용시키는 성령의 역사가 필요하다.

---

36) 위의 책, 44.
37) Charles Allen Clark, 《한국 교회와 네비우스 선교 정책》, 323.

3. 기도의 영

평양에서 일어난 부흥은 갑자기 하늘에서 떨어진 것이 아니라 1903년 원산 부흥운동에서 이미 예기되었으며, 많은 선교사들과 한국인 지도자들이 부흥을 위해 기도해 왔다. 일례로 1906년 9월 서울에서 열린 북장로교와 남장로교 연례 모임과 장감연합공회에 참석하고 돌아온 평양의 선교사들은 몇 차례의 특별 집회를 갖고 하나님의 성령이 임하시도록 기도했다. 그 결과 "1906년 가을 기도의 영이 선교사들에게 임하였다." 그것은 다가오는 겨울 사경회에 더 깊고 풍요로운 복을 내려 달라는 간절한 부르짖음이었다.[38] 1906년 10월에 하워드 존스톤을 강사로 열린 평양의 특별 사경회도 부흥을 예고하는 집회였으며, 길선주도 이때 은혜를 받았다.[39] 선교사들은 이 나라에도 성령의 역사가 임하도록 기도하기를 교우들에게 요청했고, 선교사들과 신자들은 한 마음으로 매일 한 시간씩 기도하기로 약속하였다.[40] 1906년 말, 선교사들은 매년 성탄절 시즌에 가졌던 친목 모임을 중단하고 곧 개최될 예정인 사경회들을 위해 기도하는 모임을 가졌다. 성탄절 다음날부터 평양지역 선교사들을 중심으로 정오 기도모임을 가졌고, 거기에서도 서로 죄를 고백하였다.[41]

평양 대부흥운동은 사경회로부터 일어났다고 할 수 있는데, 이러한 사경회에서는 성경공부만 한 것이 아니라, 또한 열심히 기도를 하였다. 사경회의 오전 성경공부 직후 정오의 기도회, 그리고 저녁 전도 집회 이후에 계

---

38) *Quarto Centennial Paper Read Before the Korean Mission of the Presbyterian Church in the U.S.A. at Annual Meeting* (Pyung Yang, Korea: Korea Mission of PCUSA, 1909), 22.
39) 김인서, "靈溪先生小傳"(中二),〈신학지남〉14.2 (1932년 3월), 33.
40) "The Religious Awakening of Korea," *Korea Mission Field,* vol. IV (Jul. 1908), 105.
41) 백낙준,《한국 개신교사》(서울: 연세대학교 출판부, 1990), 282.

속된 심야의 기도회 등에서 성령의 은혜를 사모하는 열정적인 기도가 이어졌다.[42] 평양 대부흥운동의 두드러진 특징이라고 할 수 있는 공개적인 죄고백과 간증도 사실 기도의 결과요, 대부분 기도회에서 일어난 일이었다. 기도 내용은 주로 성령 충만 위한 기도, 부흥을 위한 기도, 죄에 대한 진실한 각성을 위한 기도, 죄를 슬퍼하며 통회하는 기도, 죄를 고백하며 용서를 간구하는 기도였다.

평양 대부흥운동의 기도에서 또 한 가지 중요한 것은 중보 기도였다. 이미 은혜를 체험한 사람들은 그렇지 못한 사람들을 위해 기도하였다. 어떤 사람은 특별히 회개할 사람을 기록하여 일일이 이름을 불러가며 기도하다가, 그 중에 성령의 역사로 거듭나는 사람이 있으면 이름을 지우고 남은 사람들을 위해 집중적으로 기도하였다. 사람들은 단지 자신의 문제만을 가지고 기도한 것이 아니라 다른 이들의 구원과 성령 충만을 자기 문제처럼 여기고 중보 기도를 힘썼다.[43] 이러한 현상은 미션 스쿨에서도 그대로 이어졌다. 이미 은혜를 받은 학생들이 매일 수 시간씩 동료를 위해 중보기도를 드렸으며, 몇몇은 하나님 앞에서 온 밤을 지새우며 기도하였다.[44] 이러한 중보 기도는 지역 교회와, 미션 스쿨들과, 신학교에서도 이어졌다.

평양 대부흥운동의 기도에서 흥미 있는 현상은, 바로 이 무렵부터 통성기도가 교회에서 시작되었다는 것이다. 오늘날 한국교회에서 자연스러운 기도의 방법이 된 통성기도, 그러나 그것은 평양 대부흥운동 이전에는 보기 힘든 매우 낯선 기도 방식이었다. 통성기도는 대부분의 사람들이 동시에 큰 소리로 기도하는 것이지만 거기에 어떤 조화가 있어서 그냥 시끄러운 것과는 달랐으며 아무런 혼란이 없었다는 것이다.[45]

---

42) 박용규, 《평양 대부흥운동》, 211, 214.
43) 리은승, "교회스긔, 평양 오슌졀 략스," 56.
44) Jones, *The Korean Revival*, 15.
45) G. S. McCune, "The Holy Spirit in Pyeng Yang," *Korea Mission Field*, vol. III, 1.

4. 전도의 영

평양 대부흥운동의 집회는 주로 사경회였지만, 오후 시간에는 평양 각지로 흩어져 전도했고 매일 저녁에는 특별 전도집회가 열렸다.[46] 이러한 전도를 통해서 통렬한 회개와 중생의 부흥은 지도자들만이 아니라 불신자들에게까지도 파급되었다. 1907년 1월 6일부터 시작된 사경회의 저녁 집회는 1,500여 명이 참석한 가운데 열렸다.[47] 집회가 거듭될수록 더 많은 사람들에게 복음이 전해졌고 더 많은 사람들이 모이게 되었다. 성령의 감동으로 영적 각성이 일어나고 마음과 삶이 변화되자 사람들은 감격과 기쁨에서 우러나오는 자발적이고 정열적인 전도에 나서게 되었다. 장대현교회에서는 약 2,000명의 사람들이 그리스도를 믿게 되었고, 늘어나는 신자들로 차고 넘쳤으며 결국 200명의 교인들을 분가시켰다. 그럼에도 장소가 비좁아 다시 남녀 신자들이 별도의 시간에 모여 예배를 드리게 하였다.[48] 부흥의 능력은 교회 안에만 머물러 있지 않았다. 부흥운동의 이야기는 교회에서 열린 집회에만 국한된 것이 아니라, 보편적인 현상이었다. 하나님의 능력은 계속 그 백성들에게 임하여 그들의 가정이나 직장에서 그리고 그들이 습관적으로 가는 곳마다 같은 형상이 나타났다. 특히 이것은 선교회의 교육기관에서 명백히 드러났다.[49]

장대현교회 사경회 이후 전도운동은 널리 확산되었으며 장로교와 감리교는 도시 지역의 복음화를 위해 '연합전도운동'을 개최하여 도시 전역으로 흩어져 복음을 전하는 일에 매진하였다.[50] 전 도시가 일정한 구획으로

---

46) 백낙준,《한국 개신교사》, 387.
47) Blair & Hunt, *The Korean Pentecost & the Sufferings Which Followed*, 69.
48) W. L. Swallen, "God's Work of Grace in Pyeng Yang Classes," *Korea Mission Field*, vol. III (May, 1907), 78.
49) "The Revival," *Korea Mission Field* vol. IV (Jun., 1908), 84.
50) W. L. Swallen, "God's Work of Grace in Pyeng Yang Classes," *Korea Mission*

구분되었고 구분된 지역의 전도는 지역 교회가 그 책임을 맡았다. 물론 부흥운동 이전에도 전도와 전도 집회가 있었지만, 그 효과와 능력과 열매에 있어서는 놀라운 차이가 있었다.[51] 미션 스쿨의 학생들도 전도사가 되어 시내와 인근 시골에서 전도했으며, 기숙사에서 고향 집으로 돌아가 가족들에게 전도하여 놀라운 성과를 얻기도 하였다.[52] 부흥운동과 복음 전도는 항상 나란히 병행되었다. 각 교회에서 열리는 부흥회 마지막 날에 참석자들은 주변과 이웃에게 복음을 전하는 데 시간을 드리겠다는 전도 서약, 날연보를 작정하였다.[53] 이러한 전도의 열기는 부흥운동이 주춤하게 된 1909년쯤에 이르러서는 '백만인 구령운동' 이라는 캠페인으로 확산되었다.

5. 성화의 영 (개인적, 사회적 성화)[54]

평양 대부흥운동은 단지 사람들이 많이 모였다거나, 집회의 분위기에서 일시적인 흥분에 빠진 일이 아니었다. 많은 사람들이 부끄러움을 무릅쓰고, 아니 오히려 하나님의 거룩한 임재 앞에 견딜 수 없어서 자신들의 죄악을 공개적으로 고백하였다. 그러나 이러한 고백과 간증들은 한 순간의

Field, vol. III (May, 1907), 77-80.

51) 박용규, 《평양 대부흥운동》, 264.

52) Minutes of Korea Mission, Methodist Episcopal Church, 1907, 53. 박용규, 《평양 대부흥운동》, 276-277 참조.

53) James S. Gale, Korea in Transition, 236-7.

54) 이 부분은 필자가 2005년 4월 20일 장로회신학대학교 소망신학포럼에서 발표한 "평양 대부흥운동에 나타난 죄 고백의 신학적 의미와 리더십" 이라는 글에서 일부를 가져온 것임을 밝힌다. 현요한, "평양 대부흥운동에 나타난 죄 고백의 신학적 의미와 리더십," 장로회신학대학교대학원편집위원회 편, 《한국교회의 영적 부흥과 리더십-제1·2회 소망신학포럼》(서울: 장로회신학대학교출판부, 2006), 482-487.

집회 감동으로 끝난 것이 아니라 그 변화가 지속적이었으며, 삶의 행위에 뚜렷한 변화를 가져왔다. 서로 시기하고 미워하던 사람들이 미움을 고백하고 화해했으며, 공금을 횡령하였거나 남의 것을 도적질한 사람들은 죄 고백 이후 손해를 끼친 것을 배상하는 등의 실질적인 삶의 변화가 일어났다. 어떤 사람은 자신이 강도였음을 고백하고 경찰에 자수하여 자진 구속되기도 하였다.[55] 학생들은 시험 부정, 도둑질과 거짓말, 욕설과 원한들을 고백하고 심령의 정결함을 얻었다.[56] 구원의 확신이 없었던 사람들이 확신을 얻었고, 개인의 기도생활과 경건생활이 이전과 비교할 수 없을 정도로 깊어졌다.[57] 어떤 사람은 술 취함을 회개하고 한 통의 술을 땅에 쏟아 버렸고, 어떤 사람은 자신으로 인해 피해를 입은 사람들에게 죄를 고백하기 위해서 100마일 이상을 달려가 도둑질한 물건을 되돌려 주었다.[58] 어떤 큰 도둑은 자기가 훔친 물건들의 목록을 만들어 돈을 버는 대로 갚았으며, 어떤 사람은 첩과의 관계를 청산하였고, 소녀를 꼬여 노예로 팔아 버린 자는 죄를 통회하고 몸값을 지불하여 그녀를 해방시켜 주었다.[59]

    부흥운동은 교회와 예배에도 뚜렷한 변화를 가져왔다. 예배하는 이들이 진실한 마음으로 예배하기 시작했고, 죄를 청산하고 새사람이 된 체험 속에서 예배를 새롭게 경험하게 된 것이다.[60] 미션 스쿨에서도 기도회가 실제적인 기도회로 변했으며, 형식적이던 학교 경건회는 은혜롭고 충실한 예

---

55) 위의 책, 207-208.
56) "The Revival, The Awakening of the Students," *Korea Mission Field* (Jun., 1908), 85.
57) G. H. Jones, *The Korean Revival* (New York: Methodist Episcopal Church, 1910), 37.
58) Minutes of the Korea Mission, *Methodist Episcopal Church*, 1907, 47, 박용규, 《평양 대부흥 운동》, 313 참조.
59) 박용규, 《평양 대부흥 운동》, 334-335.
60) 리은승, "교회소긔, 성신이 교회를 거듭나게 ᄒ심," 〈신학월보〉, 1907년 2월, 57.

배가 되었으며, 전도에도 열심을 내었다. 수업 분위기가 이전과 비교할 수 없을 정도로 진지해졌고, 교사를 바라보는 태도가 달라졌으며, 학생들에 대한 훈련이 이전보다 더 쉬워졌다.[61]

이러한 통회 자복과 죄 고백의 역사를 나라가 멸망당하고 정치적인 절망에 빠진 민중의 좌절과 절망이 종교적 열광으로 분출된 카타르시스적 현상이라고 볼 수도 있다. 그러나 부흥의 구체적인 결과는 개인적, 사회적으로 매우 건설적인 것이었다. 이들이 경험한 것은 단순한 종교적 격정이 아니라, 삶의 구체적 성화를 가져 온 복음과 성령의 역사였다.[62]

교회의 부흥은 사회에까지 영향이 미쳤으며, 특히 부흥의 중심지였던 평양은 놀랍게 변화되었다. 평양은 한 때 '한국에서 가장 희망 없는 지역'이었지만 이제 가장 역동적이고 활기찬 소망의 도시가 되었다. 정령숭배가 들끓고 우상들이 범람했던 평양에 이제는 "어디서나 기도 소리와 통회와 찬송 소리가 들렸다."[63] 그리하여 평양은 점점 기독교 도시가 되어 갔으며, '동양의 예루살렘'으로 일컬어지게 되었다.[64] 성령의 은혜를 받아 죄를 회개하고 삶이 개인적으로 변화를 받게 되자, 그 영향은 사회적으로도 파급되었다. 사경회는 말씀 공부가 위주였지만, 종종 삶의 적용과 관련하여 조혼, 교육, 청결, 흡연 등과 같은 주제를 다루기도 하였으며, 금연과 금주를 적극적으로 강조하였다.[65]

부흥운동에서 은혜를 받은 사람들의 이러한 삶의 변화는 결국 당시의 좋지 않은 사회적 풍습과 관행에 변화를 가져왔다. 선교사들은 한국교회에

---

61) Minutes of Korea Mission, *Methodist Episcopal Church*, 1907, 53, 박용규,《평양 대부흥 운동》, 276-277 참조.
62) 박용규,《평양 대부흥 운동》, 251쪽 참조.
63) J. S. Gale, *Korea in Transition*, 210.
64) 박용규,《평양 대부흥 운동》, 287-288.
65) J. Z. Moore, "The Great Revival Year," *Korea Mission Field* (Aug., 1907), 116.

몇 가지 "절제 및 사회개혁" 원칙을 제시하였는데, 그것은 주일 성수, 금주, 조혼 및 결혼을 빙자한 인신매매 금지, 도박 금지, 금연, 노예 소유 금지 등이었다.[66] 많은 사람들이 죄를 고백하고 회개한 후 실제로 변화된 삶을 실천하였다. 실제로 부흥운동을 통해 회개한 어떤 사람은 물건처럼 사람을 매매한 것이 죄인 줄 깨닫고 자기가 부리던 종의 문서를 불살라 버리고 해방시켜 주었다.[67] 또 어떤 사람은 첩과의 관계를 청산하였다.[68] 특히 신자들의 조혼과 축첩, 정략 결혼 등의 결혼 풍습이 달라지고, 적령기의 남녀가 스스로의 배우자를 선택하는 것이 중요함을 깨달으면서, 한국교회와 사회에서 여성의 지위는 혁명적으로 달라지게 되었다. 이제 여성들도 교육의 기회를 갖게 되었고 더 이상 남자의 부속물로 여겨지지 않고 존중받는 인격으로 여겨지게 되었다.[69] 이러한 변화는 개인적인 차원에서 자발적으로 이루어진 일이었지만, 이러한 일이 대규모로 발생한 것은 결국 사회적 변화를 수반할 수밖에 없게 되었다.

그러나 이러한 사회적 변화에는 한계가 있었음도 사실이다. 장로교 공의회는 이미 "목수들은 대한 나라 일과 정부 일과 관원 일에 디ᄒ야 도모지 그 일에 간섭 아니ᄒ기룰" 결정하였으며,[70] 대체로 종교와 정치의 분리라는 생각을 고수하였다. 그 당시 선교사들과 한국인 교회 지도자들은 한결같이 기독교 신앙이 민족의 희망이라고 생각하였다. 실제로 많은 한국인들이 국가의 위기 속에서 정치적인 의도를 가지고 교회에 들어오기도 하였다. 그러나 선교사들과 한국인 설교자들은 직접적으로 정치적, 사회적인 내용들을 가르치거나 설교하기보다는 단순하게 성경이 가르치는 복음

---

66) Minutes of the Korea Mission, *Methodist Episcopal Church*, 1903, 62-63, 박용규, 476-477에서 재인용.
67) 로병선, "강화사경회정형," 〈신학월보〉 제5권 2호(1907), 82.
68) 박용규, 《평양 대부흥운동》, 334-335.
69) 위의 책, 478-480.
70) 〈그리스도신문〉, 1901년 10월 3일.

을 설교하였다. 또한 부흥운동을 통하여 정치적 목적을 가지고 교회에 들어 온 사람들이 놀라운 종교적 체험을 함으로써 종교적으로 변화되기도 하였다.[71] 물론 대부흥운동 자체가 정치적 상황과 전혀 무관하게 전개되지는 않았다. 1907년 부흥운동이 한창일 때 황제와 황태자를 위한 기도회와 구국기도회가 종종 열렸다.[72] 또한 1907년 2월 평양에서는 7세 어린이가 성령에 감동되어 민족운동에 참여하도록 독려하는 예언을 하는 일도 벌어졌다고 한다.[73]

그러나 대체적인 흐름은 정치와 종교 분리 쪽으로 흘렀다. 고종 황제가 퇴위된 직후인 1907년 가을, 선교사들은 한국에 가장 필요한 것이 무엇인가라는 주제를 놓고 서로의 견해를 물어 본 적이 있었다. 그 때 가장 많은 사람들이 공통적으로 언급한 것은 한국인의 복음화와 계몽이었다.[74] 한국인 기독교 지도자들도 동포와 나라를 일제로부터 구제하는 것은 "정치법률에 있지 않고 교화로써 사람의 마음을 풀어놓음에 있다"고 생각하였다.[75] 선교사들은 직접적으로 기독교가 정치적인 도구가 되는 것을 경계하였다. 부흥운동으로 초등학교가 급증하면서, 무장이 해제된 전직 군인들이 초등학교 교사로 부임하고, 그들이 초등학생들에게 군사훈련을 시킨 일도 있었는데, 선교부는 이런 일을 통제하였다. 이는 군사훈련에 대하여 심각하게 경계한 일본 당국의 방해를 차단하기 위한 것이었다.[76] 또한 길선주

---

71) J. F. Preston, "A Notable Meeting," *Korea Mission Field,* Oct., 1906, 228.
72) 이덕주, 《한국 토착교회 형성사 연구》(서울: 한국기독교역사연구소, 2001), 271-272쪽.
73) 「大韓每日申報」 1907년 2월 19일.
74) "Symposium on Korea's Greatest Present Need," *Korea Mission Field* (Nov., 1907), 161.
75) 예를 들어, 리승만의 주장, "대한 교우들의 힘쓸 일", 〈신학월보〉, 1904년 8월, 340쪽.
76) 박용규, 《평양 대부흥운동》, 434 참조.

장로는 주민들에게 영향을 미쳐 일제에 항거하려는 민중의 분노를 가라앉히도록 하였고, 평양 교인들은 시내를 돌아다니며 주민들에게 "저항하거나 무기를 들지 말고 조용히 있기를 권면" 하였다.[77] 그리하여 많은 민족주의자들이 교회를 이탈하였다.[78] 이러한 모습 때문에 혹자는 선교사들이나 이 부흥운동을 반민족적이라고 치부하거나 도피주의적이라고 비판하기도 한다.

그러나 결과적으로 기독교 신앙은 절망에 빠진 한국 민족에게 희망을 주었으며, 사회적으로 깨어 일어나게 하였고, 결국은 일제에 저항하는 정신을 북돋게 하기도 하였다. 1907년에 민중의 저항을 만류하였던 길선주도 1919년 3·1 운동 당시에는 민족 대표 33인 중에 가담하였다. 또한 1907년 숭실중학교 학생으로서 부흥운동을 체험한 손정도는 후일에 민족주의적 부흥운동가가 되었다. 그는 한국의 국권 회복은 한국인 전도자들이 오순절 성령 감화를 받고 세상에 나가 복음을 전할 때 이루어질 것으로 보았다. 그에게는 민족의 독립과 부흥 전도 사업이 별개의 것이 아니었다. 부흥 운동가가 흔히 현실 참여에 소극적이거나 부정적이기 쉬웠던 상황에서 그는 민족운동에 철저하게 투신하여 '손 목사식 부흥 목사' 라는 말이 생길 정도였다.[79]

실제로 부흥운동은 한국인들에게 교육의 필요성을 크게 일깨워 주었고, 교육에 대한 흥미를 갖게 해 주었다. 기존 미션 스쿨에는 학생들이 급증하였고, 수많은 학교들이 부흥운동 이후 새롭게 설립되었다. 을사조약 이후 일본의 침탈 속에서 한국인들의 학구열이 급격히 줄어들었으나 대부흥운동이 일어나면서 이러한 분위기는 완전히 바뀌었다.[80] 부흥운동은 진

---

77) "Editorial", *Korea Mission Field,*, Oct., 1907, 155.
78) 이덕주,《한국 토착교회 형성사 연구》, 155.
79) 위의 책, 335-336.
80) 박용규,《평양 대부흥운동》, 437.

리에 대해 사모하는 마음을 일으켰으며, 한글을 배워서 성경을 읽으려는 사람들이 무수히 많았다. 이는 민족의 언어인 한글을 배워야 한다는 생각을 북돋워 주었으며 결국 자주 독립을 향한 의식을 고취시켜 주었다.[81] 스크랜톤은 "무엇인가 해야 된다는 사실로 한국이 깨어나고 있으며, 교육과 교회에서 도움을 찾고 있다"고 말하였다.[82] 비록 초기 기독교가 일제 치하에서 비정치적 내세 지향적 경향을 가지게 된 것은 사실이라고 할 수 있지만, 부흥운동이 일으킨 이러한 계몽적 열기를 고려한다면, 그것을 반드시 현실 도피적이라고만 할 수는 없다. 아무튼 평양 대부흥운동은 공개적인 죄 고백과 더불어 각 개인들과 교회의 삶이 거룩하게 변화되는 획기적인 전환을 가져왔으며, 그것이 교회 안에만 머물러 있지 않고, 당시의 일반 사회에도 건설적인 영향을 끼친 것이 사실이다. 이러한 점은 오늘날 부흥을 추구하는 모든 이들이 높이 본 받고 따라야할 일이 아닐 수 없다.

6. 평양 대부흥운동의 성령론

우리는 지금까지 평양 대부흥운동에 나타난 성령의 역사들을 정리해 보았다. 그러나 이것은 신학적이기보다는 성령사역에 대한 몇 가지 틀에 맞추어 역사적 현상을 묘사한 것이라고 할 수 있다. 그렇다면 신학적으로 정리해 볼 때, 평양 대부흥운동의 성령론은 어떤 것인가? 물론 이것을 직접 논하기는 쉽지 않다. 이 운동이 내세운 신앙고백서나 성명서가 있는 것도 아니고, 이 운동 자체가 교리적인 성격이기보다는 회개와 삶의 갱신이라는 실천적인 운동이었기 때문이다. 이 부흥운동의 성령론이라면, 결국

---

81) "우리 나라에 드문 일," 론설, 〈신학월보〉, 1903년 7월, 297.
82) Minutes of Korea Mission, *Methodist Episcopal Church*, 1907, 30, 박용규,《평양 대부흥운동》, 463에서 재인용.

그 참여자들의 성령 이해일 것인데, 문제는 참여자들의 성령 이해를 살펴볼 수 있는 저서나 설교문들이 충분히 남아 있지 않다. 당시 부흥운동에서 큰 역할을 한 길선주 목사의 설교문이나 설교 요약은 더러 남아 있지만, 그 성령론의 특징적 모습을 분석해볼 수 있을만한 것은 아니다.[83] 또한 당시 부흥운동에는 감리교회와 장로교회의 여러 선교사들이 참여하며 영향을 미쳤다고 할 수 있는데, 그들의 신학적 배경이 다양하여, 평양 대부흥운동의 성령론을 단순화하여 말하기가 곤란하다. 다만, 우리는 평양 대부흥운동에 영향을 미쳤다고 할 수 있는 다양한 신학적 흐름에 대해서 지적해 볼 수 있을 것이다. 당시 한국에서 활동하고 있던 장로교 선교사들은 대체로 보수적 칼빈주의 전통에 서 있었다고 할 수 있다. 1893년에서 1901년까지 한국에서 활동하던 북장로교회의 선교사는 40명 정도라고 하는데 그 중 16명이 프린스턴신학교 출신이요, 11명이 맥코믹신학교 출신이다.[84] 이 선교사들의 칼빈주의적 신학이 어느 정도 배경에 있었다고 할 수 있지만, 부흥운동 자체는 그것만으로 일어난 것 같지는 않다. 오히려 1907년 평양 대부흥운동 이전에 이미 1903년 감리교 하디 선교사를 중심으로 원산에서 부흥운동이 일어났고 이것이 평양에도 영향을 미쳤던 것이다.[85] 또한 1906년

---

83) 예를 들어, 길선주의 "성신을 충만히 받을 방책"이라는 글, 〈그리스도신문〉 제10권 제10호(1906), 229. 그는 여기서 성신을 받을 3단계로서 성신의 인도하심을 받음, 성신의 감동함을 받음, 성신의 충만함을 받음을 이야기하고 있다. 또한 그의 설교, "성신의 충만을 받을 것"이라는 설교. 《강대보감》(평양: 동명서관, 1926), 173-174. 여기서는 성신을 충만히 받을 이유, 성신을 충만히 받을 방법, 성신충만을 받을 기회에 대하여 이야기하고 있다. 그러나 이런 것들은 교리적이기보다는 실천적이고, 다른 교리적 입장과의 차이를 찾아보기 어려운 내용이다. 여기에 성령과 믿음, 기도, 능력에 대한 연관성이 나타나 있고, 성령충만이라는 용어가 나타난다. 길선주 자신은 성령세례라는 용어를 사용한 것 같지는 않다.
84) 정성구, "1907년 평양대부흥운동의 신학과 신앙- 길선주 목사의 설교를 중심으로" 〈1907 평양대부흥 100주년 기념 제3차 학술세미나 자료집〉(2006년 4월 28일), 8.

서울과 평양을 방문한 뉴욕의 존스톤 박사(Howard Agnews Johnston)가 전해준 영국 웨일즈와 인도에서 일어난 부흥에 관한 소식은 당시 선교사들이 갈망하고 있던 대부흥에 대한 기대를 한층 더 북돋우었음을 알 수 있다.[86] 그러나 웨일즈의 부흥운동이 평양 부흥운동에 결정적으로 신학적 영향을 미친 것 같지는 않다. 웨일즈에서는 갱신된 영이 혼과 육을 지배하게 된다는 성령세례가 강조되었고, 그에 따르는 방언, 예언, 황홀감, 기타 여러 가지 은사들이 빈번하였다고 하는데,[87] 평양 대부흥운동에서는 방언이나 성령 은사의 현현이 아주 없지는 않았지만, 보다 현저한 것은 공개적인 죄고백을 통한 회개와 삶의 갱신이었던 것이다.

혹자는 평양 대부흥운동에 대한 무디(Dwight L. Moody)의 영향을 이야기하기도 한다. 이는 특히 무디의 영향이 강했던 시카고에 위치했던 맥코믹신학교(McCormick Theological Seminary) 출신의 장로교 선교사들을 통한 영향이다. 이들은 신학적으로 칼빈주의적 구학파(old school)를 따르면서도 부흥운동에는 긍정적이라서 평양 부흥운동을 가능하게 했다는 것이다.[88] 다수의 선교사들이 장로교 목사들이면서도 부흥운동에 긍정적이었다는 성향은 무디의 영향으로 볼 수도 있다. 그러나 평양 대부흥운동에서 성령론적으로 무디가 가담했던 케직 사경회(Keswick Convention)와 같은 명백한 성령세례 교리를 찾아보기는 어렵다.

---

85) 1906년 8월 평양에서는 하디 선교사를 강사로 사경회를 개최하였다. G. Lee, "How the Spirit Came to Pyeng Yang", *KMF* III, March 1907, 33.
86) G. Lee, "How the Spirit Came to Pyeng Yang", *KMF* III, March 1907, 33; "Recent Work of the Holy Spirit in Seoul", *KMF* III, March 1907, 41.
87) David Kerr, "17세기부터 20세기 초엽까지 영국에서의 부흥 운동에 대한 고찰-1907년 평양 대각성 운동과의 비교적 관점에서," 장로회신학대학교 제5회 국제학술대회 준비위원회 편,《20세기 개신교 신앙 부흥과 평양 대각성 운동》(서울: 장로회신학대학교, 2006), 97-98(웨일즈 부흥운동 자체도 신학적으로 명료한 교리를 주장하기보다는 도덕적 갱신을 중요하게 보았다고 한다).
88) 박용규,《평양대부흥운동》, 18.

혹자는 평양 대부흥운동에 대한 찰스 피니(Charles G. Finney)의 영향을 주장한다. 평양 대부흥 동에 나타난 죄고백 현상이 피니 식의 부흥회가 추구하던 인위적 흥분 고조의 전통을 따르고 있다는 것이다.[89] 피니가 사람들에게 개인적인 죄 고백과 회개를 촉구한 것은 사실이지만, 피니 식 부흥회의 일반적 경향이 평양 부흥운동에서처럼 만인 앞에서 자기 죄를 공개 고백하도록 한 것 같지는 않다. 또한 평양 대부흥운동에서의 공개적 죄 고백이 피니 식의 인위적 흥분 강요에 의한 것으로는 보이지 않는다. 물론 경우에 따라서 선교사들이 교인들에게 죄 고백을 요청한 경우도 기록이 보인다.[90] 그러나 평양 대부흥운동의 공개적 죄 고백 현상은 선교사들의 인위적 강요에 의한 것이라기 보다는, 1903년 원산 부흥운동 이후 이런 식의 회개 분위기가 자연스럽게 형성된 것으로 보인다. 교인의 죄 고백으로 말미암아 선교사의 설교가 불가피하게 중단된 사례라든지,[91] 자신의 죄에 대한 슬픔과 통회로 지나치게 흥분한 사람들을 진정시키기 위해서 선교사들이 일부러 찬송을 불러 통제하려고 했다는[92] 사례를 볼 때 이것이 피니 식의 인위적 흥분 강요라고 보이지는 않는다.

한 가지 주목할만한 사실은 무디와 피니 모두 중생과는 구별되는 성령세례에(그것이 성결한 삶을 위한 능력이든 사역을 위한 능력이든) 대한 분명한 인식을 가지고 있었던 것에 반하여, 평양 대부흥운동에서는 명백한 성령세례에 대한 교리가 잘 드러나지 않는다. 선교사들의 기록에 간혹 '성령세례' 라는 용어가 등장하지만,[93] 보다 많은 경우 단순히 '성령충만,'[94]

---

89) 김상근, "1907년 평양 대부흥운동과 알미니안 칼빈주의의 태동: 한국 교회의 선교운동에 미친 영향을 중심으로,"《1907년 대부흥운동과 오늘의 한국교회》, 한국기독교학회 2006년 춘계학술대회 자료집, 122-126.
90) G. Lee, "How the Spirit Came to Pyeng Yang", KMF III, March 1907, 34.
91) S. F. Moore, "The Revival in Seoul," KMF II, Apr. 1906, 116.
92) G. Lee, "How the Spirit Came to Pyeng Yang", KMF III, March 1907, 35-36.
93) W. G. Cram, "The Revival in Songdo," KMF II, Apr. 1906, 113; "Recent Work

'성령 부어주심,' ⁹⁵⁾ '성령이 내려오심' ⁹⁶⁾ 등으로 표현한다. 그러나 성령세례나 성령충만에 관한 명백한 교리나 개념 정리는 잘 나타나지 않는다.

이상의 논의를 종합해 보면 평양 대부흥운동은 여러 가지 영향이 복합적으로 작용한 운동으로 볼 수 있으며, 이전에 존재했던 어느 한 특징적 운동의 색깔을 분명하게 나타내지 않는다고 할 수 있다. 따라서 그 성령론도 당시에 이미 존재했던 어떤 특별한 운동이나 신학적 입장에 기울어 있지 않은 것 같다. 어떤 면에서 이 부흥운동은 외래의 여러 영향을 나름대로 수용하여 한국적으로 발전시킨 독특한 토착적 부흥운동이라고 할 수 있다. 19세기 말 서양의 부흥운동과 성령에 관한 교리는 긴밀한 관련이 있다. 서양은 오래동안 기독교 세계였으므로 형식적으로는 대부분의 사람들이 기독교인이었다. 그렇게 신앙이 형식적이 되고, 나태해졌으며, 도덕적으로도 부패하게 된 상황을 돌이켜 갱신하려 한 것을 부흥운동이라고 볼 수 있는데, 그런 부흥운동에서 체험되는 성령의 은혜를 부흥사들은 성령세례라고 부르기 시작했다. 그래서 결국 부흥운동의 맥락에서는 성령세례가 중생과는 달리 체험되는 은혜라고 이해되기가 쉬웠던 것이다.

그러나 1907년 당시 한국 교회는 이제 겨우 태동되기 시작한 교회였고, 기독교는 여전히 서양 종교로 이해되고 있었다. 그런데 대부흥운동은 이제 기독교가 더 이상 서양 종교가 아니라 우리의 신앙, 우리의 종교라는 것을 마음 속 깊이 받아들이게 한 획기적인 사건이 아닐 수 없었던 것이다.

---

of the Holy Spirit in Seoul", *KMF* III, March 1907, 41. 후자의 기록은 길선주가 1906년 "평양 부흥회에서 성령의 세례를 받았다"고 기록하고 있다.

94) G. S. McCune, "The Holy Spirit in Pyeng Yang," *KMF* III, Jan. 1907, 1-2.

95) "The Holy Spirit in Korea," *KMF* III, Feb. 1907, 25; G. Lee, "How the Spirit Came to Pyeng Yang," *KMF* III, March, 1907, 33; G. S. McCune, "The Wonder of It," *KMF* III, March, 1907, 44.

96) G. Lee, "How the Spirit Came to Pyeng Yang," *KMF* III, March, 1907, 36.

그런 의미에서 이 운동은 신앙적 토착화 사건이라고 할 수 있다. 또한 이 부흥운동은 이미 믿고 있었던 신자들에게서 시작되었지만, 초청 받아 들어온 불신자들에게도 강력하게 퍼져 나갔다. 그러므로 이 부흥회들에서 체험된 것이 중생인지, 그것과 구별되는 무엇인지는 당시로서는 크게 중요한 것이 아니었다. 중요한 것은 모두가 죄를 회개하고 그리스도의 복음과 성령의 은혜로 새롭게 되었다는 체험이었다.

맺는 말

지금까지 우리는 평양 대부흥운동에 나타난 성령 사역의 의미를 여러 관점에서 살펴 보았다. 평양 대부흥운동은 하나님의 거룩한 임재에 압도되어 사람들이 자신들의 죄를 고백하고 회개하는 대 역사였다. 이것은 단지 한 순간의 종교적 흥분이 아니라, 사람들로 하여금 변화를 받아 개인적으로, 교회적으로, 그리고 사회적으로도 성화의 삶을 살게 한 원동력이기도 하였다. 무엇보다도 그 대부흥운동의 핵심은 성령의 역사로 말미암아 일어난 죄 고백과 성화 운동이며 하나의 놀라운 성령의 역사라고 할 수 있다. 이 대부흥운동은 단순히 여러 인간적인 방법으로 사람을 많이 모이게 한 운동이 아니라, 사람들의 마음과 삶을 근본적으로 변혁시킨 놀라운 성령의 운동이었다. 이것은 기복주의적으로 사람들의 이목을 끄는 천박한 종교운동이 아니라, 사람들의 삶을 근본적으로 새롭게 한 갱신운동이었다. 이런 점에서 평양 대부흥운동은 1960-70년대의 부흥운동이나, 근래의 교회성장운동과는 상당한 차이가 있었다. 이후의 부흥운동도 나름대로 가치가 있지만, 공개적인 죄 고백과 통회 자복과 대대적인 삶의 갱신이라는 점은 이후의 부흥운동과 상당히 다른 모습이었다.

평양 대부흥운동에 나타난 성령은 어떤 분이었는가? 그 대부흥운동에 나타난 성령은 말씀의 영이요, 기도의 영이며, 개인과 사회를 변화시킨 성화의 영이었으며, 무엇보다도 사람들로 하여금 자신들의 죄를 통회 자복하게 한 회개의 영이었다. 오늘날 한국교회는 사회에 대한 영적 권위와 영적 리더십을 잃고 있다. 이것은 혹시 오늘날의 교회와 그 지도자들이 사람들로부터 그 신앙과 인격의 진실성을 의심받기 때문이 아닌가? 이것은 먼저 믿은 우리 그리스도인들과 지도자들이 죄를 죄로 여기지 않으며, 죄를 죄로 고백하고 회개하지 않음으로써 그 진실성을 상실하고, 사람들로부터도 신뢰를 잃고 있는 것이 아닌가? 오늘 우리는 이 시대가 다시 한번 그러한 회개와 부흥이 다시 필요한 시대라고 아니할 수 없다.

평양 대부흥운동은 한국 기독교 역사를 이해함에 있어서 빼어 놓을 수 없이 중요한 획기적인 전환점이었다. 이것은 한국교회가 한국 땅에 뿌리박고, 강력하게 성장할 수 있게 한 원동력이었으며, 어두움과 절망 속을 걸어가던 한국인들에게 희망을 준 힘이었다. 물론 이 운동은 그 나름대로의 시대적, 환경적 한계를 가지고 있었던 것도 사실이지만, 이 부흥운동이 한국 교회와 사회에 끼친 영향은 결코 가볍게 평가할 수 없는 것임은 분명하다. 오늘날 교회가 사회의 존경과 신뢰를 받지 못하고 지탄의 대상이 되고 있는 이 때에, 우리는 자기를 낮추고 자기의 죄를 고백함의 신앙적 유익을 다시 새롭게 인식해야 한다. 오늘 우리에게는 성령의 은사들을 추구하고 이것들을 통하여 복음을 전하는 것도 필요하지만, 성령께서 주시는 회개의 영, 우리로 하여금 자신의 죄를 고백하고 진실하게 회개시키는 성령의 역사가 더욱 필요하다.

이제 한국교회가 침체에 빠져 들어간다고 탄식하는 이 시점에, 우리는 다시 한 번 새롭고도 진정한 영적 각성과 갱신이 땅에 임하기를 기대하고 소망해 본다.